广东船舶发展简史

编著　陈建平　关伟嘉

端木玉　龚　幼

主审　王智利

哈尔滨工程大学出版社
Harbin Engineering University Press

内容简介

本书介绍了广东船舶起源和发展的历史,全书共三篇十四章。古代篇介绍了鸦片战争以前的广东船舶发展概况;近代篇介绍了晚清和民国时期的广东船舶工业;当代篇介绍了新中国成立后的广东船舶工业的发展状况。

本书可供学习和研究中国船舶史和广东船舶发展史的专业人士使用,也可作为高等院校航海史、船舶史等专业或课程的教材使用,同时,可作为船舶与海洋工程、航海技术等涉海类专业学生的选修课程教学用书。

图书在版编目(CIP)数据

广东船舶发展简史/陈建平等编著. —哈尔滨:哈尔滨工程大学出版社,2018.6
ISBN 978 – 7 – 5661 – 1998 – 8

Ⅰ.①广… Ⅱ.①陈… Ⅲ.①船舶—历史—研究—广东 Ⅳ.①U674 –092

中国版本图书馆 CIP 数据核字(2018)第 147078 号

选题策划 史大伟
责任编辑 薛 力 张如意
封面设计 刘长友

出版发行 哈尔滨工程大学出版社
社 址 哈尔滨市南岗区南通大街 145 号
邮政编码 150001
发行电话 0451 – 82519328
传 真 0451 – 82519699
经 销 新华书店
印 刷 哈尔滨市石桥印务有限公司
开 本 787mm × 1 092mm 1/16
印 张 12.75
字 数 322 千字
版 次 2018 年 6 月第 1 版
印 次 2018 年 6 月第 1 次印刷
定 价 49.80 元
http://www.hrbeupress.com
E-mail:heupress@ hrbeu.edu.cn

前　言

　　船舶作为人类认识自然、征服自然和改造自然历史过程中的重要工具和信物,承载着人类对美好生活的追求和向往。研究和复原古船型不仅可还原历史,还可对当时的社会经济、科学技术和文化生活进行印证,但更为重要的是,其是船舶发展历史学术研究和考古自身的要求。"广船"作为中国"四大古船型"(沙船、鸟船、福船和广船)之一,在中国船舶发展史上占有非常重要的历史地位。21世纪是海洋的世纪,扬帆大海,弘扬"海上丝绸之路"文化,推进国家"一带一路"倡议,实现"两个百年梦想"和中华民族的伟大复兴,是当前我国国家建设和发展的重要政治经济和文化活动,本书正是在此背景下编著出版的。

　　本书由广州航海学院陈建平主笔。陈建平编写第一章至第六章,广州航海学院端木玉编写第七章、第八章和第九章,广州航海学院关伟嘉编写第十章至第十二章,广州航海学院龚幼编写第十三章和第十四章,全书最后由陈建平统稿。本书在编写过程中得到了广东省著名船型研究学者何国卫老先生的帮助,得到了广东造船工程学会的大力支持,同时,也广泛征求了其他有关船史研究学者和专家的意见,在此一并表示衷心感谢!

　　由于我们水平有限,疏漏和不足之处在所难免,欢迎读者批评指正。

编著者

2018年4月

目　录

绪　　论

　　广东地处祖国大陆最南部,海岸线长,海域辽阔,省内河流纵横遍布全省,是国内典型的河网省份之一,多数河流的水流量充沛、汛期长,水上交通发达。广东主要河流有珠江、韩江、漠阳江、鉴江等,珠江为东江、西江、北江的总称,是省内最大的水系;粤东的韩江是第二大河。从上古时期开始,由于有海河水网,水上交通便利,广东便有了发达的造船业。但是,广东本土经济起步较迟,在秦统一岭南(前214年)之前,广东还是一个没有国家、没有城镇、没有文字、被司马迁称为"陆梁地"的蛮夷之地。因而这块现今面积为17.6万平方千米,生活着1.09亿人的广袤土地没有为我们留下秦以前的历史记录,我们对秦之前的广东知之甚少。司马迁的《史记·秦始皇本纪》记载"略取陆梁地为桂林、象郡、南海"。司马贞的《索隐》有"谓南方之人,其性陆梁,故曰陆梁"。张守节的《正义》"岭南之人,多处山陆,其性强梁,故曰陆梁"。

　　广东古称岭南,是百越人的居住之地。据记载,百越人来自中原,《百越源流史》记有"越人在三四千年前已活动于黄河中游一带,其后分批分路……迁徙""另一部分越人则纷纷离开黄河流域向南迁至长江中下游以至东南沿海和珠江流域,形成大小不一、互不相属的'百越'部落""扬越及自湖北南迁湖南进入广东……其分布领域大约东至海丰、陆丰一带……西达湛江一带……北至岭南……而广州一带则有番禺人杂居"。岭南的越人,依《淮南子·原道训》载:"九疑之南,陆事寡而水事众,于是民人被发文身,以像鳞虫"。九疑,指湘南零陵县东南,古称九嶷山地境,此山之南,无疑便是指岭南,也就是说,岭南的水中劳动多于陆上劳动,人民因此都作了文身,取得了鳄鱼一样的身像,在水中劳动便易被鳄鱼认作同类,不受其伤害。

　　这就是生活在古广东(岭南)的百越古民。他们生活的地方,在秦始皇进军统一岭南以前,只有部落,没有国家。秦军入岭南八年,把中原的政治、经济、文化都带进了岭南,岭南的社会从此开始发育、成长及至繁荣。

　　广东北倚五岭,面临南海,江河密布。沿海和河网地区,是古越人聚居之地。古越人的生产与生活,多有赖于舟楫之便,古代文献有"越人善于造舟""越人善用舟"的记载。那时的舟,还只是竹筏、独木舟。秦始皇二十八年到三十三年(前219至前214年),令史禄开凿灵渠,沟通湘、漓二水,也沟通了长江、珠江两大水系。秦统一岭南后,传入中原文化以及铁器、耕作、手工业生产技术,使岭南地区的船舶修造技术逐步得到发展。1950年起,从广州、佛山等地的汉墓中发掘出土10多件船模,经考古专家认定,西汉时已出现木板船,它是从独木舟发展而来。东汉时的木板船又有了进步,船上设有舱室,船首设有木石碇,船尾设舵,两舷设走道,具有远航的能力,已能航行至东南亚及印度。

　　隋唐时期,造船技术发展很快,主要体现在造船工艺上,船板开始用铁钉及榫连接,并采用桐油、石灰、竹丝、麻丝进行捻缝,这样不仅船壳板的水密性得到了保证,也延长了铁钉使用的寿命。此时,船上设有水密隔板,其增加了船的抗沉性及船体结构强度,在技术上为船舶逐步大型化打下了基础。当时建造的海船,可载千石,并远航海外,开辟了海上丝绸之路。宋元时期,随着海外贸易的发展,广州造的海船,从三帆到十帆,可载千人,常驶往波斯湾。明代,广东所造的广船,形成了自己的特色,被后人誉为我国四大著名船型之一。清初,由于清廷实行海禁和闭关自守的政策,导致造船业衰退、造船技术停滞不前,到鸦片战争前夕,广东水师的战船已不及西方战船"船坚炮利"了。造船技术的落后,导致国门为英国侵略者所打开,成为中国历史教训之一。

鸦片战争前后,林则徐提倡"师夷长技以制夷",广东有不少官绅志士自动捐款仿造西方新式战船,但只是木帆船。至于近代的火轮船,虽有试制,但在清朝政府"毋庸雇觅夷匠制造,亦毋庸购买"的政策下,未能继续进行。直到第二次鸦片战争后,清朝政府终于承认西方的"船坚炮利",于是从同治元年(1862年)起,开展了"洋务运动",引进西方工业,以办海军、建海防为中心,先是在同治五年至同治七年(1866—1868年)从英法两国购买巡缉轮船7艘。后又在同治八年至光绪九年间,先后在广州开办广东军装机器局、广东军火局、黄埔水雷局,制造军械、火药,兼修造轮船。光绪十年(1884年),又开办黄埔船局,专造兵轮,船体由木质发展到铁木混合结构。光绪十六年,建成第一艘全钢质兵轮"广金"号,成为广东近代造船史上的里程碑。

第二次鸦片战争后,外资趁机拥入广东,在广州、汕头等地兴办船坞、船厂达13家之多,其中9家在广州黄埔开展修造船业务。这些外资企业雇用当地工人,从事机械操作。这些在外资和官营船厂工作的工人,是首批由中国近代工业所产生的工人阶级队伍之一。同期,广东民间开办了10多家机器厂,其中最具实力的是陈联泰机器厂和均和安机器厂。这两家机器厂除修理、制造蒸汽机等机器外,还修造一些以蒸汽机为动力的内河火轮。同治九年(1870年)前后,黄埔的英资船坞、船厂多为香港黄埔船坞公司所兼并,光绪二年(1876年)秋,又出售给广东官府。

宣统三年(1911年),清朝覆灭。1912年,中华民国成立。民国三年至民国七年(1914—1918年),西方各国由于忙于应对第一次世界大战,放松了对中国的扩张,广东民间造船业乘机发展,兴办起多家造船厂、机器厂,其中最具盛名、实力最强的是广南船坞与协同和机器厂。广南船坞于民国三年至民国六年共装造沿海、内河船舶16艘,合计6 300吨。协同和机器厂于民国四年成功仿造30马力①二冲程火胆柴油机,安装在"海马"号客货船上。此后,逐步生产100马力、160马力柴油机。民国十九年前后,广东各航线上有广东制造的蒸汽机船40多艘,柴油机船30多艘。

1925—1949年,由于日本帝国主义的侵略及国民党发动内战,国家经济得不到发展,并遭到严重破坏。抗日战争胜利后,为适应省内航运、商贸的发展,广州、番禺、顺德、中山、汕头等地民间兴办了120多家作坊式的修造船厂,雇工少则几人,多则数十人,但百人以上者寥寥无几,以手工作业为主,修理船舶、轮机、锅炉,兼造一些木质小火轮。

中华人民共和国成立后,广东省散布各地的修造船厂经政府接收、合并、扶持及进行社会主义改造,分别组建成稍具规模、拥有职工数百人至千余人不等的国营修造船厂,以适应

---

① 1马力(hp)=0.735千瓦(kW)

当时对船舶修造的需要。"一五"计划期间,交通部与一机部联合制订造船计划,实施中央与地方分工。按分工要求,珠江水系所需中型船舶主要由隶属于交通部的船厂建造;军船和大、中型民船由一机部船舶工业管理局承建;小型船舶基本上由地方修造船厂承担;水产部门所需的木质渔船由水产部的船厂修造,钢质渔船则由船舶工业管理局承建。据此,中央和地方并举,有力促进了广东船舶工业的发展。1955—1960 年,全省共组建修造船厂 73 家,其中,由中央组建和投资扩建改造的有广州造船厂、广州船舶修造厂(1958 年初,两厂合并为广州造船厂),以及海军所属的黄埔修造船厂(1960 年 1 月,移交一机部管理)。除此二厂外,其他皆由地方政府投资组建或改造扩建,多数是小型船厂。1961—1970 年,各地区又先后兴建、扩建 20 多家修造船厂。(其中,原属省航运厅的文冲船舶修造厂归属交通部,由该部列入国家计划进行扩建;海军为适应基地修理舰船的需要,分别在广州、榆林、汕头、湛江组建了四八零一厂、四八零二厂、四八零三厂、四八零四厂;省军区也在顺德组建七八一厂;省水产厅为发展南海渔业,组建了渔轮修造厂;交通部为适应修理海洋船舶的需要,兴建了菠萝庙船厂等 5 家修船厂。)在众多的地方船厂中,新中国船厂、江门船厂、粤中船厂、西江船厂是省航运厅直属的骨干船厂,其余由市、县管理。1980 年,广东船舶工业形成了六机部、海军、交通部、水产部和地方(省、市、县)5 个系统并存,条块分割的格局,并在广东省工业领域中独具特色。

由于船舶工业是资金、技术、劳力密集的综合性工业,船舶产品依靠冶金、化工、机械、电子、轻工等工业部门提供原材料及机、电、通信、导航、消防、救生、系泊生活设施等配套设备。1970 年前,因受到资金限制、船舶配置滞后以及人才不足等影响,各船厂在建厂初期都是边基建边生产,并缺少加工钢板的机械及起重机等必需设备。有些船厂被迫自行设计、建造油压机、三辊弯板机等冷加工设备,及码头、船台用的高架吊机和车间使用的桥式吊机,因此,导致生产规模小、水平低,只能建造一些技术要求不高的产品,主要有 1 000 吨以下的驳船、1 200 马力以下的拖轮、800 吨以下的货船、400 马力以下的渔船、400 客位以下的内河客船等中、小型船舶。1950 年至 1970 年的二十年间,共造船 19.3 万吨,远不能适应增强海防、发展航运及渔业的需要。为此,中央从全局出发,1954—1970 年,调派一批来自江南造船厂、沪东造船厂、大连造船厂、武昌造船厂、哈尔滨船厂的技术力量及设备,调派到广州及湛江施工场地建造了两批舰艇。军辅船及渔船,采用了当时的造船新技术,及时而有力地支撑了广东省船舶工业。

20 世纪 60 年代中期,在毛泽东主席"为了反对帝国主义的侵略,我们一定要建立强大的海军""建设海上铁路"的思想指导下,六机部为广州造船厂、黄埔造船厂制定了"以建造军品为主,兼造民用海洋货船"的生产纲领。其中,广州造船厂以建造 3 000 吨级导弹驱逐舰及万吨级远洋货船为目标,黄埔造船厂以具有建造中型常规动力潜艇及 5 000 吨级货船的生产能力为目标。据此,六机部对这两个船厂进行了有计划的技术改造和扩建。同期,交通部规划将文冲船厂建成华南地区最大的修船基地,为该厂制定了"修造结合,以修为主"的方针,对该厂进行投资以建设 1.5 万吨和 2.5 万吨级干船坞,并建设 3 000 吨级船台及码头,高架吊机,铸造,机械加工、修船、造船车间等配套设施。1968—1975 年进行,交通部还在广州兴建了菠萝庙船厂、城安围船厂、航道局船厂、四航局船厂和远洋运输公司修船厂,以修理本单位所属船舶为主,兼修外轮。上述 3 家大船厂(广州、黄埔和文冲)的扩建、改造和交通部下属5家修船厂、海军各船厂、广州渔轮厂、新中国船厂等的建成,基本形成了华南地区修造船工业的骨干力量,也为广州成为中国六大修造船基地之一奠定了基础。在此期间,广东省船舶工程技术人员及工人队伍在实践中得到了很大的锻炼和提高,形成了一支具有相当素质的造船职工队伍。同时,各船厂还建立起一系列的计划管理、技术管理、质量管理、成本管理等制度,促进了生产发展。

"文化大革命"期间,广东船舶工业受到了冲击,生产秩序和各项制度受到干扰,但船舶工业仍获得了发展,除产量有明显增长外,还建造了一批新型舰艇、万吨级远洋货船、多型货船、客货船、工程船、调查船及渔船。其中,1967—1975年援越抗美战争期间,广东省安排了8家船厂为援越建造了38个品种共486余艘船舶,合计约6.6万吨,其中战斗舰艇、武装渔船、武装货船40余艘。由于援越产品具有批量大、时间紧、要求高的特点,广东省政府和广州市政府组织了地方工业部门承担部分舾装件和机、电配套设备的加工协作,为以后造船企业扩大协作,发展配套工业,实行专业化生产创造了良好的开端,也为发挥造船厂总装潜力,提高造船产量打下了基础。

1969年2月,周恩来总理就造船、修船的分工、统筹规划提出指示,中华人民共和国国家计划委员会(以下简称国家计委)组织六机部、交通部、海军及各省市联合召开会议组织开展调查研究工作,并于1972年7月做出决定,由六机部负责对造船工业实行统一规划布局、统一配套定点、统一平衡长远规划和年度生产计划、统一技术政策。广东省为贯彻落实上述精神,于1974年4月成立广东省造船统筹规划领导小组,下设造船统筹办公室,对造船行业统筹规划,并获得了国家计委、六机部和交通部的大力扶持,拨款4 000余万元对广东的地方骨干船厂、配套厂进行技术改造和扩建,地方工业部门也大力支持,划出较强的工业企业作为定点配套生产厂。通过造船统筹工作,船厂得到合理分工,品种相对减少,批量增大,大大挖掘了生产潜力,有力促进了船舶工业综合能力的全面发展,基本形成了华南船舶工业基地的规模。

1978年12月,中共十一届三中全会后,广东省船舶工业进入了改革开放阶段。在这一阶段,各厂转变观念,实行转轨转型;从单纯为国内造船发展到以国内为主,积极出口,开拓了国际市场;从单纯造船、修船发展到以船为本,多种经营,开发新的非船产品;从生产型转变为生产经营型,企业获得了自主权,增强了活力;一些以军品为主的船厂,完成了军转民的变革。

根据中共十一届三中全会精神及邓小平关于"我们造船工业应该打进国际市场,要多造船,出口船,赚外汇"的指示,结合中共中央和国务院赋予广东省"特殊政策,灵活措施"的有利条件,广东省船舶工业充分利用毗邻港澳的地理优势,抓住香港是世界主要船舶市场之一的机遇,较早地开展了工贸结合,与外贸公司共同开拓和占领香港船舶市场,立足香港,面向东南亚,为逐步走向世界打下基础。广州造船厂最先于1978年11月签约建造300吨鲜活鱼货船出口香港,后又于1979年6月与美国CTI公司、西域投资(香港)有限公司签订了生产集装箱补偿贸易合同,建立起中国第一个集装箱生产厂,设计年产量为1万个20英尺[①]标准集装箱(TEU)。1981年2月,该厂又承接建造出口美国的1.11万吨全集装箱船

———
① 1 英尺 = 0.304 8 米

2 艘,为广东省船舶工业建造的高技术、高附加值的万吨级以上船舶进入国际市场打开了道路。1980 年 1 月,广东造船公司成立(1982 年 5 月改制为广州船舶工业公司)。同年 9 月,该公司与新加坡华昌有限公司合资在香港成立华昌国际船舶有限公司,并引进美国伯利恒新加坡船厂的海洋石油钻井平台建造技术,于 1981 年将一艘自升式海洋钻井平台交给黄埔造船厂建造。

广东省航运厅也于 1980 年 2 月成立广东省航运船舶工业公司(1983 年更名为广东省船舶工业联合公司)。该公司是广东省第一批享有直接进出口经营权的技工贸公司。此后,该公司在香港与东港船务行合资成立新粤有限公司(1989 年 2 月,该公司接受了全部股权)。1985 年,该公司又与广东省航运局驻港机构粤兴船舶用品公司合资成立大协发展有限公司(1990 年,该公司接受了全部股权)。该公司通过其驻港机构积极开拓香港船舶市场,并在全国率先打破船舶行业"以销定产"的传统经营方式,小批量建造多型港口拖轮、驳船等民品船舶,以现货投入市场,既取得了经济效益,也为开拓市场摸索出了经验。通过香港这个窗口,该公司承揽了大批修造船任务,获得显著成效。据 1986 年香港海事处公示的资料,在香港中、小型船舶市场中,中国大陆已占有 60% 的份额,基本上都是由该公司经营的。

20 世纪 80 年代,广东省船舶工业承接建造的出口船种类繁多,有散货船、多用途船、拖船、驳船、集装箱船、成品油船等,别外还有采油平台的导管架、钻井平台、单点系泊工程等高技术、大型的海洋工程项目。据统计,广州船舶工业公司下属 3 家大船厂,1979—1987 年共建造出口船 25 艘,32.8 万吨;广东省船舶工业联合公司下属及归口的 22 家船厂,加上安排在外省建造的出口船,共计 266 艘,22.48 万吨;广州渔轮厂自营出口船 21 艘,1.82 万吨。三者合计,共建造出口船 312 艘,57.1 万吨,约占同期全省船舶总产量的 50%。在建造出口船的过程中,各厂积极引进国外先进的造船技术及设备,学习和吸收国际上通用的规范、公约、条例,使广东省船舶工业在向国际水平攀登的过程中登上了新的台阶,这也标志着广东省船舶工业达到了一个新的水平。

20 世纪 80 年代,中国的经济体制由计划经济逐步转向社会主义市场经济,指令性造船任务大幅度减少。为求生存和发展,各企业由生产型转向生产经营型,走向市场,自找任务,这既是机遇,又是挑战。同时,由于国家改革金融政策,收紧对企业基建的投资及流动资金。1985 年起,由上级拨款改为企业自行向银行贷款,各企业不仅增加了支付巨额银行利息这一负担,而且物价开放还造成了原材料、器材、设备的价格猛涨,加上通胀率的增加,职工工资、奖金支出的逐年升高,使得造船成本增大,这也削弱了企业在各国内外船舶市场的竞争力。20 世纪 80 年代以来,由于世界航运业不景气,在世界范围内造船能力普遍过剩,船东压低新船船价,使船厂处于船价低、成本高的境地,从而导致经济效益普遍下降,企业科研、开发新产品、自我更新、自我改造缺乏财力,技术装备更新跟不上发展需要,生产效率低、成本高,加上历史上遗留下来的自成体系、重复建设,使部分船厂在市场竞争中难以维持。从船舶产量上可反映出,1981—1990 年,广东各船舶企业年产量均在 10 万吨左右徘徊,累计为 115.6 万吨,只占同期全国船舶总产量的 8%。由于造船任务不足,各船厂积极采取"以船为本,多种经营"的经营策略,充分利用造船工业在人才、技术、设备上的优势,大力承揽钢结构、压力容器、机械产品、化工设备、环保设备、集装箱、电动气动工具、机电设备、起重设备安装等种类繁多的非船产品,且其产值占总产值的比例相当大。1987 年,广州船舶工业公司下属 3 家大船厂的非船产品产值,占总产值的 40.82%;新中国船厂、珠江船厂、广州渔轮厂的非船产品产值,亦分别占总产值的 14.88% ,10% ,16.84%。

广东省船舶工业的管理体制,在 20 世纪 80 年代前的计划经济体制下,企业的人、财、物、产、供、销都由企业的上级主管部门管理,企业基本上按上级的计划执行。20 世纪 80 年代,由计划经济转向社会主义市场经济,在不断深化改革中,企业有较大的自主权,可自主经营,同时,由于不断学习国外先进技术和科学管理方法,如生产设计,全面质量管理,目标成本管理,及壳、舾、涂一体化造船等,使生产得到快速发展,大大提高了经济效益,相对缓解了船价低、成本高的压力。在生产组织上,各大厂将过去的生产车间改建为独立核算的分厂,除承担总厂安排的生产任务外,分厂可自主经营,但总厂是法人。工资、奖金的分配同产出和经济效益挂钩,不仅调动了职工的积极性,也较大幅度地增加了职工收入,从而使职工队伍相对稳定,并确保了生产的发展。

广东省船舶工业除造船外,还积极从事修船业务。有很多船厂就是以修船起家的,其中较突出的有广州文冲船舶修造厂、四航局船厂等。1986 年,广东省拥有内河钢质船舶147 873 艘,116 232 吨,62 616 马力;广州海运局、广州远洋运输公司各拥有近海及远洋船舶150 余艘,共计 500 万载重吨;此外,还有众多的工程船、军船、渔船,船厂需要验证这些船舶的技术状态是否良好且能否安全运行,因此,维修任务十分繁重,但修船对提高企业效益和社会效益具有重要意义。

据 1990 年对广东省 42 家主要船厂的调查统计显示:厂区面积 676 万平方米,建筑面积194 万平方米;岸线长 22 218 米,码头长 8 907 米,拥有万吨级船坞 4 座、船台 3 座,千吨级船坞 8 座、船台 32 座,百吨级船坞 19 座、船台 120 座,20 ~ 100 吨门座式高架吊机 32 台,5 ~15 吨吊机 29 台。此外,还拥有铸锻、起重、运输、风割、电焊、发电、金属切割机床、X 光机等多种设备。固定资产(原值)9.18 亿元,职工总数 41 608 人,其中,工程技术人员 4 068 人。截至 1990 年,广东省累计建造民用船舶 9 000 余艘,约 196 万吨,占全国总产量的 9.83%;建造军用舰艇 170 余艘,约 9 万吨;军辅船舶 230 余艘,约 5 万吨;修理各种大小船舶 1 万多艘次。此外,还生产了众多非船产品,主要有集装箱、压力容器、机械产品、钢结构件等。

1991—1995 年,广东省船舶工业得到了较大的发展,体现在造船产量、品种、修船产值、总产值的迅速增长,新技术、新设备的日益广泛应用,以及管理体制的不断深化改革等诸方面。在此期间,广州船舶工业公司下属 3 家大船厂(广州、黄埔、文冲)共增加固定资产(原值)5.84 亿元,是原有固定资产的 1.64 倍。造船产量 70.3 万吨,完成工业总产值 77.95 亿元。开发的新产品有,2.1 万吨多用途货船、3.88 万吨肥大型散货船、2.63 万吨运木船、700TEU 集装箱船、1 200TEU 集装箱船、162 客位铝质侧壁式气垫船以及多型军用舰艇等。1991 年 10 月,广州造船厂扩建的 3.5 万吨级船台投产。1995 年 3 月,文冲船厂新建国内最大的 15 万吨级船坞投产。1993 年 6 月,广州造船厂改制为广州广船国际股份有限公司,是中国船舶行业首家股份制公司;交通部下属的 5 家船厂,1995 年完成工业总产值 2.09 亿元,比 1990 年增长 206.45%。1994 年 10 月,菠萝庙船厂新建举力 1.6 万吨浮船坞投产,可供 3.5 万吨级船舶入坞修理;省、市属下各主要船厂,1995 年工业总产值比 1990 年增长202%。1991—1995 年,造船产量 105.4 万吨,比 1986—1990 年增长 85.7%。此外,1995 年初,华南理工大学建成华南地区最大的船舶与海洋工程模型试验水池,长120米、宽8米、水深4米。

至1995年,广东省船舶工业从小到大,已具有相当规模,成为我国六大船舶工业基地之一。同期,广东省船舶行业的科技、教育事业也得到了很大的发展。至1995年,已建立起3个专业研究所、3个船模试验水池,中山大学、华南理工大学、湛江水产学院、广州海运专科学校设立了相关专业,建设了多个具有先进水平的实验室,开展了各项专题研究。各大、中型船厂在开发船舶新产品、改进造船工艺、提高科学管理水平、提高产品质量、应用新技术与新设备等方面,努力借鉴国内外先进经验,并结合自身条件,进行消化吸收、巩固提高,取得了一定的成果。自20世纪70年代中期开展起来的计算机辅助设计CAD及辅助生产CAM,发展很快,成效显著。据不完全统计,广东省船舶科学研究成果获得国家、部、省级奖励70余项,船舶产品获奖约50项。

中华人民共和国成立后40余年间,广东省船舶工业取得了巨大的成就,为全省发展航运、水产、外贸事业及巩固国防做出了重要贡献。但是,就广东省在全国所处的重要地位,特别是作为一个海洋大省,广东省船舶工业的发展规模尚不够大,技术水平、管理水平和经济效益尚有待进一步提高,同时,广东省有利条件有很多,发展潜力很大,前景非常广阔,必须认真吸取经验教训,坚持经济体制改革,坚持对外开放,加大资金投入,重视人才培养,引进国内外先进技术和管理经验,走集约经营的道路,广东省船舶工业将会取得更大的成就,创造出更辉煌的业绩。

古 代 篇

第一章　广船船型

"广船"是中国古代四大船型之一,船史界和考古界将"广船"作为古代(此处指有史以来到鸦片战争前后)广东建造的木质海船(以下统称"海船")的统称,其有止期无始期,始期还在船史学专家学者们的考证、论证中。现在学术界通常的看法是,广船起源于春秋时期或更早期,唐宋时期是发展成熟期,元明是定型期。

据《海防纂要》记载"广船视福船尤大,其坚致亦远过之,盖广船乃铁力木所造,福船不过松杉之类而已,二船在海若相冲击,福船即碎,不能当铁力之坚也。倭夷造船,亦用松杉之类,不敢与广船相冲,但广船难调,不如调福船为便易,广船若坏,须用铁力木修理,难乎其继,且其制下窄上宽,状若两翼,在里海则稳,在外洋则动摇。广船造船之费倍于福船,而其耐久亦过之,盖福船俱松杉木,楸虫易食,常要烧洗,过八九讯后难堪风涛矣,广船铁力木坚,楸虫纵食之也难坏。"

由上述记载可以看出"广船"船型的基本特点是头尖体长,上宽下窄,线型瘦尖底,梁拱小,甲板脊弧不高。船体的横向结构用紧密的肋骨和隔舱板构成,纵向强度依靠龙骨和大撤维持。结构坚固,有较好的适航性能和续航能力。

广船船只大小与福船相当,远洋船长30多米,宽近10米,船上有夹舱,广船特点为帆面积是当时世界上最大的,其帆面积比船只宽度更宽阔,表明其更适合于远航。

广船用材特别珍贵,船的主梁、横梁等都采用东南亚珍贵木材,如铁力木等,十分耐用。这是因为在海外贸易中,中国带出去的是丝绸,而换回来的大部分是珍贵的木材,这些木材普遍用于造船、建祠堂、宫殿等。至今,中国南海上仍遗存着一艘广船——"金华兴"号。

广船具有广式古帆船的多种特点。其一为多孔舵,广船面积大,舵向好,舵叶上的孔为菱形,在帆船遇到急流时,通过舵孔排水,菱形的小孔可把水流通过舵叶小孔时的涡流对船舶引起的阻力缩减到最小,因而使船只回转性好,操纵方便、灵活。据介绍,这种广式多孔舵原理引起了欧洲工程师的惊讶,并纷纷进行模仿。其二为水密隔舱,一艘远航船有多个水密隔舱,一方面,这些舱可用来放货物;另一方面,它又能提高船只的安全性能,当其中一个舱进水时,由于其他舱位密封,船只不会下沉。

第一节　广船结构特点

广船的建造主要以广州为中心,遍布广东沿海,由于各地区的经济文化发展不平衡,各地的海况不同,因此,各地建造的船舶各具特色。

一、"南越王船"结构特点

座落于广州市北象岗的"西汉南越王陵博物馆"展示着一件中国古船研究的重要出土文物——船纹饰提筒。提筒上的纹饰船型被考古界命名为"南越王船"。通过现有的研究进程来看,"南越王船"在中国造船史上的地位应是绝无仅有的。广东已故知名考古学者金行德先生与武汉船舶规范研究所何国卫高工共撰的《论"南越王船"》等文章对"南越王船"

的特点进行了较为系统的研究。

　　南越文王赵眜陵墓东耳室出土文物之一的"提筒"上，刻画着四艘呈环形的古船纹饰。这四艘古船被称为"南越王船"，船史研究和考古界经对船纹饰的探索、研究，在"南越王船"上发现了数项中国船舶史上较为早期的船舶结构件及其属具，如隔舱壁、锚（碇）、舵（柁）、桅、桅靠、帆、绞车等。图1-1为南越王墓出土的提筒图饰。下面以"南越王船"纹饰为例来说明早期广船所具有的结构特点。

图1-1　南越王墓出土的提筒图饰

　　（1）隔舱壁

　　由图1-1所示，从结构上看，"南越王船"有六道横向隔舱壁，将船体分成七个舱（因图例大小，只能看清五道隔舱壁），各舱内存放各不相同的物品。横舱壁结构是我国木质帆船的一大特点，它能有效地增加船舶的横向结构强度。在现存的各种史书和文物中，如图1-1中所示的这种结构尚属首次被发现。据史书记载，东晋时期曾出现过八艚舰，有七道水密隔舱，但在时间维度上，"南越王船"出现这一结构与之相比有较大幅度的提前，因此也是世界上最早的有效强度结构件。

　　（2）锚（碇）

　　"南越王船"是件艺术品，由画而刻，有艺术加工是很正常的。因此，有学者认为挂于船头的锚（碇）是倒挂着的人头。麦英豪等人认为"4条船的船头处都有一个倒挂的首级"。金行德等人在《"南越王船"研究》一文中已对此锚（碇）做了简单的复原，认为这是双齿带插钎木锚（碇），该双齿锚较1955年出土的东汉陶船模船首所挂的双齿锚至少要早一百余年。

　　（3）舵（柁）

　　由图1-1所示，图中可以清楚地看到"南越王船"尾部拖有一个长形的"舵"，舵的底线与船的底线处于同一水平面，说明舵开始由原始走向成熟。以前史学界通常认为东汉陶船模尾部所带的舵是最早期的舵——桨舵，"南越王船"的出土，标志了舵的出现，而且是海船的舵，较东汉陶船模的桨舵早了一百余年。

　　（4）桅、帆

　　图1-1所示的桅杆，较明显的是中前桅，高高竖起且上面有正在飘着的帆。艉桅可见，前桅形式不大明显。《"南越王船"研究》一文认为该船竖有两桅，但麦英豪等认为有三帆

（即有三桅）。无论两桅还是三桅，有一点是明确的，就是有桅必有帆。桅是为了挂帆而设，桅帆有唇齿相依的关系，虽然"南越王船"图中对桅做了弯曲处理而未使其尽显，可船正扬帆航行却是显而易见的。在船史界，关于我国桅帆的起源时限尚有多种说法，这是因为图例和实物缺乏的原因，"南越王船"的出现正好弥补了这一空白，为我国提供了文物证据。

（5）桅靠（兼绞缆车）

据《"南越王船"研究》，紧挨于中桅前的结构就是桅靠（兼作绞缆车）。桅靠是对桅的加强，由于张帆航行，桅的底部受力很大，而桅的底部又只是值于甲板未穿至船底，因此，设置桅靠也是一大发明，桅靠的侧部可兼作绞缆车，用于升降帆和收锚，这可是一件了不起的杰作。侧图的挡板有两个圆圈，上者为转动轴，下者为拉杆，也是一种常见的结构件。

二、广船结构特点

总的来说，广船（专指唐宋以后的成熟广船）的特点如下：

（1）艏尖艉宽、下窄上阔，尖底，两端上翘，线型较瘦。

（2）用料讲究，结构坚固，尤其龙骨、肋骨、船底板、桅杆、舵杆、大橹等均采用上等木料。

（3）纵向强度大，有龙骨和大橹，横向由密距肋骨与隔舱板构成，强度一流。

（4）梁拱小，甲板脊弧不高。

（5）常用开孔舵、扇形帆。

（6）粤西海域的海船常常带有中插板（腰板）。

广州、珠三角（包括新会、东莞等地）、粤东、粤西等地制造的广船均具备以上特点。但粤东的广船有时会具有某些福船的特点，这是因为受历史上"大福建"地区的影响，有时也使用松、杉木料。粤西建造的广船常常有中插板，并有帆、舵、中插板联操系统，以利于航向的把握。

第二节　广船船型发展

广船作为中国古代船舶的一大典型船型，在历史长河的演变中，随着当时经济和社会的发展而演变和发展。总体来说，船型的发展离不开其所处年代的社会生产力水平状况。我国经历了较长时间的封建社会，在衣钵相传的封建社会中，出现了许多有代表性的帝国，如史学上通常所说的秦汉、隋唐、宋元和明清等朝代。这些古封建帝国，在他们所处于的年代，具有世界性的高度，帝国的政治、经济和技术也具有世界顶尖级的水平。广船也因此具有着鲜明的时代特征，根据时代的演进，下面给出几种不同历史时期以广船为代表的船型，以此来说明其发展历程。

一、珠海宝镜湾海船

据现有史料和文物考证，广东建造的海船是历史上最悠久的船种之一，源于春秋或更早期。据《广东通史》记载，"南方百越是善于造舟的……广东的南越先民，至迟在新石器时代，已开始使用舟楫……"。这段话的例证是1989年在广东珠海市高栏岛宝镜湾发现的岩画，经考古鉴定，时间为"春秋时期或更早期"，见图1-2和图1-3。

岩画中的海船首尾上翘，下窄上宽，其中，岩画的图形中有一艘船长85厘米，后部竖有一长竿，竿高75厘米，竿上还飘着"旗幡之类的物体"。有人认为是船桅和帆，但此竿是否

图 1-2　珠海宝镜湾"藏宝洞"东壁岩画

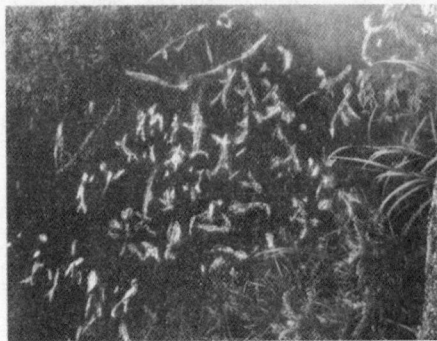

图 1-3　珠海宝镜湾大坪石岩画部分

是桅,尚未见有人论证。关于中国桅帆出现的年代,还在争论之中,没有定论,若此桅帆能被证实、确定,那么宝镜湾海船的桅帆将是我国到目前为止最早出现桅帆的年代的实证——春秋或更早期。

二、"南越王船"

广州市北象岗"西汉南越王陵博物馆"展示的出土文物——刻有"南越王船"的船纹饰提筒,在中国船史考古学上具有重要的历史地位。这件提筒上刻画着呈环形纹饰的四艘古船,船史界和考古界把这四艘古船称为"南越王船",见图 1-1。

历史是向前发展的,"广船"同样与时俱进。"广船"的技术工艺在古代中国相当长的一段时期内一直都处于领先地位。

东晋时期,卢循起义,多以水战为主。东晋元兴三年(404 年)起义军攻占广州。义熙五年(409 年)卢循与始兴相徐道覆共商义军北进,在南康山伐木造船,不到一个月已成芙蓉舰千艘(估计芙蓉舰为内河战船,船型不大,所以才能造的这么快,因为韶关地区一向都不是岭南主要造船地)和八艚舰九枚。八艚舰一直以来都被史学界认定为设有水密隔舱壁的战舰。"水密隔舱壁"是"广船"的一大发明,后来很快在全国范围内得到了推广。《艺文类聚》引《义熙起居注》曰:"卢循新造八艚舰九枚起四层,高十余丈",这里的八艚船被认为是用八个水密舱隔将船体隔成八个舱的舰船。东晋应用了封舱密室建造八艚,技术传入福建,对福建造船工艺产生重大影响。

三、海鹘船

唐、宋、元时期是"广船"的发展成熟期,先进的造船技术工艺在这三个时期巩固与发展的同时得以充分应用,开始了新的用料选择以增加船舶的纵横向结构式强度,例如龙骨、大橛、肋骨、桅杆、舵杆的选材,甚至外板的精选等,这些结构使得"广船"向更加坚实、耐用迈进了一大步,使之更适应南海甚至印度洋的航行。广船这些结构的发展与当时的海外贸易需要紧密相连,与当时的政治经济有着不可分割的关系。

相对来说,唐、宋、元时期"广船"的发展也较为平稳,该时期,适合海上航行的广船具有以下特点:

第一,保证质量以适应海域的安全航行;

第二,在尺度上相应增长以保证载货量;

第三,为了保证结构强度,在结构上出现了龙骨贯穿艏艉和"V"字线型;

第四,由于整个社会技术的进步,造船连接工艺已采用钉接榫合,既提高了强度,也更加美观。

尽管只是平稳发展,但"广船"的地位仍在巩固,且对当时国家的社会经济和贸易等做出了重大的贡献。据载,唐岭南节度使杜佑在广东建造过海鹘船(战船),据其所著《通典》一书称"海鹘船'舷下左右置浮板,形似鹘翅翼,以助其船,虽风涛涨天,免有倾侧'"。对于这种浮板,辛元欧教授认为是披水板。辛元欧认为"广船"的"开孔舵"的出现不迟于宋元之交。使用菱形开孔舵是"广船"的一大特征,它可以在基本不降低舵效应的情况下减轻舵的转动力矩,使操舵者省力,舵杆的扭矩也相应减小,这是一项非常有利船舶航行的发明。到了元朝,航行于印度洋的阿拉伯人的远洋海船因衰弱而逐渐退出,能见到的海船几乎都是中国的四桅船,这其中"广船"充当了主要角色。图1-4为唐代海鹘船模型。

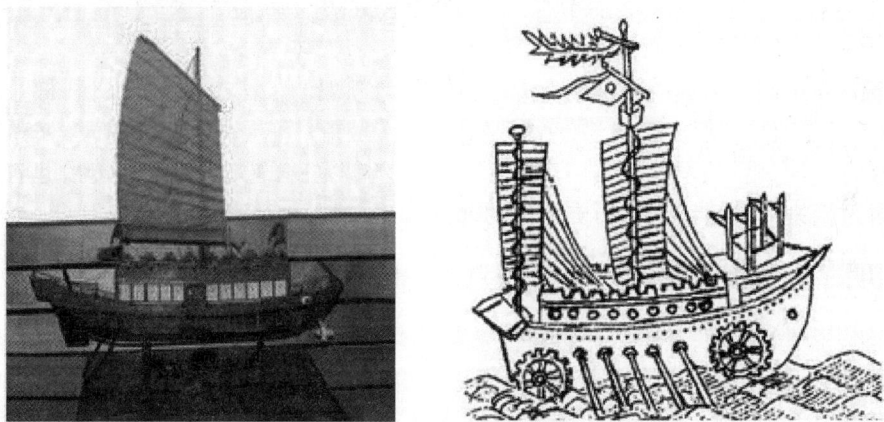

图1-4　唐代海鹘船模型

四、明代战船

明代是古代中国造船的第三个高潮时期,其中最著名而又深具历史意义的是"三宝太监"郑和七下西洋。郑和舰队的宝船建造基本都在福建等地进行,经查阅史料和相关文献,宝船舰队没有在广东建造的记载。既然是下西洋,也就是在南海、印度洋航行,"广船"本应是首选船型,但却落选了,这其中的原因不得而知。明代还有两件很重要的海事,就是东南沿海的抗倭,以及明末清初的郑成功抗清舰队,在这两件海事中,"广船"因其结构特点充当了主力。郑和宝船模型见图1-5。

明代三大船型(或称四大船型)基本定型,广东新会的横江船、尖艉船,东莞的乌艚、米艇等都是官府作为战船选取的船型。当时的"广船"船型大,结构坚致,所以常作为战船的主力舰,如《海防纂要》记载"广船视福船尤大,其坚致也远过之,盖广船乃铁力木所造……倭夷造船,亦用松杉之类,不敢与广船相冲"。又据史料述"嘉靖二十四年(1545年)就有110艘横江船参加戚继光的抗倭水师",这大大增加了戚家军的战斗力。郑若曾在《筹海图编》一书中说"倭船遇到广船'难于仰攻',苦于犁沉,故福船皆其所畏。而广船旁陡如垣,尤其所畏也。"图1-6为宋明时期乌艚船的模型。

图 1-5　郑和宝船

图 1-6　宋明乌艚船

第三节　广船的历史地位

"广船"是中国三大木质帆(海)船(广船、福船、沙船)船型之一,也有史料称是四大船型(增加了鸟船或称浙船)之一。顾名思义,"广船"是指广东(包括当时的海南岛)所建造的木质海船。"广船"的发展对于广东乃至中国古丝绸之路的文化和经济传播起着重要作用。下面为相关文献对"广船"历史地位的评价。

一、明茅元仪撰《武备志》卷一一六对广船有中肯的评述

"广船,视福船尤大,其坚致亦远过之。盖广船乃铁力木所造,福船不过松杉而已。二船在海,若相冲击,福船即碎,不能当铁力木之坚也。倭夷造船,亦用松杉之类,不敢与广船相冲,广船若坏,须用铁力木修理,难乎其继。且其制下窄上宽,状若两翼,在里海则稳,在外洋则动摇,此广船之利弊也。广东大战舰用火器于浪漕中,起伏荡漾,未必能中贼,即使中矣,亦无几何,却可借此褫(音 chǐ)敌人之心胆耳。所恃者有二,发鑛①佛郎机,是惟不中,中则无船不粉,一也。以火毬之类,于船头相遇之时,从高掷下,火发而贼舟即焚,二也。大福船亦然。广船用铁力木,造船之费加倍福船,而其耐久也过之。盖福船俱松杉木,木秋虫易食,常要烧洗。过八九汛后难堪风涛矣,广船木坚,木秋虫纵食之亦难坏也。"

二、《广东考古辑要》引黄佑《广东通志》

"唐岭南节度使杜佑督造战船分为六种,有高如城垒的楼船,有船背蒙以皮革,不畏矢石的艨艟;有栅栏金鼓,专为战斗的斗舰;有行驶如飞的走舸;有供侦察用的游艇;有艏低艉高、前大后小的两旁有浮板耐巨浪的海鹘。尤其是东莞的'乌艚'、新会的'横江'两种大船,在战船行列中,是一种主力舰。"

三、王在晋《海防纂要》

"广船视福船尤大,其坚致亦远过之,盖广船乃铁力木所造,福船不过松杉而已。二船在海,若相冲击,福船即碎,不能当铁力木之坚也。倭夷造船,亦用松杉之类,不敢与广船相冲。但广船难调,不如福船为便易。广船若坏,须用铁力木修理,难乎其继。且其制下窄上

---

① 鑛是矿的异体字。

宽,状若两翼,在里海则稳,在外洋则动摇,此广船之利便也。广东大战舰用火器于浪漕中起伏荡漾,未必能中贼,即使中矣,亦无几何。但可借此褫敌人之心胆耳。所恃者有二:发鑛佛郎机,是惟不中,中则无船不粉,一也。以火毬之类,于船头相遇之时从高掷下,火发而贼船即焚,二也。"(此评述基本上与《武备志》同。)

四、屈大均《广东新语》

"盖下海风涛多险,其船厚重。多以铁力木为之,船底从一木以为梁,而舱艎横数木以为担,有梁担则骨干坚强,食水可深,风涛不能掀簸。任载重大……篷,骊也,以蒲席为之……广之艨艟战舰胜于闽艚,其巨者曰横江大哨。自六橹至十六橹皆有二桅,桅上有大小望斗云棚。望斗者,古所谓爵室也。居中候望……云棚者,古所谓飞庐也……望斗深广各数尺,中容三四人,网以藤,包以牛革,衣以绛色布帛,旁开一门出入……舰旁有芘篱,夹以松板,遍以藤,蒙以犀兕(音 sì)绵被,左右架佛朗机炮、磁炮、九龙信炮、蒺藜锡炮、霹子炮、神炮数重,及火砖、灰罐、烟球之属,尾梢作叉竿连棒又有箐竹楼橹以隐蔽。又或周身皆炮,旋转回环。首尾相为运用……此戈船之最精者也。"

"其小者曰飘风子,曰大小拨桨。大拨桨,每船一艘,桨百余,小者亦五六十,人坐船内拨之,其行若飞。人各有所隐蔽,箭炮莫能中。"

"其飘洋者曰白艚、乌艚,合铁力大木为之,形如槽然,故曰艚。首尾又状海鳅。白者有两黑眼,乌者有两白眼。"

"其载人与货物者曰艭,制亦如斗舰,上施兵器及炮火,飞石、灰罂,旁布渔罳。小者曰横水艭,捕鱼者曰香舠,亦曰乡舠,曰大涝罾、小涝罾。"

"广州船帆,多以通草席缝之,名之曰箪。其方者曰平头箪,顺风使之。其有斜角如折叠扇形者,逆风可使,以为勾篷。勾篷必用双箪,前后相叠,一左一右,如鸟张翼,以受后八字之风,谓之鸳鸯巾里。舟人有口号云:'鸳鸯双篷,使风西东'。"

五、包遵彭在所著《中国海军史》一书中介绍广船

"广船有大战船、尖尾船(属新会县)、大头船(属东莞县)之名。总名'乌艚'。《明史·兵志》云:'海舟以舟山之乌艚为首,盖舟山亦有此船式也。又有横江船数号。其白艚者,福建式也。明胡宗宪撰《筹海图编》卷十二兵船,附有广船图式三。茅元仪撰的《武备志》亦同,有附图及图说,其图式'其制下窄上宽,状若两翼,在里海则稳,在外洋则动摇。'……梁梦龙十万历初所著《海运新考》中尝述其'梁高三四丈',成船材料为铁力木。粤产,较松杉为坚实。故《明史·兵志》云:'广东船铁力木为之,视福船尤巨而坚。其利用者二,可发佛郎机、可掷火毬'。"

六、《明末清初唐船赴日贸易与唐船考》

"广船是广东地区所造海船之总称,也有众多的船种,著名的有潮州的白艚、东莞米艇、海南船等,其首尖体长,吃水较深,尾楼高耸,梁拱小。甲板脊弧不高,耐波性好,适于深水航行,耐大浪,广船一般用开孔舵,以减少舵轴力矩,这也许是它的重要特征之一。广船均采用扇形撑条式席帆。"

"广船底与福船不尽相同,'其制下窄上宽,状若两翼',它是一种典型的尖底船,其'底腹尖瘠',故而'底尖不稳,见风即斜',操驾不便,为制止横漂,常用中央拔水板(亦称中插板

或腰舵),与帆、舵联操。"

七、《广东航运史·古代部分》

"艨艟是战船的概称。其巨者曰横江大哨,自六橹至十六橹,以新会制造的最佳。"

"明代的战船和民船,在构造上,本没有什么区别,只不过装备不同而已。明初曾有军官作弊,将官用战船私卖与客商改作民船事。洪武三十一年(1398年)就此降旨严禁,由此可见,经改装过的战船与民船是可以互用的。"

"……但风汛季节,海盗活跃之时,官船感到不足,便往往借用东莞的乌艚和新会的横江等船以补战船不足巡逻防守。"

"嘉靖二十四年(1545年)就有110艘横江船参加戚继光的抗倭水师。"

"民间的商船,其规模要比战船大,制造也远为精良。"

八、《新会史话·横江船海上显神威》

"张通调集用来抗击倭寇海盗的'广船'大多数是新会县制造的'横江船',也称'横江大哨'。还有一种新会造的战船,叫'尖艋船'。这两种船也被总称为乌船,亦称乌艚。"

据史籍记载,南宋最后的两个小朝廷在和元朝水师的对抗中,皆拥有"横江船"。新会造的"横江船""载重700至1000石。也可发射佛朗机,可掷火毬。"(《正气堂续集》卷一)。到隆庆二年(1568年),"新会有横江船一百余艘,其船备案富家之船,驾船之人,名为后生,每船四十五人"。这些商船同时又隶属于官,并配备有20艘军轮。"如海上有贼发,势大则调船百只上下,势小则调船五十只上下,随其所往。"(《洗海近事》)

第四节　"广船"与"福船"

"广船""福船"的称呼始于明代。同时作为三大古船型的"广船"与"福船",它们之间到底有什么关系和渊源呢?"广船"与"福船"两者是"兄弟"?是"父子"?船史界、造船界专家学者众说纷纭,各执其词。按照社会政治经济发展规律,往往一项优秀的新生技术会具有很强的衍生力。广东和福建本都是东南沿海地区,自古以来,就有很广的交流,都属于"百越文化"的区域,所以很难说两者之间没有任何联系。作为一种制造技术,随着区域之间的交流和往来,区域之间必然存在交流的痕迹,但这些痕迹又会深深印上适应地区海况和气候状况的特征。

所以,船史学界有一种说法:每一海域的海船都有自己固有的特点。例如,以平板龙骨为底部结构的沙船主要活跃于沙底海域;以龙骨为底部结构的鸟船、福船、广船适合于岛屿多、暗礁多、水深的海域,但这三类船也有其各自不同的结构特点。就"广船"而言,在它的结构件中,船的两侧有一条或几条大擸,以增加其纵向强度,另外,有多道隔舱壁以增加其横向强度。更重要的是"广船"的用料特别考究,使用纹理细、木质坚硬的铁力木、乌婪木等材料,这是其显而易见的与众不同之处。资料表明,沙船的前身可以上溯到春秋战国时期,也有学者说沙船源于唐代。《造船史话》认为"沙船在唐代不是开端,而是进一步的继承和发展""沙船是我国最古老的船型中的一种"。而鸟船、福船、广船则是在唐宋前后才逐渐成形且迅速发展的。但这并不等于说鸟船、福船、广船是由沙船演化而来的。有学者认为,福船"船型从平底船改为尖底船",但仅依靠这一点也不能说明福船是由沙船演化而来,而是福船本身的一个发展过程,因为从沙船的身上找不到福船的固有特点。也有学者认为"从船型的发展来看,广船是由福船演化而来的"。这种说法也缺少显证。广东的海域与福建的海域有相同之处,也有不同之处,广船的"下窄上阔""V"线型、纵向大擋、水密隔舱壁、扇形帆、菱形开孔舵等特点足以证明:广船与福船的发展是两条平行线,它们有横向的连线(如水密隔舱壁由广东传至福建),但不是一个原点,也没有交叉。

《汉书·成帝纪》阳朔二年诏"儒林之官,四海渊原(此处"原"同"源"),宜皆明于古今,温故知新,通达国体,……"《三国志·管宁传》云:"测其渊源,览其清浊,未有厉俗独行若宁者也"。乃是古训,解其渊源与关系必将有助于我们对广船和福船的了解。广船(见图1-7)和福船(见图1-8)有着各自独立的由来、发展、成型的过程,又在发展与成型的过程中相辅相成,携手走完各自的路程。

图1-7　广船"耆英号"船模

图1-8　福船船模

一、"广船"与"福船"之源

粤、闽、浙,地处南海、东海,海岸线长、岛屿多,河流纵横交织,水上、海上交通自古发达、繁忙,在其中穿梭的载体就是船。无论是最早期的海上迁徙、移民、海外贸易、友好交往、海洋捕捞,或是沿海部族争权夺利和民众日常生活,一切都离不开船。船有大小、海洋内河之分,但在古代都是木船。随着经济的发展,不同海域、不同海况、不同海洋文化背景下的船舶走过的发展道路自然各不相同,以致最后定型的船舶也就有了异同之处。

"广船"通常是指广东(含海南)的海船,"福船"是指浙江、福建的海船。也就是说福船以东海海域的特点发展,形成具有自身特色的海船。在走过一段漫长的道路(二千多年)后,这两种船成功成为我国三大船型中的两种。

根据现有可考证的资料文献、文物,广东珠海宝镜湾高栏岛岩画展现了最早期的广船船型。考古证实,该岩画船型年代为春秋或更早。经考古人员整理绘制,"大坪石"岩画的一部分就是四艘船。考古报告也认为,其中有一艘船的首饰有一个类似鸟头的物品。

无独有偶,福船包含了浙船,而浙船又被称为"鸟船",这是否意味着广船与福船的关系——同源?

春秋时期吴越的木板船是福(浙)船之源。据史料记载,公元前525年,吴越大战,吴王船"馀艎"为楚军所俘,这艘"馀艎"是作战时的王船,馀艎鹢首,涉川良器也。据徐兢在《宣和奉使高丽图经》中的描述,至北宋时,出使朝鲜的万斛神舟也是"巍如山岳,浮动波上,锦帆鹢首……"

可见广船、福船的起源都可能是鸟艒船或木板船。但广船所能辨认的是渔船,福船则是战船。

如果往前追溯,我们可以从西汉刘向《说苑》一书所载《榜枻越人歌》中发现古越人有可以互通的语言,"先秦岭南通行语言……"。《宣和奉使高丽图经》也记载"《榜枻越人歌》不仅是研究民族风情,而且是研究古越族语言的珍贵资料……从中'大抵可以看出,闽越、瓯越、南越、骆越语在古代大概是可以互通的,因为其古越语的成分直至今天仍十分明显'。"可见古越民族的早期文化是同一个源头。毋庸置疑,在造船的初始,其工艺、技术、船型上的一致性说明其具有同源性,完全是有可能的。

《南越志》记载"绥安县(今福建漳浦)……昔(南)越王(赵)建德伐木为船,其大千石……",南越国的版图如《宣和奉使高丽图经》所述"东至今福建诏安、漳浦而达于海"。五主赵建德在今闽南地域的漳浦伐木造船欲供南越使用,也足以证明当时闽、粤船的一致性。

船史学者许路在《福船——领航中国风帆时代》一文中提出"福船就是对古代从福建以及浙江南部、广东东部具有相似特征的海洋木帆船的通称。"许路虽未对"古代"划出一个时间区间,但也说明了古代浙、闽、粤确实是有"相似"的木帆船的。

这些历史与记述告诉我们"广船"与"福船"可能初期同源,但随着历史的发展,各自逐渐沿着自己的道路和特色独自发展。

二、中期的"广船"和"福船"

事物是发展的,广船和福船也不例外。随着政治体制的演进,生产技术的提高,经济的发展,广船和福船走上了各自根据海域海况而定的发展之路。直至宋末元初,广船和福船在船型上还是基本相似的,最典型的例证是元代"阔阔真公主号"(见图1—9),这艘船的图纸来自伦敦的大英博物馆,由香港建造师建造于香港。若将此船与广东东莞的"乌艚"船(见图1—6)相对照,则会发现它们具有很大的相似性,船型、桅杆,乃至桅杆的位置都基本吻合。但与福船相对照,则似又不似。据述,"阔阔真公主"号的外形并非典型的广船型,而是融合了福船、乌船等船型特色,是典型的广、福混合船型。

图1—9　阔阔真公主号

在其他的资料文献里也可以找到一些相关记载。孙武所用"篙工楫师"专在福建、广东两地征用。孙权使者乘坐的船,即使是东吴地区造船工匠中的精英所造,似乎也不会高出广东所造的甚多。福建、广东的能工巧匠常会聚而共造,他们所建造的船当然是融合了两地的高超技术,东吴工匠的水平只能与广东工匠持平。

"出洋商船,皆为势豪富户所造……他们往往选择执法驰疲地区制造商船。在福建者,则于广东的高、潮等地造船,浙之宁、绍等处置货……在浙江、广东者,则于福建之漳泉等处造船置货……"(《明经世文编》卷二百六十七)。异地造船,无异于购入具有建造地特色的船只,福商进广船,浙、粤商进福船,这应该是古代司空见惯的现象,技术、工艺交流则寓于其中也。

《广东航运史》主编叶显恩教授将这种现象总结为"根据本地水域特点,对外地的船式'参而酌之'仿制使用"。这应该就是汉、唐、宋时期"广船"与"福船"发展情况的写照。

宣和年间,出使高丽的随访"客舟",如《宣和奉使高丽图经》所述,其制"上平如衡,下侧如刃,贵其可以破浪而行也"。这种描述同样适用于广船和福船,也可以认为两者具有相似性。

汉、唐是我国造船的两个高峰时期,但那时是"楼船"时代。包遵彭认为"由今雷州半岛航行南海航线,初段航程所乘者为中国船舶——即楼船。汉之南海航线,已远届南印度矣。只是我楼船航程究竟能远达何地,一时尚难确证。惟有下述沿海航线此附考之,应可推之必甚远。"

楼船之称源于中原,始于秦,然后推向各地,汉、唐、宋乃至明都有楼船风行一时的记载(汉代楼船见图1-10)。汉、唐时期,楼船作为战船时,上层的布置,属具、兵器的配置取得了进步,但船型主体只是在改进中,变化不是很大。这从现代已出土的古船体型已得到分析求证。也就是说,汉、唐所造浙、闽、粤海船的基本线型还是底尖宽甲板,"U"线型。而宋代的战船目前不详,随着南海水域沉船的打捞,"南海一号"已出水待展,而崖门海战沉船更有无数。据《广东通史》记载"南宋流亡小朝廷行将覆灭之际,濒海居民以'乌蛋船千艘'赶赴崖山救援,这成千的乌蛋船是新会及其相邻州县所造兼行江海的小船,而此前宋少帝自碙州(今硇洲岛)迁崖山前后舟楫等则'多取办于广右(西路)诸郡'(《崖山志》卷一),实即出自化、高、雷、琼等州"。这些船都在崖门海战中沉于海中,而现实打捞却屡见"福船"(如"南海一号"之说),恐怕也与线型有些关系。因为众所周知,官府常将优秀的民船征为兵船或用作仿造。而民船多为运载船,受经济利益所驱,多装载,线型必"肥"。这种情况一直到宋末元初才逐步得到改善,出现了"V"线型、长宽比较大的广船船型(如"阔阔真公主号")。虽然唐宋时期也有大型客货船,但那只是个例,主要的战船、客货船变化还是不大。元代造了大批远征战船,其中远征缅甸、占城、爪哇的都航行于南海,而南海之域多珊瑚、暗礁,为适应海域,此时船舶的线型完全有可能逐渐"纤体",因为"V"线型船在南海和印度洋更有用武之地。

三、"广船"与"福船"的定型

经过漫长的发展后,广船和福船渐渐根据各自海域的不同特点在自成体系后于明代以后成熟为著名船型,出现了"广船""福船"和"沙船"三种独立称呼。

据许路教授《"福船"称谓考源》记述"唐宋代史籍尚无福船称法记述,但当时福建帆船已成体系""目前所见最早出现福船称谓的是著于明代万历四十一年(1613年)的《海防纂要》,作者王在晋在卷十三对比福船与广船之利弊……",将"福船"与"广船"分列为两大船型比较两者的优缺点。自此以后,这种称谓就广为流传。后人又将北方的沙船合入,称为三大船型(可能因福船已包括了浙船,故浙船未被列入)。

图 1-10　汉代楼船

如王在晋《海防纂要》云："广船视福船尤大，其坚致亦远过之，盖广船乃铁力木所造……倭夷造船，亦用松杉之类，不敢与广船相冲"。

如郑若曾的《筹海图编》曰："倭船遇广船'难于仰攻'，苦于犁沉……故福船耐风涛，且御火。浙之小装标号软风、苍山，亦利追逐。广东船，铁力木为之，视福船尤巨而坚"。

如戚继光云："福船高大如城，非人力可驱，全仗风势，倭船自来矮小如我小苍船（一种小型浙船——笔者注），故福船乘风下压，如车碾螳螂。斗船而不在斗人力"。

如屈大均《广东新语·战船》曰："广之蒙冲战船胜于闽艚"。

由于经济发展的需要，水（海）上载体应运而生，生之则必有改进与发展，由发展而提高。在提高的过程中必会创建一个符合自身特点的平台，如广船为了增强船体强度，除采用密肋、隔舱壁的结构形式外还采用了铁力木建造，这是由广东优越的地理位置和海域条件所决定的。其一，据《合浦县志》卷五记载，合浦产铁力木，并有油、糠二种。就地选购，价廉物美，何乐而不为。加以广西盛产乌槡木，也是一种用于造船的强材；其二，广东毗邻东南亚，从南洋进口热带优质木材（如铁力木）也方便可行。符合各自海域特色的船型就此风行一时，在各行其道中又会相会于某种场合互相取长补短，这也是事物的发展规律。

如果我们将注意力转向外海沉船，则会发现现在的沉船大都被认为是福船，南海虽是福船海外航线之一，但广东也临南海，南海也是其航线必经之地，却少有沉船，这是为什么呢？究其原因，沉船的定性主要还是取决于考古界，凡尖底"U"线型的木帆船，多被认为是福船，这与之前对船的了解认识有关。虽然广船的制作材料为铁力木是没错的，但并非所有的广船都用铁力木制造，也有用松杉之类的广式木帆船，只是被征用作为战船的"广船"皆为铁力木质地，因为要使其结构坚固以冲撞、犁沉敌船。特别是宋以前，广船与福船的结构和线型相近，要确定是广船还是福船要从其他如船体结构、上层建筑的形式、艏、艉、舵等地方辨认，多方面、多学科考证才能下结论。因为无论是广东还是福建，它们的船型都是多种多样的，况且广船和福船没有严格的定义，只是各自有着一些不同的特征。即使是某一艘广船或福船也完全可能像之前描述的广东为福建、浙江造船，福建、浙江为广东造船，这种交叉造船所形成的福船也好，广船也好，一定是融合式的。

第二章　先秦南越船事

　　秦始皇统一六国之前的时代被统称为先秦时代。先秦时代的显著特征就是在中华大地上还没有真正形成中央集权的帝国,是一个神权时代。最高执政集团尚未实现权力的高度集中,在地方管理上实行分封制度,分封制下受封者在自己的领地内拥有很大的独立性,同时,早期王权在不同程度上受到其他力量的制约,要受习惯法和传统礼制的约束,这与秦帝国后形成的封建皇权是有很大差异的。正是当时社会生产力的状况,决定了其社会政治经济发展带有明显的区域性和孤立性,各区域之间的交流和交换还处在封闭和原始的状态。舟船的出现,与人类认识自然、利用工具和改造自然的进程是一致的,也是人类进化的必然结果。

第一节　先秦时期南越造船

一、个人造船和珠海岩画

　　关于古人为何制舟以及如何造船,我国许多史料和文献中均有记载。

　　邓拓《燕山夜话》"原始社会已经有独木舟了"。《诗经·小雅》"汎汎(同"泛")杨舟,绋纚维之",可见远古时期的人,不仅知道用杨木凿成小船,而且知道制造绳索来系船。

　　秦《考工记》:"作舟以行水"。

　　《论语》:"道不行,乘桴(音 fú)浮于海"。

　　汉刘安《淮南子》:"古人见窾木浮而知为舟"。

　　《易经·系辞下》:"刳木为舟,剡木为楫,舟楫之利,以济不通,致远以利天下"。

　　《太平御览·舟部》:"《世本》曰:'共鼓、贷狄作舟'"。(注:共鼓、贷狄是黄帝的两个臣子)。《墨子》说,舟是巧垂发明的,但又说舜的臣子后稷造出了舟。

　　《吕氏春秋》中记载的是,舟的发明人是舜的臣子虞(音 yú)。

　　《发蒙记》则认为舜臣伯益是舟的创始人。

　　《舟赋》说是黄帝的臣子道叶,是他"刳木为舟,剡木为楫"。

　　《拾遗记》说是黄帝本人将木筏改进而做了舟。

　　屈大均《广东新语》则说:"番禺始为舟"。(番禺是黄帝的曾孙)

　　上述记述,众说纷纭,但不管是哪一本书所记,说的都是先秦乃至上古时期,在人们生活当中,舟船至少已经成为涉水过河时的一种必不可少的交通工具。

　　那么,广东的造船情况又是如何呢?

　　据《广东通史》记载"大致上,商代末年及西周时期广东已有奴隶主和奴隶出现。春秋、战国时代,奴隶制在广东部分发达地区获得一定的发展,到战国后期,这部分地区已进入阶级社会"。

　　就是在这个时期,历史开始记载广东的造船。《吕氏春秋·慎大览》已载有"适越者,有舟也"。这就是说"南方百越是善于造舟的……广东的南越先民,至迟在新石器时代便已使用舟楫……"由于当时的广东经济、文化还相当不发达,建造的船应该是独木舟,或在独木舟用竹钉钉上几块木板组合成最早期的"木板船",而且是民间自造,不是部落性的群造,数量也不会太多。

有些专家学者在其撰写的文章或书籍中引述《竹书纪年》:"战国时期魏襄王七年(前312年)'越王使公师隅来献舟三百……'"由于百越民族散居地甚多,越王不止一个,此"越王"应是东南沿海地区的越王。因为战国时岭南还没有越王,岭南无国无城,还只是部落,也不会有献舟一事。

但是,《珠海考古发现与研究·高栏岛宝镜湾石刻岩画与古遗址的发现与研究》一书为广东造船史的研究提供了极其重要的资料。1989年,广东珠海市高栏岛宝镜湾发现了春秋时期或更早期的内容丰富的岩刻画,其中有几幅对于广东造船史来说是最精彩、宝贵和前所未有的史料。

第一幅,"天才石"岩画。岩画中有一个船的图形,船长85厘米,船头细长尖翘,头顶装饰似鸟头,船身以两条线构成,后部竖一长竿,竿高75厘米,竿上向后飘一旗幡之类的物体,有人认为是船桅和帆,船尾呈方形,船下刻有水波纹。此外,还有两个人和三个类似船锚或弓弩的图形,均与船不相连。

第二幅,"大坪石"岩画(参见图1-3)的中心内容围绕着一条大船,船头有"龙头"式的装饰,船高0.35米,长1.5米,船前聚集20多个人和少量动物;人和动物大小不等,高在17厘米至35厘米之间。船停岸边,人在岸边绕着船欢庆,左前有两人沿跳板往船上爬,下面是聚集在海岸边的人群,人们在手舞足蹈……应该是庆祝大船出海归来。

第三幅,"藏宝洞"东壁岩画(参见图1-2)。整幅画以船为中心,……从右上部至左下边,有四只船在海中排列,大小不一,花纹不一,形状相似,均为两头尖,底近平。右上方的船最为明显,船的两头尖翘,船边和船底平直,船身正中近船舷处刻饰两个相连的云雷纹,中部刻一条水波纹,靠近船头处的水波纹变成云雷纹,船的上面,中间为相对的卷云纹,两边有一些无法辨认的线纹,这些纹饰可能与行船的天气有关。右上方船的左下方为画的正中,有一大一小两只船,艏艉相交错,小船在左上方,大船在右下方,大船的船头尖翘,头顶分三个尖,船体较深,船身刻三个云雷纹,形似三只眼睛的兽面纹,船下的花纹和生物难以辨认,船的上面有四个人,三人手上举,腿分立,一个侧身蹲立,人手的上面举一个平台,……小船两头尖,船身刻鱼鳞形花纹。船上为一形象生动逼真的猴子……左下部有一只大船,大船船身较长,船头尖翘,尖头向上伸出两角,角顶分枝相连,呈倒三角形,船身有曲折形装饰花纹,船尾上翘,平顶上有一圆头;船中站立一人……船之前有一动物图像……

三幅画中有两幅是艏翘起或艏艉皆翘起的,又因为艏(及艉)翘起,不及水面,则船的底部必不能呈平型,平型则船易翻。必须是上宽下窄,底部半圆或略成尖型,船首翘起,船底圆或尖的船型,很明显,这种船型是当时海上航行的典型船型。

此三幅画为我们提供了关于广东古代造船相当丰富的信息。

(1)船首饰有一物似鸟头,这种习惯来自西方,那就代表早在春秋之前已有西方的船只造访广东,与广东有贸易关系。

(2)船身长85厘米,桅杆高75厘米,这两个尺寸之比一直沿用至今。

(3)20多个人与动物围绕着一条大船奔跑、跳跃,这可能是新船造成后靠岸时的庆祝场面,也可能如作者所说的庆祝大船出海归来的庆祝场面,说明岭南已造出了"大船"。

(4)艏艉上翘的船必定不是独木舟,上翘的部分只能由木板制成。金兴德等学者认为此船与后述的"南越王船"、西汉木板船模型、东汉陶船模型有相似之处,船身部分由一条大木加工而成,只有这样才与当时当地的经济、文化情况、生产力、生产工具相适应,其证明早在青铜器时代或之前,广东已经造出了早期的木板船(独木和木板组合船)。

(5)根据上述对画的分析,船身艏艉上翘,上宽下窄,底部圆或略尖型,可以认定这是一种海船的船型无疑,甚至可以认为是广船型的起源。

(6)由此可知,百越古民在广东的土地上曾经建立过造船工厂,并建造了先进的船只。

岩画的发现和对岩画的分析也打破了某些史书认为秦时岭南的商贾船是洋船的说法。如《中国南海古代交通丛考·前汉时代西南海上交通之记录》认为"当时中国船舶未闻远航海外。是故亦无中国商人从事海外交易的痕迹。汉使所到之国皆给粮食,且随行之,史称'蛮夷贾船转送致之',故汉使所乘之船系外国商船。且译长与应募者同行,至印度南端,似不仅一次"。

二、番禺始为舟

出土的古代独木舟残片以及古人乘坐独木舟想象图见图2-1。

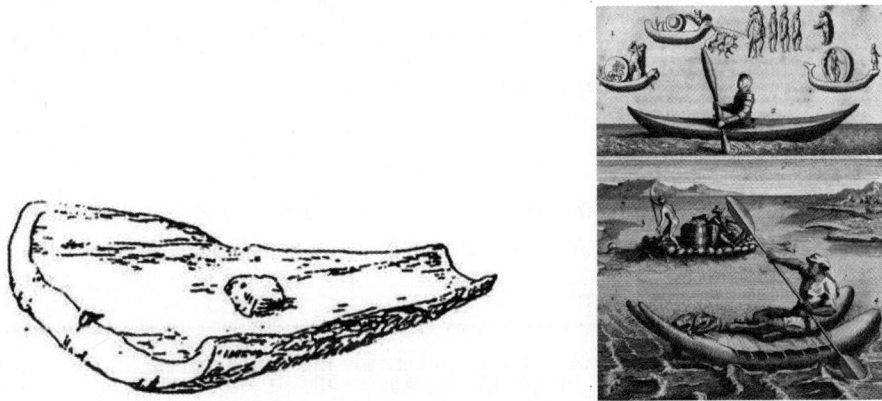

图2-1　古代独木舟和古人乘舟想象图

屈大均《广东新语·舟条》述"《山海经》云:番禺始为舟。番禺者,黄帝之曾孙也,其名番禺,而处于南海,故今广州有番禺之山,其始为舟"。秦设南海郡,郡治在番禺,番禺地名应始于此时或更早,但秦之前广东并无文字,即使有番禺之称也只是口语。倘若番禺是黄帝的曾孙,那番禺之名应出现在上古时期,这种说法似乎可信度不高,是后人在编《山海经》的故事时创造出来的人物。那么,始为舟的地方是否是现在的广州之番禺呢?

"番禺始为舟",出自《山海经·海内经》,其云"帝俊生禺号,禺号生淫梁,淫梁生番禺,是始为舟。番禺生奚仲,奚仲生吉光,吉光是始以木为车。"屈大均由此悟出番禺是黄帝的曾孙不足为怪,但屈公误会了,他把"生"字当作父生子的生,于是按辈分番禺就是黄帝的曾孙。《百越源流史》认为其中关系复杂,也解释不清。但我们知道《山海经》多是神话与传说,因此,应从文字考证始舟之源以证实"始舟"究竟是怎么一回事。

据东汉许慎《说文解字·帝条》"帝,谛也";商承祚《古考四页》"甲骨文帝字变体甚多……盖帝,乃蒂之初字……蒂为花之主……";郭沫若《金文诂林》认为帝字之构成均为花:"花之子房""象萼""象花蕊之雌雄"。

"俊",《说文解字注》"《山海经》以俊为舜"。《说文解字·舜条》:"舜,草也"。

"禺",《说文解字》注释为"母猴属,头似鬼"。《说文解字注》"郭氏《山海经》传曰'禺是一物也'"。这两个注释说的并不清楚。《常用古字字典》说,"周初以来恒以表虫或兽之足与尾之形,非文字。禺字合两形成文,意谓头似人非人,而有足有尾之兽也,全象其形,长尾之猴也"。

"号",《说文解字注》:"'號'字古作'号'……号咷(音 táo,同淘——笔者注)之象也"。

《说文解字·淫条》:"淫,浸淫随理也……一曰久雨曰淫"。又据清段玉裁《说文解字注》:"浸淫者以渐而入也。……月令曰,淫雨蚤降。《左传》曰。天作淫雨。郑曰。淫,霖也。雨三日以上为霖"。

"梁",《说文解字》曰:"水桥也"。《说文解字注》曰:"梁之字,用木跨水,今之桥也。孟子,十一月舆梁成国语引夏升令曰,九月除道。十月成梁。……谓所以偃塞取鱼者,亦取互于水中之义谓之梁"。

详细考证了"帝俊生禺号,禺号生淫梁,淫梁生番禺,番禺始为舟",整句的解释就很清楚了:"桥上长了许多奇奇怪怪的植物,为了清除这些古灵精怪的东西人们开始造船"。造船的目的是为了以舟载人去清除那些怪东西以保护桥墩、桥梁。若这种说法可以获得确认,那么"番禺始为舟"就不宜解释为"造船的始祖是'禺'人",或"在番禺这个地方最早造船"。这也让我们认识到:船和桥几乎是同时代的东西。

那么,造船的始祖是谁呢?《太平御览·舟部》提出:"《世本》曰,共鼓、货狄作舟"。是黄帝的两个臣子共鼓与货狄。其他各种说法集百家之众,公说公,婆说婆,但这是否是标准答案,仍需要考证。《太平御览》等所说的也仅仅是一家之说。历史不宜以孤证为定论。

除了珠海岩画所显示的广东在秦以前就能造船之外,暂时我们也还没有掌握其他的考古遗存和相关史料。

第二节　先秦时期的粤地造船场所

一、珠海沿海

据现有资料看,最早讲述广东古代造船的,不是文字而是珠海宝镜湾的岩画,在岩画中,我们似乎可以看到有这么一幅穿越时空的灵动的画:画面有 20 多个人和动物,围绕着一条大船奔跑、跳跃。这是在欢庆大船出海归来,也许是古时珠海一带百越人的一种庆典形式。当然,由于珠海滨海,以舟御海,所以在珠海沿海发现早期广东先人造船的遗存也是情理之中的事情。

二、化州等地

《广东航运史·古代部分》记载"滨水越人,以渔猎为生活之源。长年累月地与大自然斗争的实践,使他们学会了编竹木为筏,作为浮水的工具。后来,又发明了用一根树干,除了要挖掉的地方外,其余表面都涂上一层厚厚的泥巴,然后用火烧烤要挖掉的部分。这样,有泥巴的木料被保留,没有泥巴的地方被烧成碳,再用石器(有青铜器等金属的地方当用金属工具——笔者注)挖空焦炭的办法制造独木舟(注曰:1976 年化州长岐石宁村出土六艘东汉独木舟就是先用火烧,然后用剜挖等方法完成的,这应该是原始制造方法在汉代的延续——原注）"。据《光绪重修高州府志》卷五十载,清道光二十六年(1846年),化州石宁村发生洪水,长岐堤溃,"出独木舟一艘,木质黑而坚,塘北堤亦溃,冲出黑木数十段"。据此推测,古时化州长岐石宁一带曾有森林,亦曾有独木舟制作厂。后来森林毁灭,工厂废弃,部分独木舟成品、半成品和原材(一段段巨木)便遗留下来。由此可见,化州长岐独木舟工厂在当时制造过不少独木舟。1983年9月间,化州中垌长湾河牛牯坡河段冲出两艘独木舟(见图2-2),据化州文化局提供的资料述:"两艘独木舟出土的同时也有红椎、白椎、水翁等地下古木出土。据当地群众反映,过去此地也出土过独木舟,牛牯坡

图2-2　化州出土的古独木舟

的石狮江地段,古代木材堆积物甚多,考古人员经考察判断,此地原为独木舟工厂,此地出土的独木舟为南北朝时的宋制造"(见图2-3)。

图2-3　高州出土古独木舟

三、徐闻沿海

据《徐闻史志·隋前徐闻县治再考》记载"秦之前,这里开辟有通往东南沿海各国的商港——徐闻港。这个港口以当时的造船技术和当地的特点来说,是中国与东南沿海各国进行经济文化交流最理想的口岸"。在同一时期的另一篇文章《汉代徐闻始发港兴衰的初探》中认为徐闻港"早期阶段发展形成的原因"之一是"春秋战国时期是我国航海的形成期,有一定的航海能力"。两文都没有就此题展开,虽然可以知道在秦之前就有可以航行于"东南沿海各国"的船舶,但没有详细的造船工厂资料。不过《后汉书·马援传》可以提供一些侧面资料:"援将楼船大小二千余艘,战士二万余人"在徐闻合浦西进。据此可以推测,马援所率领的两千艘楼船至少有一部分是在广东的徐闻、合浦等地修造的,可见当时徐闻的造船工厂是具有一定规模的。

第三节　先秦时期船型

虽然广东等地出土了不少的独木舟,在全国来说也是有点名气的,但真正被鉴定为秦汉之前的独木舟却只有一艘。

1983 年 8 月 30 日,在怀集县城北的龙头湾河床(属北江支流)中间约 2 米水深处发现并出土一艘独木舟。该舟舟体完整(见图 2-4),舟长 6.95 米、宽 0.52 米、高 0.41 米,舱艚长 6.25 米、宽 0.40 米、深 0.35 米。现场考察认为该舟是用一段大松木经原始加工方法凿挖而成,出土后尚可载 5 人在水上划行。该舟未做断代鉴定,据有关专家认定,该舟当属汉代以前的产物。

图 2-4　怀集出土的汉代独木舟

独木舟是怎样产生并为人们所使用的? 前面已罗列出了多种说法,但要做个结论却很难,我们可以认为这是我们的祖先经过千百年代代相传的集体智慧的结晶,不必去追究到底谁是始做舟者,只要知道上古时我们祖先已开始做舟就可以了。

可以想象:在远古时代,或于洪水泛滥之时,山洪席卷而来,我们的祖先在无处可逃之时,情急之中(或根本无意识)跳上了洪水之中的断木,才得以逃生……抑或风平浪静,有一智者(如我们的神农氏)于苍穹之下,独坐河边,当一段枯树随波逐流,其灵光一现——我辈亦可借枯树浮游于水流,后经实践果然可行。待到人们有了火种、石器和青铜器时,经过发展就制作出了独木舟。图 2-5 是原始时期先民制造独木舟的想象图。有了独木舟,人类的活动范围就扩大了,可以跨越水域、在水中捕鱼,既

图 2-5　古人制舟想象图

提高了生活情趣,也增加了物物交换的机会和物质的积累。同时,独木舟也在实际的应用中得到改进,从而进一步发展为独木舟与木板组合式的先进独木舟——组合型独木舟。这是社会发展的规律和必然,也是科学发展的必经之路。秦以前的舟船,在中原有不少文字记录,但遗憾的是广东在秦以前没有文字,无从得见文字的记载。

《吕氏春秋·慎大览》曰“适越者,有舟也”。《广东通史》释“从考古学、民族学资料来看,广东的南越先民,至迟在新石器时代,便已使用舟楫,当无疑问。因为新石器时代,仅从海路来看,当时岭南地区的古人已向菲律宾、印度尼西亚以至南太平洋群岛流徙,其交通工

具当是某种形式的船只;他们同东南沿海的关系更为密切,其来往亦应是泛舟海上"。

　　"流徙"二字,讲述了当时人类生存环境之艰辛。因当时的船只还没有舵,或者只能是一片木板起点舵的作用,但不能定向航行,只能是随着海潮漂流,流到哪就到哪定居、开拓、发展。

　　这段阐述有佐证,那就是广东珠海高栏岛宝镜湾的石刻岩画。

　　四周皆水的陆地是为岛,岛与外界、大陆的联系工具唯有舟船,没有舟船,即便是可望的大陆也不可及。岛民(或是由大陆上岛的人)在岛上记录下历史,以使后人了解古民的生活。据考证,1989年发现的珠海宝镜湾岩刻为春秋时期或更早期所作,其中"天才石岩画""大坪石岩画"(参见图1-3)、"藏宝洞东壁岩画"(参见图1-2)均画有该时期的船,有翘艏的船,有艏艉皆上翘的船。这三幅画为我们提供了很多的信息,具体特征在前面已有叙述,从中我们可知,百越古民的一个分支在进入广东后曾经在广东这片土地上建立过造船工厂,并建造了先进的船只。

第三章　秦汉粤地楼船

在古代,广东属于岭南百越之地,滨海、河网地区为越族先民聚居的地方。那时,人们不管是与大自然做斗争还是为了生存进行的渔猎、交通活动,皆有赖于舟楫之便。古文献中就记有"越人善于造舟""越人善用舟"。远古时期的舟,只是刳木而成的独木舟或木筏。1964 年在揭阳、1974 年在潮安、1975 年在揭西、1975 年及 1983 年在怀集、1976 年在化州均发掘出独木舟。据科学家测定,揭西的独木舟距今已有 2 000 多年。另外,海南有一种尚在使用的缝合船,据考证距今已有 3 000 多年的历史。

公元前 221 年,秦始皇建立了统一的封建帝国,而后挥兵南下扩疆,秦始皇二十八年(公元前 219 年),令史禄开凿灵渠,沟通湘、漓二水,联系长江、珠江水系。秦始皇三十三年,秦军南征,统一岭南,传入中原文化、铁器及有关的生产技术,使得岭南地区的造船技术得到进一步发展。首先进入岭南的有秦的楼船水军,经过长达五年的统一岭南的战争,统军将领屠睢在西线战死,任嚣为首任南海尉。秦亡,任嚣病死,赵佗继任南海尉事,后赵佗一统岭南。身为一地之长,当然要发展当地的政治、经济、文化,但他恰恰遇上了汉高祖崩,高后执政而受阻。《史记》卷一百一十三载"高后时,有司请禁南越关市铁器,佗曰:'高帝立我,通使物,今高后听谗臣,别异蛮夷,隔绝器物……'"于是赵佗乃自号为南越武帝。虽然,秦统治岭南八年,将先进的中原经济、技术、文化等带进了岭南,使广东的经济有了飞跃和高度发展,但岭南不产铁,据记载,当时岭南用铁多来自于四川、湖南。铁是制造先进工具的原材料,铁器被禁,对岭南的经济发展有一定的影响,好在时间并不长。

南越传五主,历时 93 年,由于岭南较稳定,少战事,对广东的发展有很大的作用。

汉元鼎五年(前 112 年),汉武帝令伏波将军路博德、楼船将军杨仆,率五路大军攻南越都番禺,平定南越之乱,一统岭南。中原的楼船从秦到汉对广东的造船应有很大的影响,而土生土长的"南越王船"等则是广东海洋文化的先驱。

汉代是社会经济文化高度发展的朝代,是一个繁荣、强盛的朝代,岭南在海外贸易和造船方面的发展,也具有时代性。

第一节　秦汉粤地楼船

罗香林先生在 1955 年所著的《百越源流与文化》一书,谈及他发现的广州汉代城砖上绘有楼船的形象,虽是当时工匠随手刻画,但从中可窥见其大概。据古代楼船图形,楼船首低尾高,船尾有一个大舱,船身左边,船舱共计可有十层,船中央有一大钟,船右边有一桅上张挂帽形的帆和旌旗,船边水中似乎还有浮木和挡木造成的边架。包遵彭《中国海军史》中也述"据罗氏越族文化考称:余所获广州汉代城砖,亦有划绘楼船形者。虽城砖制作或全出自中原所遣官吏之令,然其工匠之技术,当受古代越族之工艺影响,以汉代中原各地全不以船形样为砖瓦饰纹也"。

《史记·平准书》记载,汉武帝征战南越,"治楼船十余丈,旗帜加其上,甚壮"。罗香林先生所述"连船舱共计可有十层",与《史记》所述是一致的。图3-1是汉代楼船。

《造船史话》所描述的楼船为"作战用的楼船,每一层外面都建有约3尺的'女墙'作为士兵防御敌方弓箭的掩体。有的女墙上还开着箭孔可以向敌方射击。楼船的周围还用坚硬的木材制成'战格',要害部分还蒙上皮革,作为船上的保护装置",见图3-2。

图3-1　汉代楼船

图3-2　汉代楼船(战船)

南越文王赵胡(眜)年间(前137年至前112年)建造了一种内河船。这种船有多道隔舱板和双层底,甲板艏、艉各设一楼棚,上有弩手,甲板上有执戈持剑的士兵,艉部有操舵桨者,桨叶长而宽,艏、艉树旌旗,其状甚威武。

南越王赵建德,于汉武帝元鼎五年(前112年)派3 000人到绥安连山(今福建省漳浦县)采伐巨木,建造能载重1 000石(约合30吨)的大舟(梁廷楠《南越五主传》)。

秦汉时期,用于水战的主要是楼船(参见图3-2)。汉武帝元鼎五、六年(前112年、前111年),平定南越国的叛乱时,用"楼船十万师"(《汉书·南越传》)。东汉建武十八年(42年),光武帝遣伏波将军马援率领楼船南击交趾、九真,有"楼船二千余艘,士二万人"(《后汉书·光武帝纪》)。此外,还有众多的戈船、下濑(双船)南下,并在番禺等地修造补充,其也推动了岭南修造船业的发展。

1979年,广州汉墓4013号出土一大型木船模型,长1.3米、中宽约0.16米,船上建有重楼,有十桨一橹。楼船上甲板设楼三、四层,每层四周都设有女(矮)墙,女墙上开有箭孔和矛穴。此外,还用硬木制成战格,作为士兵防护掩体和进行攻击的战位(南朝以后,每层楼的四壁还蒙上皮革以加强防护)。上甲板以下的舱室为划桨手操作的场所。楼上的最上层竖有幡帜,以壮军威(《武经总要·前集》)。楼船上设多层甲板室,以扩大使用空间。楼船是中国造船技术的一大进步。

第二节　秦汉时期的造船工厂

汉代的造船地点分布全国,内地的有长安(长安以东的船司空县,今陕西华阴东北,即因此得名)、洛阳、湘州(今湖南长沙郡和洞庭湖附近一带)、庐江郡(今安徽庐江县一带,《汉书·地理志》谓庐江有楼船官,可见西汉时已设官船于此。又其所属寻阳为汉时楼船集中之地)、豫章(今江西南昌附近)。沿海地区有渤海郡(故址在今河北沧县)、琅琊郡(今山东诸城市东南一带)、东莱郡(今山东莱州至福山一带)、会稽县(秦、西汉时郡治在今江苏苏州,东汉移至今浙江绍兴)、永嘉郡(今浙江温州)、南海郡(郡治番禺,今广州市)、合浦郡(郡治徐闻,后移治合浦)、交趾、日南郡。

《南越志》载"王(注:此处指赵建德——笔者注)曾派人往绥安(现在福建漳浦县,当时属广南东路——笔者注)的连山伐巨木,建造一种能载千石的'越舟'"。也许这些船后来有了用武之地。南越丞相吕嘉、五主赵建德反汉兵败,于番禺沦陷后与其属百人逃亡入海,以船西去。汉军乘船追捕,卒获两人首级而还。据此可知,南越时期在与东越接壤之处有一个甚具规模的造船工厂。

1983年秋,在广州市区北面的象岗山顶发现一座西汉初年大型的石室墓,是南越国第二代王的墓,出土的九件带纹饰的提筒中有一件为船纹饰(见图1-1),这艘船应是南越国在广州建造的内海战船,这也就是南越时期广州有造船工厂的例证。

据《水经注·叶榆河》转引《交州外城记》所述:交趾安定县"江中有越王所铸铜船,潮退时,人有见之者"。《太平御览》卷七百六十九引《交州记》也说有此事:"安定县有越王铜釭,潮退时有见者,合浦四十里有潮阴两日,百姓樵见铜釭出水上"。而《合浦县志·金石·铜船条》则另有所说:"旧石康县有铜船湖,汉马援铸铜船三只,一横于此,故名。旧有石刻,今佚"。浇铸铜船用铜量大,在工艺上也有一定困难,铸铜船实在是难以想象。有学者认为所谓"铸"者,应与"制"为同义,"铸"是"制"或"建"的意思。按照汉时的造船技术和能力,建造的木板船或组合式木板船由于榫合、拼接、捻缝的技术尚未成熟,因此在底板、傍板的接缝处钉上铜皮,使船身的渗水大为减少(这种钉铜皮的工艺,直到20世纪60年代后期仍在应用),以此称铜船较为合理。可是时隔2 000年,铜船已难以寻觅,石刻也佚,已无实例可证了。然而,合浦、徐闻有造船技术应是可信,有相当规模的造船工厂也是不容怀疑的。

南海郡的番禺县自春秋战国始一直都是造船重镇,合浦的徐闻也是岭南修造楼船之处。

据史料称,化州、怀集也有汉代的独木舟工厂。根据中国科学院考古研究所对广东化州鉴江下游石宁地段化州县长岐石宁村和下垌村间冲出十多艘独木舟的推断,这批独木舟为东汉时期所造,距今已有1800多年。无疑这些独木舟当属化州本地建造。

1983年8月30日,怀集城北出土独木舟,有关专家认为该舟属汉以前的产物(见图3-3)。

揭西、化州等地出土独木舟10余艘。

1964年,揭阳出土一艘楠木独木舟,长约12米、宽约1.5米,舱内设4道隔板,艉部有1孔。1975年,揭西一河床下约三四米深处发现一艘樟木独木舟,长10.7米、宽1.3米、深0.8米,艏部有1个小孔并系有绳索,其中,1983年发现的独木舟舟体完整,长6.95米、宽0.52米、高0.41米,凿挖整段松木而成,专家认为这是一艘汉代独木舟。

1976年,化州发现多艘东汉独木舟,艏呈尖形,艉呈梯形,底呈鸡胸形,中间较宽,艏艉较窄,形制如梭,艏艉部略上翘,木质坚硬,其中2号舟基本完整,长5米、中宽0.5米、深0.22米。由于化州独木舟多出于化州县长岐区石宁村,因此称作"石宁独木舟"。在独木舟挖凿处都有炭的痕迹,可知独木舟的制作方法是先用火烤要挖去的部分,再用工具挖剡而成。

图3－3　怀集石宁出土的汉代独木舟

木板船是在独木舟的基础上发展而来的。1956年,在广州西汉墓出土木船模,据《广州汉墓》记述:船模的"船底由一段整木凿出,内微挖凹一些,底的中部齐平,艏艉部略为翘起,两舷处装上较高的舷板,舷板也是一整块锯出,船前斜插一块拴板,前有平盖的甲板和横安的木板各一块,构成平坦的船头"。船上有舱,前舱高,后舱矮,船尾是一个矮小的艉舱,盖顶由一块木板做成,三面斜面形,接于船尾,下有板密封,船上各部分的构合均为钻孔后用竹钉钉牢。从汉代出土的木板船来看,已广泛用作渡船、农艇、渔船。

1955年,在广州出土的东汉陶船模,是一种可航行于近海的船型。船体呈长条形,艏艉狭,中部较宽,底平。船内分前、中、后三个舱室,前舱低矮宽阔,蓬顶作拱状。后舱即舵楼,狭而高,两坡蓬盖,右侧连厕所,船尾有一间矮小的艉楼。船头两边各设3个桨架,船舱横梁引18根伸出舷外,扩大了甲板面积。船首系木石锚,船尾设舵,船首甲板上有挡浪板。迄今为止,该船上的木石锚和艉舵是中国发明舵的最早物证。

东汉建安二十二年(217年),吴国交州刺史步骘将治所迁至番禺,并造海船,三国吴赤乌五年(242年),孙权派将军聂友率将士3万余人,大小战船300艘,从海路进军珠崖、儋耳(海南岛),可见吴国时广州的造船实力已相当雄厚。

学术界对有待考证的"广州秦汉造船工厂遗址"(后改称"秦造船遗址")和"中山四路东汉造船遗址"一直持不同意见,认为那并非造船遗址,而是木建筑结构基础遗址。但这两处"遗址",尤其是前者,已具备深远影响,广为历史界、考古界、造船界、船史界的专家学者所引用。

1977年4月,《文物》中的《广州秦汉造船工厂遗址试掘》一文,报道了认定广州市中山四路原广州市文化局大院建筑工地"发现一处秦汉造船工厂遗址",在当时引起了很大的震动。在论证"遗址"的当时就有专家提出,遗址是建筑基础而非造船工厂。据麦英豪《汉代番禺水上交通的考古发现》提出"遗址深埋在今地表下5米,经钻探及试掘得知,工厂中心平行排列三个造船台,船台长度达88米以上,船台的南边揭出一部分木料加工场地,有'弯木地牛'结构。已部分揭开的一号、二号两个船台同是由枕木、滑板和墩木组成,接近水平式的船台。其结构是由宽0.70米、厚0.15米的长木板(每块长6至9米不等——原作者注)分两行平行铺设,下面用枕木承垫组成了一条下水滑道,在每行滑板上竖置两两相对的木墩,在木墩上架板造船,滑板下垫枕木的作用在于扩大受压面,保持受压均匀,避免局部下沉。一号船台两行滑板的中心距为1.8米,二号船台为2.8米,(第三号船台被建筑物所压,未揭开)。按船台滑道的宽度计算,一号船台可造船体宽3.6~5.4米,二号船台可造船体宽5.6~8.4米。换言之,这里可建造宽6~8米,长20~30米(根据结构长宽比例),载重可达数十吨的大木船"。

但有许多船史界、造船界、建筑界、地学界、地质界、地震界、史学界、考古界的来自北京、武汉、南京、南宁、宁波、上海、广州的几十位专家学者两次聚会广州进行论证和纠错,他们也上书,希望各级领导和各级领导部门重视此事,在重大项目投资上千万别错投,造成浪费和损失。

"中山四路东汉造船遗址"与"秦汉造船工厂遗址"是相同的问题,这些都有待进一步的详细考证。

第三节　秦汉时期主要船型

一、东汉时期化州独木舟

1976年9月,鉴江下游石宁地段化州县长岐区石宁村和下垌村之间冲出十多艘独木舟,这就是闻名全国的"石宁独木舟",图3-3是其中较为完整的几艘。共有6艘选送湛江博物馆,以2号舟为基本完整,3号舟为最大,其余各舟均有残缺,使用的木材为檺木。

二、南越王船

南越王墓出土的纹饰提筒上的船纹饰被学界命名为"南越王船"。南越王船是一艘组合式木板船,艏部挂着锚,该船由图1-1看是一艘艏低艉高、艏艉上翘的双层底船,其有六道水密的隔舱板,水密舱的设置完全符合现代船舶力学原理——艏艉密、中间疏,在第五舱画着一条好似正在游水的鱼。据现有史料记载,水密舱最早出现于东晋的"八槽船""南越王船"的发现使水密舱在我国出现的年代至少提前了300多年!其上的甲板有艉楼,艉甲板有一士兵似操舵手。此船有舵,较之东汉陶船模上的桨舵又提早了一百年左右,说明我国水密舱、锚和舵的出现与成熟应不迟于公元前200年,至今已有2 200多年的历史了。

遗憾的是,船纹未能展示全部船体都有隔舱壁结构,但以南方造船不用铁钉的史实来推理,制造一艘有隔舱壁的南越王船对技术的要求很高,这也可以说明在秦以前,岭南已是造船业很发达的地区。

作为木板船,"南越王船"也是我国组合式木板船最早的实例之一。关于"南越王船"的相关情况在后面会有详细介绍。

三、西汉木船模

广东汉代考古出土的木陶船模制作精良、工艺精湛,全国少见,而且还是典型的组合式木板船,这证明汉代已存在独木舟,且木板船已逐步发展并已成为广东最重要的水上交通工具了。

1956年,在广州西村皇帝岗发现一西汉木椁墓,同时出土了两艘木质船模,其中一艘仅存残片,残片上绘有花纹和图案,但已无船形。据《广州汉墓》记载"船底用薄木板构合,腐朽较甚……船中舱各部分结构零件也散佚不全,无法并合复原。从所残存板可知,这船的规模较大,为楼船的结构,有方形舱口盖板四块,其中的三块近方形,顶作四坡式。……另一较小的作三脊三坡式……此应为船尾舱室的顶盖,此船有四个舱室。船底残存一段长4(厘米——笔者注)宽16(厘米——笔者注),两侧傍板,一块残长11(厘米——笔者注)一块残长95厘米,有钉孔。船头烂板一块,平面状若龟形,一面隆圆高起,一面挖凹,底有钉孔五个,长19厘米。木桨三支,其中一支稍好,残长12(厘米——笔者注),宽13厘米。木俑三个,有二个较好,都用薄板锯成。……另外还有木柱四(支)及残散不堪的薄板许多,有的见钉孔,有的无钉孔,原属船体哪一部分的构件已无法知道"。

第二艘见图3-4。据《广州汉墓》记载,木船模"船底由一段整木凿出,内微挖凹一些,底的中部齐平,首尾部略为翘起,两舷处装上较高的舷板,舷板也是一整块锯出,船前斜插栏板一块,前有平盖的甲板和横安的木板各一块,构成平坦的船头。船中有两舱,前舱较高,成方形,上为四阿盖顶,左边开一个方形的'横门',后

图3-4　广州西村西汉墓出土木船模

舱矮一些,长形,两坡上盖,分向两边斜出。前后两舱盖顶都钉上一块檐口板,舱旁两边有走道。船尾是一个矮小的尾舱,盖顶系由一块木板做成三面斜面形,前半两斜坡分成左右,后半为一斜面如三角形,接于船尾,下有板封密。船上各部分的构合均采用钻孔后用竹钉钉牢。船内即前舱的前面,在两边船旁板间横架木板两块,中间各有两个缺口,作为掌楫者的座位。每块座板的当中锯出两个长方形缺口,缺口向前,木俑嵌纳缺口中,掌楫的木俑五个,前面四个,两个一排,分前后两排,各执木桨一支……尾舱前一俑坐于板凳上,持一楫……"毫无疑问,这是一艘典型的组合式木板船。

两艘西汉的木船模都是划桨客船的缩影,从整体上看都是富豪或官僚的游乐出巡船,而不像是民间的渡船或货船。前者规模远比后者大,比后者奢华,以其规模论,或是一艘帆桨兼而有之的快速客(官)船也是有可能的。汉时广东的航海业、运输业、造船业已相当发达,作为汉时一个国家级的造船点,完全有可能有这样先进的技术。

资料表明,1971年,广州西村黑山的一座西汉初年墓中也曾出土过木船模三件,但均因残缺无法复原而被舍弃。

四、东汉陶船模

汉墓出土的陶船模和木船模,反映的是不同的汉代船型。资料表明,东汉陶船模出土的数量甚多,有不少还散失于民间老百姓的手中。

1955年,广州先烈路十九路军坟场东汉后期的古墓中出土了两只陶船模。据《广州汉墓》记载:其中之一"陶胎红黄,松软无釉,器已残朽,只存船底部的一部分,形制不全,船残长14(厘米——作者注),残宽10厘米",无法复原。其中之二见图3-5,该船模"陶质较硬,呈灰白色,施灰绿色釉,但几乎已全部脱落,仅船篷上有个别地方还存有一些痕迹。全长54厘米,通高16厘米,前宽8.5厘米,中宽15.5厘

图3-5　广州先烈路东汉陶船模(客船)

米,后宽11.5厘米。船体长条形,艏艉狭,中部较宽,底平,船头两边各有桨架三根,船舱横架梁担八根。船前有锚,船后有舵,两旁为司篙的走道。船内分前、中、后三舱。前舱低矮宽阔篷顶作拱形。中舱略高,呈方形,上有微凸的篷盖。后舱稍狭特高(即舵楼),篷盖为两坡式有脊。船尾还有一间矮小的艉楼,后舱口右侧附一小房,有门互通,是厕所。船上有俑六个,其中一俑两手持圭形物一件……在船前左侧;一俑倚栏而立……尾楼处一俑,跪坐于船篷上……其余三俑分立于两边走道和前舱内,在右边走道的俑,左手抱持一物,右手外扬徐步而走的姿势。"最引人注目的是船前垂一锚(碇),船尾有舵,专家认为该陶船模的锚与舵都是迄今为止世界上最早的锚与舵。该船模现存于中国历史博物馆,广州博物馆所存为复制品。

　　有学者认为,最早的锚与舵应是西汉南越文王墓出土的提筒船纹饰上的锚与舵,时期至迟为西汉初年。同时,这也是世界最早的锚与舵。

　　1954年7月,广州市东郊红花岗一座东汉后期的残砖墓中出土了一只陶船模(见图3-6)。据《广州汉墓》介绍"这只陶船胎质灰红色,略软,手制,不施釉。结构形制较简,船体稍短而宽,艏艉狭,中部较宽,底平。船上横架'梁担'八根,'梁担'之上有立柱以置篙(仅船尾两根立柱尚存,余俱缺失)。舱室在中部不分间隔,船盖为拱形篷顶,当中部分是揭开了的,露出篷顶的骨架,四俑分立在篷盖上,背做撑篙的状态(手所持篙已不存在)。船模长42(厘米)高17厘米,此船从总的整体结构式样来看,是一艘内河运输使用的简易货船,即粤地所称的'货艇'"。无疑,从整体描述上看,我们可以认为这是一艘短途浅窄河道的撑篙木质运输船。

　　1964年,广东省佛山市郊澜石的东汉墓出土了一只东汉后期陶船模,这是一只附于水田旁边的陶船模(见图3-7),船内只有前后两道坐板,十分简陋,而且装载量很小,显然,这是一只适应于河网地区的农用小艇,其意义在于:东汉时期木板船就有了广泛的使用而且已应用于农耕。

图3-6　广州红花岗东汉陶船模(货船)

图3-7　佛山东汉陶船模

　　1980年9月,广东省德庆县东汉墓出土了东汉期陶船模一只(见图3-8)。据《文物》杂志1983年第10期载,该"陶船质为泥质,表面呈橙红色,无釉,出土时比较完整,船长54(厘米——笔者注),高20厘米,艏艉翘起、底平。分前、中、后三部分,前为头舱,中为楼舱,后为舵舱。头舱长7厘米,宽12厘米,高6厘米,拱形篷顶。楼舱是船的主体建筑,长16(厘米——笔者注),宽13(厘米——笔者注),高10厘米。盖呈庑殿顶,两侧有对称窗户,有门与船尾楼相通;两侧墙壁用复线舷纹分成五格,可能表示梁柱结构。楼壁与两边船舷连接处各有三个小孔,大概表示底舱的透光排气孔。舵楼长7.5(厘米——笔者注),宽11(厘米——笔者注),高8厘米。船尾后墙有2.2厘米的圆孔。头舱口和舵楼下各有一块活动的底板,上面站俑。头舱立的一俑,高10厘米;舵楼下有两俑,分别高为6.3(厘米)和

7厘米,都做弯腰弓背,两手向前状。该陶船模是一艘内河平底小客货船,甲板下有小货舱,甲板有排气透光孔是有力的例证。这种透光排气孔在国内外有无领先可能,还有待船史学家考证"。

图3-8　德庆东汉陶船模

出土的广东陶船数量多,工艺精,据《徐闻史志》1988年第5期《汉代徐闻港与海上丝绸之路》一文介绍,徐闻曾出土过汉墓群,在"挖掘的五十六座汉墓中……当地群众还先后挖出陶船。……这些陶船模都散失在群众手中,其形制结构尚未得知"。陶船模是研究汉代船型、造船技术的重要依据。

五、早期广船

秦汉时期,中原及东南沿海的造船业非常发达。秦始皇征岭南,凿通灵渠,以楼船南下,汉武帝平南越用的也是楼船。中原先进的造船技术和工艺必定促进了原本就已拥有造船基础的广东造船业的发展。但广东造船业的发展在秦汉时期也受到一定的限制,原因是广东的炼铁业还远远落后于中原。据《中国科学技术史稿》记述"汉武帝于公元前119年采取的由国家经营统一冶铁业的政策,使人力、物力和财力比较集中,生产技术还可以较快地在较大范围内得到推广和交流,对钢铁生产的发展起了积极的促进作用,其时所设49处铁官,分布在今陕西、河南、山西、山东、江苏、湖南、四川、河北、辽宁、甘肃等省,成为钢铁生产的基地。"没有炼铁业,好铁的来源就会受到制约,一旦被卡,很多问题就会随之而来。《史记·南越尉佗列传》卷一百一十三曰:"高后时,有司请禁南越关市铁器。佗曰:'高帝立我,通使物。今高后听谗臣,别异蛮夷,隔绝器物'……佗因此动怒,背了汉朝,僭称'南越武帝'。"为了铁器,赵佗居然可以与汉翻脸,可见铁器之重要,也说明当时南越自身所制铁器非常有限,要依靠湖南、四川等地。没有好铁钉,大型船舶的建造肯定要有"计划性"了。

秦汉时期,也有广船的例证。

德国著名学者夏德(F·Hirth)认为"中国与罗马帝国贸易,自公元3世纪以前,即以广州及其附近为终止点。是时广州已为海上贸易要冲"。据称,这时的贸易船只都由广州造船工厂建造,也就是说"广船"产于广东。

《汉书·地理志》详细地记载了广东徐闻、合浦是西汉时期我国对外贸易港。所谓对外贸易即是有进亦有出,当时我国出海的船舶有哪些可惜已无记述。这些外出进行贸易的海船,势必大部分建造于广东。在徐闻发现的汉墓群中,正在挖掘的六十五座汉墓,当地群众已先后挖出陶船。这些陶船大多数都失散在群众手中,其形制结构尚未得知。

据《湛江海港史》记载"汉代徐闻港是中西航海交通的必经之地,是'西汉时期我国船舶驶往东南亚和印度洋的出发港,也是大秦(罗马帝国)、天竺(印度)、波斯(伊朗)等国的船舶到达中国的目的港。许多远航的中外船舶也在此停靠,补充淡水、食品和货物'。"

从徐闻始发的中国海船在徐闻补充必需品,而徐闻的一些老百姓手中有不少汉墓出土的陶船模,这些陶船模正是那些广东海船的写真,或者这些海船已是尖底、下窄上阔、长宽比较大,是适合航行于南方海域的最早期定型广船。

第四节　南越王船

最早记载建造南越海船的是南朝宋沈怀远撰写的《南越志》,清朝梁廷楠撰写的《南越五主传》也曾有记载。南越由赵佗开国传五主,五主赵建德在现福建漳浦造大船,是有历史记载的。史述"其大千石"(约 25.5 吨)"在郡之东一千里…东接泉州晋安县界,北连山数千,日月蔽藏,昔建德伐木为船"。又称,造大船时,相吕嘉挑动赵建德反汉,为汉武帝平,赵兵败入海西逃,造的是海船,逃时用的也是海船。南越国以番禺为都,可见南越时期在番禺除了经商的海船还有为数不少的用于作战的海船。这些海船有可能已经装上了水密隔舱壁,应该是一种典型的广船。

一、南越王船

1983 年 6 月,广州城北的象岗出土了南越国第二任王——南越文王赵眜(胡)的陵墓(图 1-1 为博物馆浮雕),陵墓的东耳室出土了一件提筒,该提筒(参见图 1-1)有四艘形成环纹的战船,《广东省志·船舶工业志》将其定名为"南越王船"。对这四艘船,金行德先生的《"南越王船"研究》及其与何国卫教授合撰的《论"南越王船"》专题对该船的船体、艏锚、艉舵和绞缆车等做了初步探讨,他们认为该船纹饰所刻画的是南越国的战船,虽然船纹饰所表示的是艺术品,是绘画,是浮雕,但仍反映了当时多方面先进的造船工艺与技术。考古专家麦英豪等说"一是船上没有刻画桨楫和水手,推进的动力是 3 帆 1 橹,显示出这是大型的海船……"考古专家黎显衡则曰:"西汉南越王墓出土的一个提筒,刻着精美的船纹图画……说明这种船是海船"。蒋祖缘主编的《广东通史》述:"从船首高翘之状可知,这艘应是尖底型海船"。

《"南越王船"研究》一文认为"这是一艘内河战船"。但在进一步考证并参考了世界上最古老、距今五千一百多年的帆船和埃及女王远征 Punt 所用的距今三千五百多年的帆船后,发现这三艘船有很多相似之处:图中绘有水中游着的海鱼,船上停着的海鸟,分析了船体隔舱壁结构。该文认为"南越王船"有足够的强度,应是一艘可航行于内海(当时的珠江)的战船,但根据它的整体结构,船型不会是很瘦削的尖底型。有考古专家认为,该提筒来自越南,是越南王送给南越国的礼品。也就是说,提筒纹饰所描述的是越南船,据考证,提筒是南越国的,船纹饰刻绘的是"越南王船"。

"南越王船"与其之前的船模相比,具有独特的结构:艏有锚(碇),甲板上有桅杆、有桅必有帆,甲板下有隔舱壁,艉有舵,由此可见,"南越王船"是广东、岭南造船业迅速发展的成果。而由简单的艏低艉高两头尖的珠海高栏船到"南越王船"是中国造船业的一个重大进步。"南越王船"是秦汉或至迟是西汉初年的南越土生土长的战船,是广船的杰出代表。

二、"南越王船"与"越南王船"

在学术界,还有一种争论(抑或是根本没有去辨别而已),就是上面所提到的"南越王船"抑或是"越南王船"。那么究竟是"南越王船"还是"越南王船"？根据金兴德等人的研究,下文分别从学者论文、南越疆域和广东青铜冶炼技术三个方面来回答这一问题。

(一)学者论述

考古专家黎显衡对南越王陵墓的文物也颇有研究,他的话应该是很具有参考价值的。他说"西汉南越王墓出土的一个提筒,刻着精美的船纹图画……说明这种船是海船……说明此船又是战船……这种铜提筒在越南较多,广西也有出土"。黎先生只说了越南有,较多,广西也有,但并没有说该提筒是越南的。黎先生的这种说法应该是基于该提筒为青铜所铸,因为提筒上的纹饰所具有的特征——羽人纹饰,几乎是所有南部、东南部百越民族所共有的。广西有、云南有、贵州有,甚至浙江鄞州区出土的春秋战国时期的贴钺上也有。那么出现于"南蛮"之地的,当不是出自越南,就是出自南越,这应该是毫无疑问的。

杨豪是一位老考古专家,现已过世,他的遗作之一——《岭南民族源流考·岭南青铜冶铸与相关问题探索》有"按赵眜出土器上刻船上羽人行猎首祀祭纹图显示,船与羽人纹都属云南与越南铜器上常见刻镌纹饰,所做的猎首祀祭图,也见于云南石寨山所出铜贮贝器上刻作。典籍中,岭南东汉初年的乌浒人也有此行俗……见于赵眜统治权力的攫取或由交趾、合浦族人奉献有关"。杨老先生说"属于云南与越南铜器上常见",还说"由交趾、合浦族人奉献"。南越时期,交趾、合浦都是南越国的领土,没有一点是越南王所赠的意思。

麦英豪、黄淼章、谭芝庆几位老资格的考古专家,他们著的《广州南越王墓》中提到:提筒上"4条船的船头都有一个倒挂的首级(秦法,斩下敌人一个人头,加爵一级以奖励战功——作者注)……它集中反映的一个主题是描绘海战胜利,凯旋的情景。"麦英豪等三位考古专家的意思很明确:这是秦的战船,秦打了胜仗,显赫一下自己的战果,也没有只言片语提到越南提筒的事。

这三篇文章在提筒与南越的关系论述中竟然是不约而同、异曲同工,据此,提筒出自南越的可信度还是非常高的。

(二)南越的疆域

关于南越国的疆域,东南西北到底定界于何处尚有争议,争议之处主要在于细节方面,而南越国疆域的大致范围基本上是一致的。

据香港《文汇报》记载"南越国是西汉初年岭南地区建立的第一个封建诸侯王国,它的疆域大致是秦代岭南一郡的范围,东抵福建西部,北至南岭,西达贵州和云南东部,南濒南海,西南抵越南北部地区"。

由谭其镶主编,中国地图出版社出版的《中国历史地图集》(1982年)显示"秦朝岭南三郡的地图,其中南越国的南界在顶峰时期还直至越南中部"。

据《大越史记(上)·越史略》卷上所述"秦末赵佗据爵林、南海、象郡以称王,都番禺,国号越,自称武皇。时安阳王(居越南越裳,号安阳王——引者注)……武皇知之,乃遣其子始为质,请通好焉……(始)因毁其(安阳王)(神弩)机……武皇逐破之。(安阳)王衔生犀入水,水为之开,国逐属赵"。

又据史述,越南到丁朝(970年)才为"脱离中国之始"。可见由秦始,越南北部就在南越的版图之内。越南多铜鼓,广西有铜鼓,那么,广东也有,实不足为奇。即使是交趾、合浦族人奉献,也是南越本国的事,不应该是越南,更何况,广东的青铜器冶铸早已有之,广东自铸的青铜器文物也并不少见。

据此考证,在当时,广东或者广东的中心地——广州(古番禺)建造一批"南越王船"(当然,其实物与图示会有很大出入,因提筒纹饰是艺术品)并不是一件很困难的事,其实更应该是理所当然的。

(三)广东的青铜器铸造

关于广东本地青铜器冶炼和铸造技术的考究。仅仅是南越王墓出土的青铜器就不少,这说明广东其实是具有这项技术的。据《岭南汉代文化宝库》记述"东耳室……有十四件一套的青铜钮钟,五件一套的青铜甬钟,八件一套的铜勾鑃,上还刻着'文帝九年乐府工造'……及大型铜钫、铜壶、铜缶、铜提筒……""西耳室……铜器有鼎、壶、钫、缶、盆、提筒、匜、臼、杵、熏炉、吊铃、牌饰……"以"文帝九年乐府工造"此八字,说明南越国可能在番禺即当时的广州铸造青铜器是不言而喻的事了。

麦英豪老先生在他的著作《象岗南越王墓反应的诸问题》一文也说:"早在春秋战国时期岭南地区已有青铜器冶炼业存在,这是毫无疑问的,这一时期两广所出土的青铜器,大体上可以区分为两大类,一类属于中原文化系统的,另一类具有地方色彩的青铜器……如有越式鼎、铜鼓、提筒、扁茎短剑、靴形钺等容器、武器和工具,这些都不见于荆楚及中原地区,当属于本地文化系统特有的青铜器。"此文清楚明白地指出"提筒"是"本地文化系统特有的青铜器"!这里的"本地"当然是指两广,两广应该包括广州及其周边地区。

杨豪老先生在他的著作《岭南青铜器与相关问题探索》载"广州于西汉初,自当有了青铜器冶炼基地的营设"。《太平寰宇记》又载"铜山,昔赵佗于此铸铜"。铜山,即今日的阳春市,其也表明广州与其周边的阳春市等地在西汉初年就有青铜器冶炼业存在。

在考古界和史学界有"蛮人好用铜器"的说法是不无道理的。要"好用铜器"也一定要好冶铜器,当时广州是经济文化政治中心,又有资源,又有能工巧匠,铸一个青铜的船纹饰提筒是一件自然平常的事情,不存在任何的经济和技术问题。

西汉南越文王陵墓东耳室出土的船纹饰提筒说明在幅员辽阔的南越版图(包括现越南中北部)里铸一个盛酒器本是个普通的小冶铸,船纹显示的战船正得胜而巡游,艺术家为记载这段历史用艺术手法将其熔融于青铜器上,这件青铜器得到南越文王本人或王室的喜爱而做了随葬品也是情理之中的事。那么,船纹饰提筒无论是铸于两广还是越南中部,随葬于南越王陵墓,都是南越国的事。船纹饰提筒与越南国出土的文物相似,或者甚至是一模一样的,其实都是南越国的提筒!

从以上种种资料来看,南越王墓出土的船饰提筒上的船应是一艘"南越王船"而不是"越南王船"。

三、南越国与"南越王船"

秦始皇二十六年(前221年),秦统一六国,继令屠睢领军南下。《淮南子·人间训》记载,秦军水陆并进,"三年不解甲弛弩,使监禄克无以转饷,又以卒凿渠而通粮道,以与越人战,杀西呕君泽吁宋(诸越军盟主),而越人皆入丛薄中与禽兽处,莫肯为秦虏,相置桀骏以为将,而夜攻秦人,大破之,杀尉屠睢……"。秦水军下岭南是以楼船过灵渠的,在与越人战时自然也是以楼船作战。屠睢战死后,任嚣任职南海尉。秦始皇三十三年(前214年),秦越战事结束后,岭南归秦,秦置三郡。秦始皇出兵岭南首创用楼船对越作战的先例,这是一场北方兵对岭南百越人的战争,以百越的失败告终。

秦汉之交,中原连年战争,初时,岭南还能相对平静无战事,社会处于经济发展时期。秦二世三年(前207年)10月,秦王朝灭亡,楚汉相争,任嚣病故,赵佗继尉职。

赵佗,秦恒山郡真定县(现河北正定县)人,据说是赵王的后裔,年轻时从军,随军南下,初任龙川县令。任嚣病重时,将南海郡托付于他,并告知岭南之地险要,可自立,据《史记·南越列传》载,"可以立国"。汉高祖元年(前206年),赵佗以南海郡(今广州)为基地,出兵桂林郡和象郡,这场战争在史书上并无记述,传记和故事的描述也不清晰,但岭南之地为赵佗所控。历史记述,汉高祖三年(前204年),赵佗建南越,自立为王,史称"南岳武王",这是毫无疑义的。赵佗兼并三郡是以武力解决问题的,动用南海郡的水军是必然的事。因此,公元前206至前204年,岭南处于战火纷飞的年月,这是一场以百越人打百越人为主的战争。

赵佗执政60年后,于公元前137年传位给二世——他的孙子赵眜,就是南越文王——广州象岗陵墓的墓主。

从这段简单的历史背景来看,"南越王船"所反映的历史年代当是赵佗统一岭南的战争,而非秦越之战。因为秦越之战胜者是秦,趾高气扬的应是秦军,秦军所用的战船是楼船,着的装是秦军的军装(西安兵马俑的装束)。而"南越王船"上士兵的装束是一身"蛮装"。南越文王墓东耳室出土的铜提筒之一,刻有船纹饰,显然也是古代的一种记事方式,它记述了一个战役的结束。但这场战争无海战,有的也只是内河和内海之战。这是内海战船的写照。

"南越王船"是内海(比如当时的珠江)战船,提筒船上的战船图案是经过艺术家加工的船形图,但就此图案来看,"南越王船"的多项造船技术及工艺在当时已达到中国乃至世界领先水平。

四、"南越王船"的特点

(一)隔舱壁

"南越土船"(图3-9),艄舷上翘,头低尾高,正航行于内河(内海)。船的甲板、底板、隔舱板、艉楼、前桅、绞车、锚(碇)、后桅及拖桨清晰、明确,一览无余。可以看出这是一艘制作、装备极其精湛的木板船。据史料记载,木板船始见于西汉(或更早的春秋时期),那么这艘"南越王船"无疑就是木板船最典型的代表之一。

"南越王船"是一艘带"U""V"线型的小平底木板船,吃水较浅,十舷较低,造型曲线合理、美观。在图中可以很明显地看出船身有六道隔舱壁,将船体分成七个舱,舱内置物,且艏艉密,中间疏。众所周知,我国船舶的水密隔舱壁是世界上最早的先进结构,源于东晋卢循率义军攻占广州后,在广州建造九枚"八槽舰"。"八槽舰",船楼4层,高12丈,设7道隔舱壁,有8个水密舱(槽),故名"八槽舰"。卢循的八槽舰隔舱壁与"南越王船"的隔舱壁一脉相承,两者的建造地点都在广州。作为一项先进的造船技术和工艺,相承300年,那是很自然的事情。

图 3-9　"南越王船"船饰提筒拓印图

(二)锚(碇)

金兴德等人在《"南越王船"研究》一文中,将垂挂于船首的称作"锚",或者称为"碇"——锚的前身,不少船史学家和考古学家都对此提出了否定的意见,认为那明明是个倒挂着的人头,怎么会是个锚(碇)呢?《"南越王船"研究》给出了下面的研究意见。

(1)"南越王船"是件艺术作品,由画而刻。这一点大概不存在问题,大家都会认可。但战船上有士兵手提人头,该人头与挂于船首的"锚"形状极似,可以认为那是艺术家的创作,他在刻画纹饰时故意将碇的形状夸张为人头形。

(2)《广州南越王墓》称"4 条船的船首处都有一个倒挂的首级(秦法,斩下敌方一个人头,加爵一级以奖励战功)"。但秦汉时期的战船是楼船,而此船是岭南地区内战时期的战船,与秦法无关。

(3)双齿锚之说并非完全空穴来风,1955 年,广州出土的东汉陶船模船首就有一个碇,"仔细观察此碇的结构就可以发现有两个爪,在垂直于两爪结成的平面处又有一个横杆。有的文献对这种结构概括和评价为:'正视呈十字形,侧视呈"V"字形,已具有后世多齿锚或有杆锚的特征。'"同样,"南越王船"的锚(碇)可复原为带插双齿锚(碇)。

(三)舵(拖桨)

船史界认为最早的舵见于广州东汉陶船模,那是世界第一舵——桨舵,再早期有没有舵?答案是肯定的:有!因为出海航行的船不用舵只能是漫无目的地在海上漂流,不能定航向。任何一项技术,特别是古代科学技术的发展相对较为缓慢,绝不是一朝一夕就出现的,必然要经过一段时期的从雏形、试用到定型等反复演进的过程,只是更早期的舵尚未被发现,无论是史书还是考古,暂时还都帮不上忙。中国航海的时间应早于考古舵的出现时间——东汉,相信这是没有问题的,只是欠缺信物佐证而已。

对于"南越王船"艉部的舵,各路专家也有不同看法。诚然,《广州南越王墓》一书曾述"南越王船""推进的动力是 3 帆 1 橹""尾部架设一把弓形大橹"。东汉陶船模艉部设有一方形桨舵。"南越王船"艉部架设的是一把桨舵(舵的最原始形状),这种形式的拖桨,就是当今,在我国内河还偶有出现。

《释名》(东汉刘熙撰,另说始作于刘珍,成于刘熙)对汉代橹的使用有权威性的表述,因《释名·释船》记"在旁曰橹。橹,膂也。用膂力然后行舟也"。"在旁"指橹的安装与操作位置。那些装在艉部中部的是何物,起何作用呢?"舵"起的肯定是舵的作用,这一点已经被船史界所认可,但其还未演变成现代意义上的舵形,对此,有学者建议称其"拖桨"——似桨形拖在船尾中部起舵的作用。"拖"即"舵",长柄桨形。

(四)风帆与桅

帆,古字写作"飘",风吹速疾如骏马。中国的风帆最早起于何时,尚无定论。《释名·释船》记载"帆,泛也。随风张幔曰帆。使舟疾,汛汛然也。"《后汉书·马融传·广成颂》曰:"然后方舳艫,连舼(音 qióng)舟、张云帆,施霓帱……"也指帆船。中国帆船出现的时间,似乎目前只能暂定为东汉初年,亦即公元 1 世纪左右,最晚从汉代起,中国就有相当成熟的驶帆技术。

"南越王船"的航船动力是什么?虽没找到桨,但找到了"帆"影,也是很自然的。帆在船的中前处。仔细观察图 3-9,却又发现战船似在逆风行驶,因为士兵羽冠上的羽毛都被吹向后方,桅上的帆也向着后方。广东帆的特点完全能满足低速行驶的要求。另外,艺术作品的主题旨在渲染战船胜利,有的客观环境因素未必考虑得那么周全。因此可以说,帆确实存在。至于船尾是否也树有帆桅尚难确定。以广西贵县出土的西汉铜鼓船纹图来看(见图 3-10),该船的动力是划桨,其艉部也有类似的图形,但并不像桅。

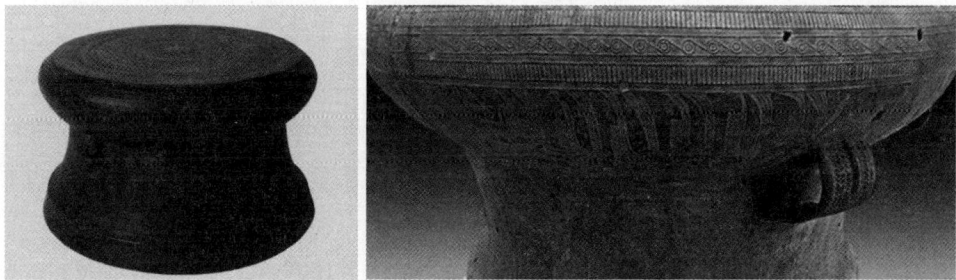

图 3-10 广西贵县出土的西汉船纹铜鼓

中桅、后桅的高度皆未见于图,画作做了弯曲后的隐藏处理,以示不止这么高。由图可见,桅生根于甲板,这么高的桅未穿透甲板而安装到底板上,必然在甲板上设置桅靠结构。这种坚实的桅靠结构,其特点是桅杆的左右前后均有固定、支撑作用。

桅杆的作用是倒挂帆为船舶提供推进力。帆的升降通常是靠人力,但也不能排除所述桅靠早在南越初年已存在简易人力机械升降装置的可能。从侧视图上看,"南越王船"的桅靠形似一台绞车,既可以绞锚,也可以升降帆,以减轻士兵的劳动强度,文献绘出的锚绞的轴侧图是很合理的探索。也有可能桅靠位离锚较远,况且,"南越王船"的操帆和锚泊作业依靠人力已经足够了,不必用机械,因而,此桅靠兼作系缆柱也是一种可能。

五、船型复原

广东省是航海、海运大省,有 3 368 千米的海岸线,自古以来就是水运业和造船业相当发达的地区。但广东还未曾出土过完整的清代以前的古船(有大量的独木舟和船模)。现在,虽然"南海一号"沉船已经进入了水晶宫,但其雄姿还不能展示,究竟是何种船型,其建造地、始发地是何处还有待考证。"南澳一号""华光礁一号"两艘沉船虽曾估计了建造年代,但尚未通过多学科的专家论证,也还是一项未知数。虽有这些沉船,但秦末汉初时南越国的各类船型基本仍无据可依。秦将屠睢给岭南带来了楼船,但该纹饰表示的却并非楼船型,船上的士兵也都是当地土人的装束,足可认为"南越王船"是一种土生土长的广东船,是广东独木舟发展的延伸。

　　广州出土的西汉中期的木船模,船底由一段整木凿出,内微挖凹一些,底的中部齐平,艏艉部分略为翘起,两舷处装上较高的舷板,舷板也是一整块板锯出(见图3-11)。很明显,这就是建造独木舟的痕迹,该木板船是由独木舟发展而来的"组合型的加板独木舟",与上海沙川县出土的独木舟相似。

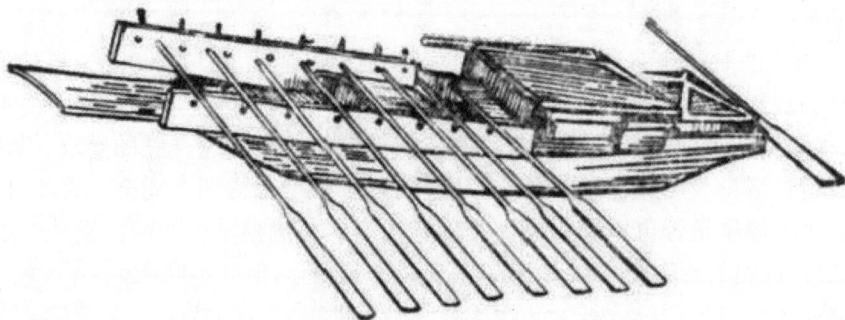

图3-11　西汉木船模复原图

　　广州出土的东汉陶船模,船体呈长条形,艏艉狭,中部较宽,底平……(见图3-12),由图可以看出,其船体的制作也是整木凿出。

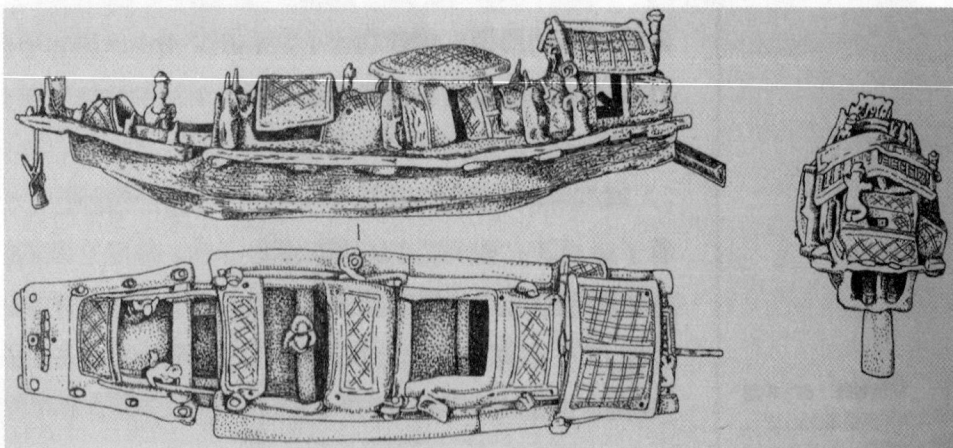

图3-12　东汉陶船模复原

　　船形文物"南越王船"船纹饰、"西汉木船模""东汉陶船模"均出土于广州,均为汉时期,其船体的制造是一脉相承的。据此,可以认为"南越王船"的船底是由一段整木凿出,而后加板制造成组合式加板独木舟型。下面来探讨"南越王船"的线型。

　　"南越王船"的线型是属于哪一种呢？在《广东通史》记有"从船首尾高翘之状可知，这艘应是尖底型海船"。作为"通史"，它没有进行论述，也没有任何论文作依托（无引文注释），但所述还是很有见地的。学界据此认为"南越王船"的线型近似东汉陶船模，船体线型的下半部分（中剖面）呈圆弧形带凸，小平底（这种小平底船型能降低重心，适合内海航行，其较大长宽比可起到一定的防摇作用），是以适合作为内海（当时的珠江）的战船。如图3-9所示，其艏艉上翘部分的底部同样是小平头、小平底、方艉。其基底略带流线型，整个船底部由整段木凿出，并有隔舱（在制作上是整段木刳出），隔舱板犹如竹节，而木板组合部分应是起槽的插板。根据化州独木舟的制作，独木舟的船底也可以不是很厚。金兴德等学者绘制出了一幅"南越王船"的复原横剖面简略图，显然这是一件前所未有、不可多见的宝贝，是纯正的"广东特产"——南越水战快船。

　　当时正处于秦末汉初，中原的先进技术已为南越人所接受，但岭南的生产力还较低，造船业处于由独木舟向木板船发展阶段，因此认为"南越王船"的船型应形似东汉陶船模。

　　根据金兴德等学者的研究，给出了"南越王船"的主尺度。

　　南越之初，秦汉之交，广东刚从"陆梁地"奴隶制的火耕经济逐步进入封建王朝，经济、文化都还处于相对落后的状态。虽然广东河流纵横，星罗棋布交织成网，但造船业尚不甚发达（所谓广州发现的"秦汉造船工厂遗址"既不符合时代又是张冠李戴的"定论"），从已发现的考古文物——广东独木舟的年代我们就可以看到这一点（本文不作详述）。但从广州出土的西汉木船模（见图3-4）可以看到"南越王船"船型的影子，也就是说西汉木船模的船型正是由"南越王船"发展而来的。

　　南越王墓出土的提筒是一件工艺美术品，适度的美术夸张在所难免，在尊重原作的基础上，可将图刻所示的尺度作为参考，而后再按古代造船通则做一些调整。艺术品讲究美观，"南越王船"两端高翘，造型非常上乘。但其艏艉几乎处于同一高度，艏部还略高于艉，型深不足，水线上的面积过大，风不吹都会翻船。虽然秦汉之交南越人口较少，经济尚以火耕农业为主，海域广阔，船舶航行可以"横冲直撞"，但是艏高艉低有利于作战却不利于航行。考虑到以上原因及其他一些因素，在复原时既应尊重原作又应注意船舶所必须具有的性能特点，因此，"南越王船"的复原难度相当大。文献仅对船的主体做了粗略的复原，并未按正规的木船建造规范和要求复原"南越王船"的主尺度。按照这个"粗略规则"，参考了几个朝代的战船长度，提出如下复原尺度。

　　据图3-9（提筒）所示，船中站立的士兵高度与船长之比为1：7，设士兵身高为165厘米（据古代人的高度资料显示，其平均高度达不到165厘米，但作为士兵，平均身高165厘米应为正常的选择），因此，船长L的值为

$$L = 1.65 \text{ m} \times 7 \approx 11.6 \text{ m}$$

　　参见表3-1、表3-2、表3-3、表3-4选择"南越王船"的船长。

表 3 - 1　独木舟的长度表

时期	出土处	船长/m	中宽/m	长宽比
商周	广东揭阳县	3.9	0.74	5.27
春秋晚期至战国初	江苏武进奄城	4.34	0.7~0.8	6.2~5.4
春秋晚期至战国初	江苏武进奄城	7.35	0.8	9.18
战国末至西汉初	四川昭化巴县	>5	>1	5
汉以前	广东怀集县	6.95	0.52	13.36
西汉	福建连江县	7.1	艏1.2、艉1.6	艏5.91、艉4.43
东汉	广东化州市	5	0.5	10
2 000 年前	广东揭西县	10.7	1.3	8.23
晋	浙江温州市	7.8	0.64	12.18
晋	浙江温州市	9.53	0.76	12.53
唐	江苏扬州市	13.65	0.75	18.2
唐	江苏扬州市	7.1	0.64	11.09
唐	江苏扬州市	6.3	0.7	9
唐	浙江宁波市	11.3	0.9	12.55
明	广东揭阳县	2.8	1.2	2.33
未断代	浙江温岭县	7.2	1.1	6.54
未断代	云南通海县	5	0.6	8.33
未断代	上海川沙显县	13.62(中段长)	0.9	15.13(仅中段)

资料来源:《中国古代的独木舟和木船的起源》《中国造船史》等

表 3 - 2　宋元时期部分内河船的尺度表

名称	尺度	长宽比(推算)	来源
江船(蜀舟)	桅高 5 丈 6 尺(船长约 7 丈 5 尺)		《入蜀记》
战船(鄂州)	船长 20~30 丈		
楼船(鼎州)	船长 20~30 丈		《宋会要辑稿》
漕船	船长 9 丈 2 尺,宽 1 丈 1 尺 5 寸	8.0	《夷坚支丁》
湖船	船长 20 丈		《梦粱录》
湖船	船长 10 余丈		《梦粱录》
黄河渡船	船长 70 尺	3.7	《河防通义》
象山渡船	船长 7 丈,宽 16 尺		

资料来源:《宋元时代的船舶》

表 3 - 3　宋元时代战船的尺度表

名称	尺度	长宽比(推算)	来源
舠鱼船	船长 5 丈,面阔 1 丈 2 尺	4.16	《宋会要辑稿》
湖船底战船	船长 8 丈 3 尺,宽 2 丈	4.15	《宋会要辑稿》
双桅多桨船	宽 1 丈 2 尺~1 丈 3 尺		《宋会要辑稿》
明州王绍祖船	宽 3 丈 5 尺		
池州海鹘	船长 10 丈,宽 1 丈 2 尺	5.55	《宋会要辑稿》
八橹战船	船长 8 丈		《宋会要辑稿》
四橹战船	船长 4 丈 5 尺		《宋会要辑稿》

资料来源:《宋元时代的船舶》

表 3 - 4　三国时期吴国三种战船主尺度

名称	船长/m	船宽/m	长宽比
大翼	27.6	3.68	7.5
中翼	22.08	2.99	7.38
小翼	20.7	2.76	7.5

资料来源:《中国造船史》

综合参考和分析上列古独木舟、内河船、战船资料,"南越王船"船型主尺度有如下特点:

(1)"南越王船"属于秦末西汉初期的战船,但视整个船的纹饰图,其表示的又非一艘真正投入战斗的舰船,因其使用的是飞镖而不是长武器,所以应是一艘水战用的航行于内海的快船,船型显长;

(2)快船的船长估算值 11.6 米是适合的,可化整为 12.0 米;

(3)其他各项尺度选于下,$L/B = 6$(考虑适当的船宽,便于战士操作与活动),即船宽 $B = 2.0$ 米;取 $B/D = 2$,即船深 $D = 1.0$ 米;取 $D/T = 2$,即船的吃水 $T = 0.5$ 米。

第四章　隋唐盛世下广东造船

东汉末年,中原地区战乱频繁,但广东相对来说比较稳定。魏蜀吴三国鼎立之时,东吴孙权于建安十五年(210年)派步骘领兵三万挥戈南征,从西江东下夺取广州,控制了岭南,使广东又有了一段相对稳定的短暂时期,无疑,这对广东的经济发展是极为有利的。赤乌五年(242年),聂友、陆凯领兵三万从广州出发由海路远征海南,三万人所需之战船及后勤供给皆用木船运输,其规模之壮观可想而知。这些船来自何方? 史书并未交代,但是,绝不能排除由广州提供的可能,因为据当时的情况分析,广州确实有规模相当的造船基地和较高的造船工艺技术水平。

公元265年,司马炎灭东吴,建立晋。历史进入南北朝时期,此阶段战争的频繁,使得各朝各代都要造战船,因此造船业还是得到了相当的发展。如晋武帝咸宁五年(279年),益州刺史王濬自成都率船队顺利东下,其最大战船"方百二十步,受二千余人,以木为城,起楼橹,开四门,上皆得驰马来往"(引自《晋书·王毅》卷四十二)就是一证。而南方由于战事少,造船业也得到了较大的发展。

史载,东晋吕岱由广州发3 000水兵至合浦,此行甚壮,至少有30艘可载百人的船同行。

东晋后期,卢循起义,多以水战为主。东晋元兴三年(404年),起义军夺取广州。义熙五年(409年),卢循与始兴相徐道覆共商议军北进,在南康山伐木造舰,不及一月已成芙蓉舰千艘,还有最具代表性的战船——八槽舰九枚。可惜现无芙蓉舰资料。

第一节　广东隋唐时期的造船

隋文帝结束了中国大地历时近400年各自为政的"五胡十六国,魏晋南北朝"的分裂局面。隋代的造船业也得到了发展,《隋书·炀帝》就记有:"遣黄门侍郎王弘、上仪同于士澄往江南采木,造龙船、凤艒(音mù)、黄龙、赤舰、楼船等数万艘"。当时造船业的发展由此可见一斑,但隋炀帝杨广以为天下太平,大可过歌舞升平的大好日子了,三次率庞大船队巡游,终于将江山"玩完"。虽然说隋炀帝大造奢华龙舟,客观上也推进了隋的造船业,但却未能用于国计民生。关于隋代的造船业史书所记甚少,涉及广东的造船业就更为少见,翻阅《隋书·列传第四十六》:"大业六年(610年),陈棱和张镇州率万余人自义安(今广东潮州)出发,经高华屿和奎辟屿(即现在的花屿和奎辟屿,属澎湖)到达琉球(即'台湾')进行'慰谕'……""(常)骏等自南海郡(今广州)乘舟,昼夜二旬,每值便风。至焦石山而过……"至于广东的考古,还未见到有隋代造船方面的重大发现。

隋唐时期,中国重新统一,经济得到很大的发展,广州是岭南主要造船基地,一次能造船500艘。唐朝建立后,社会经济得到了迅速发展。唐朝是个强盛的国家,造船工业有了长足进步,海外贸易由广州启航经南海到波斯湾,唐史称之为"广州通海夷道",是"海上丝绸之路"。远洋航行的船舶不仅船身大,容积广,而且构造坚固,能抵抗风浪,又因为我国船员航海技术娴熟,所以在太平洋、印度洋极负盛名。唐人崔融谓之:"天下诸津,舟航所聚,旁通巴汉,前指闽越,七泽十薮,三江五湖,控引河洛,兼包淮海。弘舸巨舰,千轴万艘,交易往还,昧旦永日。"越也在列,当见其"昧旦永日"了。

据记载,唐代市舶司主要设在广州,这就说明广东的对外贸易处于举足轻重的地位。

公元 8 世纪,中国的沿海主要港口均有较大规模的造船工厂,如:登州、扬州、苏州、明州、福州、泉州、广州、交州等。广州港在唐代是第一大港,这个地位一直维持到北宋时期。

水上交通发达必定使造船业与之站在同一平台上。海外贸易、内河运输都意味着广东的造船工厂布点多、规模大、技术先进、工艺精湛。在当时甚至还出现了利用机械推进船舶的记录。据《新唐书》记载:开元年间(713—741 年),柳泽曾"转殿中侍御史,监岭南选时市舶使、右威卫中郎将周庆立造奇器以进"。《唐会要》(苏冕撰)也有相似的记载:"开元二年十二月,岭南市舶司右威卫中郎将周庆立,波斯僧及烈等广造奇器异巧以进"。市舶司是专管海上对外贸易的官,其与波斯僧共同开发机械推进装置,对造船业的发展与造船技术的进步起着极大的推动作用,但是否确为船舶推进装置还缺乏实例,广东的一些史籍都未见记载。

但官方造船史籍偶有记录:唐张九皋任职广州时曾"召募敢勇,缮治楼船"。据《广州府志》记载"唐德宗年间岭南节度使杜佑造战船,阔横长短随同大小……胜人多少,皆以米为率,一人重米二石。其楫、棹、篙、橹、帆、席、索、沈石、调度与长船不殊,又分为六档,一曰楼船,二曰蒙冲,三曰斗舰,四曰走舸,五曰游艇,六曰海鹘。"

另在民间也有建造"苍柏""木兰舟"的记录。

唐代,岭南建造的海船主要有"苍舶""木兰舟"。"苍舶"船长 20 丈,能搭载六七百人。元和十四年(819 年),海上丝绸之路始发港之一的潮州,已有巨大的木兰舟出现,可载数百人。咸通二年(861 年),润州人陈磻石在廷对时曾提及雷州至福建的海运船"大船一只,可致千石"(《旧唐书·懿宗记》)。

唐代,广州建造的海船以载重量大、结构坚实、抗风力强、航海技术好和能耐波斯湾的险恶风浪而出名,阿拉伯的客商都喜欢携带货物搭乘唐海船东行,有的还专门在广州租赁或订造海船。

唐代,岭南也建造了不用铁钉的船。据刘恂《岭表录异》记载"贾人船不用铁钉,只使桄榔须系缚,以橄榄糖泥之,糖乾甚坚,入水如漆也"。这种船被称为"缝合船",主要产自海南岛,已有 3 000 年的历史,至今仍在使用中。《岭外代答》一书中,也记述有以桄榔、藤、海生茜草捆系船壳的造船工艺。

唐德宗兴元元年至贞元三年(784—787 年),岭南节度使杜佑在广州督造 6 种战船,即楼船、蒙冲、斗舰、走舸、游艇、海鹘。其中,前 5 种与东汉和三国时期的同型船相似,唯海鹘是唐代水师的一种新型战船。

(1)楼船

在上章已有叙述。

(2)蒙冲

蒙冲亦称作艨艟(见图 4-1),其型狭长,轻捷快速,以生牛皮蒙其背,以御矢石,前后左右开有弩窗矛穴,两舷开有棹孔,以其情节冲突敌船。艨艟整个船舱与船板由牛皮包覆,可作防火之用。两舷各开数个桨孔以插桨且供橹手划船。而甲板以上有船舱三层,亦以生牛皮裹之以防止敌人火攻。每层船舱四面皆开有弩窗矛孔可作攻击各方向敌人之用。杜佑《通典·兵法》中记载"以生牛皮蒙船覆背,两厢开掣棹孔,左右前后有弩窗矛穴,敌不得进,矢石不能败"。由此可见，艨艟形体雄伟，机动性强且便于水战。

（3）斗舰

斗舰（见图4-2）是介于楼船和蒙冲之间的一种攻击战船，只设一层楼，四周设有女墙做掩体。船内五尺，又建棚，与女墙齐。棚上又建女墙，重列战士。前后左右树旗、幡、金鼓。舷上有女墙，墙下船舷开棹孔，甲板上有棚，棚上又有女墙，棚上无覆背，前后左右竖旗帜金鼓，用来指挥作战，可壮声势。《武经总要》："斗舰者，船舷上设女墙可蔽半身，墙下开掣棹空，船内五尺又建棚与女墙，其棚上又建女墙重列。战士上无覆背，前后左右树牙旗金鼓。"

图4-1　艨艟战舰绘图及船模型

图4-2　斗舰战舰绘图及船模型

船身两旁开有插桨用的孔，船周围建有女墙，女墙上皆有箭孔，用来攻击敌人。船尾高台上有士兵负责观察水面情形。

《三国志·吴书·周瑜传》"乃取蒙冲斗舰数十艘，实以薪草，膏油灌其中"。据唐李筌《太白阴经》记载，斗舰船舷上装设半身高的女墙，两舷墙下开有划桨孔；舷内五尺建楼棚，高与女墙齐，棚上周围又设女墙，上无覆盖。树幡帜、牙旗，置指挥攻守进退用的金鼓。

《太白阴经》记载："斗舰，船舷装上设中墙半身墙，下开掣棹孔；舷五尺，又建棚为女墙，重列战格，无腹背，前后左右，树牙旗幡帜，金鼓，此战船也。"

（4）走舸

走舸见图4-3，古战船，选勇猛精锐的士兵划桨，往返如飞鸥，乘人之所不及，进行袭击。比斗舰、蒙冲小，不设楼或棚，"舷上安重墙，棹卒多，战卒少，皆猛勇及精锐者充，往返如飞，乘人之不及，兼非常急救之用"(《太白阴经·水战具篇》)。

图 4-3　走舸战舰绘图及船模型

《资治通鉴·汉献帝建安十三年》引此文，胡三省注曰："杜佑曰：走舸，舷上立女墙，置棹夫多，战卒少，皆选勇力精锐者，往返如飞鸥，乘人之所不及。金鼓旗帜，列之于上，此战船也。"清魏源《圣武记·卷十四》"曰走舸：舷立女墙，多桨如飞。壮士径进，绝流出奇。或火或挑，急遁勿疑"(唐李筌《神机制敌太白阴经·水战具》)。

三国时期，称运兵船为走舸，也类似于后汉时代的露桡。《三国志·周瑜传》提到，黄盖"预备走舸，各系大船后"，黄盖放船引火后，就是改乘这些走舸。值得一提的是，在正史中，第一个用"舸"这个字的是《三国志》，其更是唯一提到"走舸"这一名词的正史。

(5)游艇

游艇是一种小型侦查战船，"计可进止，回军转阵，其疾如飞……"。(《太白阴经·水战具篇》)

(6)海鹘

海鹘船见图4-4，是唐代及其以后出现的一种性能优良的中国古代船型，其特点是"虽风浪涨天无有倾侧"，因而许多专家学者称它为全天候战船，是水师中著名的战斗舰之一。是唐代水师中的一种新型战船，"头低尾高，前大后小，如鹘之状，舷下左右置浮版(板)，形如鹘翅翼，以助其船，虽风涛涨天，免有倾侧，覆背上，左右张生牛皮为城，牙旗金鼓如常法"(《太白阴经·水战具篇》)。其外形模仿海鹘，是一种适用于在有风浪的海面上航行作战的战船。

海鹘是可以在恶劣天气作战的攻击舰。体型不大，船形头低尾高，船身前宽后窄，是仿照海鹘的外形而设计建造的。船上左右各置浮板四到八具，形如海鹘翅膀(今称披水，或称橹头)，其功用在于使船能平稳航行于惊涛骇浪之中，并用排水来增加其速度。

船舱左右都用生牛皮围覆成城墙状，以防止巨浪打碎木制的船体，并可防备火攻。牛皮墙上亦加搭半人高的女墙，墙上设有弩窗舰孔以便攻击。甲板上遍插各类牙旗并置战鼓以壮声势。

图 4 - 4　海鹘战舰绘图及船模型

第二节　隋唐时期造船工厂

据史料记载,公元 8 世纪,中国沿海主要港口城市均有大规模的造船工厂,作为第一大港的广州则是广东的造船中心,造船业处于领先地位。《新唐书》记载,广州一地一次"能造船五百艘"。《宋代广东经济概况》一文述:"广州自晋代以来一直是我国海路交通的港口,中唐以后日趋繁盛,同时广州从事与番商贸易的商人,也开始自建大海船经营远洋贸易了,官方民间共造远洋船以适应日益发展的外贸需要。"这就势必向其他地区辐射,因此,在潮州、高州、湛江、韶关等地也有较大型的造船工厂。下面是根据相关史料记载,广东该段时期的主要造船工厂情况。

(1)东晋徐道覆(时任始兴相),在南康山(应位于粤湘交界处)伐木造船,且在短期内制造上千艘芙蓉舰、八槽舰及其他内河舰船,可知当时韶关一带造船工厂规模之大。

(2)东晋吕岱发兵 3 000 由水路从广州去合浦走的应是海道,按常例,其所乘海船也应是在广州建造的,广州历来是造船基地,造船工厂大而多。

(3)隋陈棱和张镇州带兵 1 万由潮州去"台湾",造 1 万兵乘的船,潮州的造船工厂规模不言而喻。

(4)唐张九皋在广州任职时造过大批战船。

(5)唐德宗兴元元年至贞元三年(784—787 年)杜佑在广州造六种战船。

(6)民间所造"苍柏"和"木兰舟",其造船工厂的范围应是广东各地皆有。

第三节　隋唐时期主要船型

秦汉以后,岭南的沿海地区,如番禺(今广州)、合浦、徐闻、琼州、义安(今潮州)等地已是中国对外贸易的主要港口。尤其是番禺,在宋代以前一直都是中国对外贸易的中心。在很长的一段历史时期里,岭南的海上对外贸易一直居全国领先地位,岭南也成为全国主要的造船基地之一。

隋唐时期,岭南造船技术发展很快,其特点是船板之间用钉、榫连接,因此船体结构比较牢固。使用铁钉工艺,需要较高的捻缝技术,否则铁钉会因接触海水而很快腐蚀。为此,古代船匠采用了铜油、灰和竹青丝混合捻缝,解决了造船技术的这一大难题。

　　船舶设置隔舱板,把船舱分隔成若干个互不相通的舱,以增加船的结构强度和抗沉性能,这是中国造船工艺的一大发明。据考古发现,秦汉时期番禺(今广州)南越文王墓中出土的提筒纹饰已有了横隔舱(见图3-9)。到了唐代,水密舱更趋完善,海船逐渐大型化,"往来大船一只,可致丁石"。唐代中期,岭南建造的"苍舶""木兰舟"已名扬海内外。秦汉后及隋唐时期,在广东一带出现的船型如下:

　　(1)东晋的芙蓉舰形制不明,无史料记载。

　　(2)东晋的八槽舰见图4-5,上起四层,高12丈,船底层有隔槽8个,将船体分隔成8个水密舱。这类船结构坚实,即使破损也易于修补,且利于远航。其曾被认为是世界船舶水密舱的最早范例。

　　(3)楼船。唐张九皋和杜佑都在广州建造了一批楼船。曾任河东节度使的李筌于乾元二年(759年)撰著《太白阴经·水战具篇》,其中有较为详细的描述"楼船,船上建楼三重,列女墙、战格……树旗帜,开弩窗矛穴。置抛车、垒石、铁汁,状似城楼。晋龙骧将军王濬伐吴,造大船长二百步(《晋书》"方百二十步")上置非檐阁道,可奔车驰马。忽遇暴风,人力不能制,不便于事。然为水军,不可不设,以张形势"。

图4-5　东晋八槽舰船模型

　　(4)蒙冲。以生牛皮蒙船覆背,两厢开掣棹孔,左右前后有弩窗矛穴,敌不得进,矢石不能败。此不用大船,务于速进,以乘人之不备,非战船也(见图4-1)。

　　(5)斗舰。船舷上装设中墙半身墙,下开掣棹孔;舷五尺,又建棚为女墙,重列战格,无覆背,前后左右,树牙旗,幡帜,金鼓,此战船也(见图4-2)。

　　(6)走舸。亦如战船,舷上立女墙,置棹夫多,战卒少,皆选勇士精锐者,往返如飞鸥,乘人之所不及,进行袭击(见图4-3)。

　　(7)游舸。小艇,以备侦察、探候,无女墙,舷上桨床左右随艇大小长短,四尺一床,计会进止,回军转阵,其疾如飞,虞候居之,非战舶也。

　　(8)海鹘。头低尾高,前大后小,如鹘之状。舷下左右置浮板,形如鹘翅,助其航,虽风浪涨大,但无倾侧,背上左右张生牛皮为城,牙旗、金鼓如战船之制。海鹘之翼翅当是今日所指的披水板无疑。《中国科学技术史稿》对海鹘的描述为:是一种新式的人中型战舰,尺度大,材料坚厚。计一千料,长10丈,宽1丈8尺,深8尺5寸,底板宽4尺厚1尺,两边各有橹5支,这种新式十橹海鹘船能载战士108人,水手42人,共150人(见图4-4)。

　　(9)木兰舟。《岭南带答·卷六》载,"浮南海而南,舟如巨室,帆若垂天之云,柁(音yí)长数丈,一舟数百人……不忧巨浪,而忧浅水也"。《新唐书》也有述,木兰舟是一种大海船,"能载一千人"(见图4-6)。

　　(10)苍柏。船长二十丈,能载六七百人。

　　唐代航行于南海、印度洋上的巨舶在波斯湾航行只能止于阿拉伯河下游及今阿巴丹港一带,因吃水太深而不能西至幼发拉底河口。此巨舶是否指的就是木兰舟?因无史料记述,无法证实。至于"奇器以进"的机械推进船在广东如何发展、应用,也需要进行进一步的考证。

图 4-6　唐代木兰舟

　　由此可见，广东海船发展到后汉已相当成熟，而再进一步发展必将有更大的动作。东晋后期，广东造出了有七个水密隔舱的"八艚舰"，见图 4-5。据《艺文类聚》引《义熙起居注》(成书于公元 405—418 年)"卢循新造八艚舰九枚，起四层，高十余丈"。这八艚舰被认为是用 7 个水密隔舱将船体分隔成 8 个舱的舰船。东晋应用封舱密室建造八艚船并将技术传入福建，对福建造船工艺产生了重大影响。这也为唐代广船的发展定型奠定了基础。

　　事物总是向前发展的，作为古代的主要交通工具，船舶在起始时期的发展是迅速的，从秦末汉初的"南越王船"、千石海船到西汉木板船模和东汉陶船模再到东晋时期的八艚船，日趋成熟。

　　唐宋时期是广船的发育成熟期。由于战争的需要和经济贸易的需要，唐宋时，广东建造了大量的战船和民船。随着造船数量的增加，船舶的建造技术也得以迅速提高，船舶结构和强度也在不断地根据需要而改进、提高。

　　唐德宗兴元元年至贞元三年(784—787 年)，广州节度使杜佑曾在广州建造六种战船：楼船、艨艟(图 4-1)、斗舰(图 4-2)、走舸(图 4-3)、游舸、海鹘(图 4-4)。表 4-1 是这六种战船的简单性能表。

表 4-1　六种古代战舰比较列表

名称	结构和性能
楼船	船上建有重楼，设楼三、四层，每层四周都设有箭孔和矛穴的女墙。由硬木制成战格作为战士的掩体和攻击的战位。有十桨一橹，士兵在舱室内划桨，桅上有幡帜
艨艟	船型狭窄，轻捷快速，以牛皮蒙背，前后左右开有弩窗矛孔，两舷开棹孔。可冲撞敌船
斗舰	是一种攻击型战船，只设一层楼，四周设女墙作掩体，墙下开棹孔。重列战格，前后左右置牙旗、幡帜、金鼓
走舸	比斗舰、艨艟小，不设楼和栅，舷上安重墙。棹卒多，战卒少。往返如飞，常作急救之用。犹如救生船
游舸	是一种小型的侦察战船，回军转阵，其疾如飞
海鹘	艏低艉高，前大后小，如鹘之状。舷下左右置浮板，形如鹘之翼翅助其舡，不易翻侧。背上左右张生牛皮为城

第五章　宋元广船的发展

唐末,中国历史又进入了分裂的五代十国。广东有一段55年历史的"南汉"时期,据清梁廷楠著《南汉书》记载,南汉期间船舰的建造和使用相当普遍,继承和发展了唐代广东的造船业和外贸业。但与历朝几乎相同,历史记载建造的船只以战舰为主。

《南汉书》云,光化元年(898年),韶州刺史曾衮图谋攻取广州,约当时任广州州将王怀举战舰为内应。事过三年,南汉烈宗领都指挥使苏章攻克绸子,延昌于韶州舟师出双石,会天大雾,延昌兵以铁钩投其舰,章举巨斧斩之。当时,驻于广州的巨舰甚多。公元928年,楚国大举舟师围攻封州(今德庆)城,州兵出战,战败于贺江,朝廷即令苏章领神弩军三千,战舰百余艘前往支援。

太宝中,宋丁德裕等克郴州,进取连州,边将多战死。后主(刘鋹)惧,改(吴)怀恩为桂州团练使,另修战舰为守御计,临事精察,每舟成,必亲临视……后主主议亲征,怀恩督造龙舟十备用(《南汉书》)。

宋军南下,形势岌岌可危,刘鋹为逃命"取巨舟十余艘,载其妃嫔,金宝浮海"(《南汉书》),结果尚未启程,巨舶被宦官乐范及其卫兵千余人盗走。这些巨舶的建造地点是广州,每船可容百余人。

南汉时期,广东仍继承了唐代的造船业,使之未遭破坏,还有所发展,修造船能力都很强。因此,到了宋代,广东的外贸、航海业和造船业都更进一步繁荣,广州仍保持着第一大港的位置。

第一节　宋元时期的广南造船业

宋时,广东被称为广南东路,除广州外,宋时造船业所在地还有惠州、南恩、端州、湖州。据朱彧《萍洲可谈》卷二记:宋时"甲令海舶,大者数百人,小者百余人……船舶深阔数十丈……"摩洛哥大航海家伊本·白图泰(又译为巴都)在其著作《游记》中说:"航行在南海印度洋、波斯湾间的中国船,皆制造于广州、泉州两处"。《忠穆集》记载,福建、广南的海船建造技术是很先进的。

宋代,广东的造船业比唐代又有所发展。绍兴年间(1131—1161年),广东水军的战船称作"海船",这种船"面宽三丈,底宽三尺",载重2 000石。船上配有望斗、箭隔、铁撞、硬弹、石炮、火炮、火箭等。据《武经总要》,广南东路用渔船作战船,船长6丈,宽1.6丈,可载50人。

北宋咸平年间(998—1003年),沿海货船由广州西经新会、崖门往来琼州,向东越过闽、浙远航山东,潮州海船穿行于漳、泉乃至登、莱各州,都是载重一二千石的浅海货船。南宋时,广州建造的"客舟",航行于广州至浙江定海、江苏镇江,载重量高达5 000石,比唐代的沿海货船大1~4倍。

宋初,广东的商船远航印度洋,有很大的影响。《广东通史》载,"大中祥符八年(1015年)注辇国(在今泰米尔纳德邦)国王觐宋真宗的表文中有'昨遇舼(音 tóng)舶船商人到本国告称'之语。所谓舠舶船就是从广州远航南海各国的中国商船,稍早的至道元年(995年),占城国王请求留驻广州的使臣打造舶船,运送暂住广州一带的占城人归国,其船即为舠舶船。熙宁九年(1076年),宋与安南发生战事,诏广东、福建'差顾(雇)谊舶船载兵甲,每路约可载万人'赴前线。显然,广东所差雇的这种大海船是民间造的商船,数量颇多。"

宋代造船有了突破性的发展。已创造了一套完整的"船壳法"。造船宜先定龙骨后定底版再定隔舱板,在隔舱板与外板相接处设肋骨加固隔舱板和船壳板。据《金史》记载,金正隆年间彰德节度使张中彦见"舟之始制,匠者未得其法,中彦手制小舟才数寸许,不假胶漆而首尾自相钩带谓之'鼓子卯',诸匠无不骇服,其智巧哪此。浮梁巨舰毕功,将发旁郡民曳之就水。中彦召役夫数十人,沿地势顺下倾泻于河,取新秫秸密布于地,复以大木限其旁,凌晨督众乘霜滑曳之,殊不劳力而致诸水。"《宋史》又有记曰:处州知州张觷(音 xue):"尝欲造大舟,幕僚不能计其直,觷教以造一小舟,量其尺寸,而十倍算之"。张中彦、张觷均采用了先制模再造实船的先进造船法,可见宋时全国各地造船水平实为世界一流。尤其张中彦还有斜坡下水,是历史记述之首见。这是史书的记载,如果推而广之,在宋代,这种类似"放大样"的造船法毫无疑问应该已经被普遍使用。

宋建朝之初,为了适应日益发展的海外贸易,将市舶使升格为提举市舶,1102年再次升格为市舶官。一统岭南后在广州设"蕃坊""蕃市""蕃学",因此,史称广州开往西洋的海船为"蕃舶",与泉州的"海舶"、明州的"船舶"齐名而又有区别。蕃舶的建造更重视纵向强度,底部从头至尾的龙骨为主干,靠近夹板处的舷部设置一根或多根由艏到艉部的大撮,架好肋骨和横梁后再铺上木板构成船壳。蕃舶"下侧如刃,"以便破浪,上设多层甲板。船体的连接采用钉接榫合法,这种钉接榫合法在当时是世界上最先进的造船工艺。船壳与木板的连接则采用平接与搭接相结合,壳板的上下左右之间大都采用榫合,板与板之间则用铁钉钉接,将构件坚实地连接起来,然后精工细作用桐油、石灰、竹麻筋捻缝确保船舶结构强度、船舱的水密性能和耐久性。蕃舶已有升降舵或平衡舵,广东船特有的开孔舵也已用于海船。舵、帆、披水板(或中插板)的联合运用提高了船舶的可操纵性,舵杆、舵板均采用广西钦州的乌婪木或铁力木等木质缜理坚密的上等木料,"长几五丈",有极强的抗风浪能力。当时的蕃舶是世界公认的优秀的结构和最先进的建造法。

宋代的海船普遍使用指南针导航,《萍洲可谈》卷二就记录了远航阿拉伯诸国的广州海船:"舟师识地理,夜则观星,昼则观日,阴晦则观指南针",徐兢也在《宣和奉使高丽图经》卷三十四记载:"惟观星斗前迈,若晦暝则用指浮针,已揆南北"。另外,南宋吴自牧的《梦梁录》曰:"风雨晦冥时,唯凭针盘而行"。

据《广东通史》述,宋代最大的海船还是唐代发展下来的"木兰舟"之类,宋代的文人在诗词上频频提及,如柳永《雨霖铃》曰:"留恋处,兰舟催发"。《采莲令》曰:"一叶兰舟,便恁急桨凌波去。"晏几道《清平乐》云:"留人不住,醉解兰舟去。一棹碧涛春水路……"词中的兰舟就是木兰舟,但看来这些应该是内河客船或客货船。不过也可得知,宋时木兰舟是一种知名的木船,海船和内河船都用此名称,见图5-1。

到了南宋,广东最大的远洋海船仍是木兰舟,《岭南代答·柁条》曰:"钦州海山,有奇材……一曰乌婪木,用以为大船之舵。"

据《大德南海志残本》记载,当时政府为了应付造船业的需要,在南海(今广州)设立"造船场指挥七十五人",这些人都是军队编制(厢军)。且"朝廷立法,以田粮七十石买一马,田粮三十五石造一舟,每舟站夫七名,税与他役俱免,止供使臣官员往来而已。"当时设

图 5-1　宋代木兰舟

水站十处,大约就是水上交通站,过渡或遣送来往使臣、官员之类,共有船90只。由此可见,广东当时的海船、内河船遍布全省各地,全省的修造船业十分兴旺。广东自成一体的造船业发展了独特的广船体系,按《宋元时代的船舶》一文说,广南的海洋船、广船、广东船合称为"广船",其在选材、船型、结构、桅帆、建造工艺等方面颇具特色。

从宋朝中期始,广东的外贸第一大港广州的地位逐渐让位于福建泉州。其衰落的原因始于唐,据《旧唐书·王锷传》记载"王锷迁广州刺史、御史大夫、岭南节度使……西南大海中诸国舶至,则尽没其利,由是锷家财富于公藏。"贪赃枉法必定会给经济带来严重损害。又据《七海扬帆》记载"在北宋中期,由于当地官吏极度勒索,更兼交趾等不时侵袭,广州局势一度不稳,造成海舶罕至、港口萧条。"虽然"政府采取有效措施,修固城市,加强防御,以安民心,吸引商贾,使广州兴旺",但"南宋末年,元军南下,广州迭遭兵祸,港口顿时冷落,地位反不及泉州等港"。广州逐渐成为二等港,至元后期,广州港才再次成为第一大港。

市舶使的设立也由唐时广州一地发展到广州、泉州、明州、杭州等地。港口的衰落,使得造船业也受到了一定的影响,但自宋以后,新会、东莞的造船业却发展得相当快,奠定了典型广船"横江""乌艚"的基础。宋代后,逐渐形成了广东造船业的进一步发展基础。

南宋偏安一隅,北有金兵、元军压境,但由于建立了小朝廷,广东在船舶建造方面还是有所发展。建炎(1127—1130 年)、绍兴(1131—1162 年)之际,朝廷曾令广东籴米 15 万石,雇海船运至福建或浙江临安,此行需船 75~150 艘次,虽非一次运足,但船队之壮观也可见一斑了。

建炎三年(1129 年),朝廷令在福建、广东的沿海州军雇募海船 600 余艘用于沿海防御。这些防御船以船阔分为三等:上等面阔 2.4 丈以上;中等面阔 2 丈以上;下等面阔 1.8 丈以上。被征用的广东船只不在少数。南宋乾道七年(1171 年),潮州州守倡议造舟 86 只,架设广济桥,这是广东最早的舟桥,在中国也属少见。淳熙元年(1174 年),又增至 106 只舟(明正德年间改用 18 只梭船)。

继唐宋时期我国第二个造船高峰后,元代又开创了我国造船的第三个高峰。元代的造船业有两大特点:其一是造船数量多,速度快;其二是船舶体型大,尺度大,创新多,各种新船层出不穷,名目繁多。

《中国科学技术史稿》述"元代每年造战舰五千余艘。新船型不断涌现。宋元时期,无论从船舶的数量或质量上都体现出我国造船事业的高度发展。船舶巨大、坚固以及船舶动力、船舶性能、船舶结构、水密隔舱、航行安全稳定等方面表现的技术进步,长时期内受到国际上的赞誉。"那时候"我国远洋巨型海船船底和两舷用两层或三层木板,有四层舱室,共有房间五十至一百间左右,一般四至六桅,每船八至十橹,每橹四人。甚至有一船二十橹的。"由此可见,元代的造船技术和造船能力远远超过唐宋。

元代立国时间不长,但其承宋制,致力于发展海外贸易、海防、海外扩张以及内河运输,因此每年都要建造大批量的船和舰。

元世祖建朝后,于至元十六年(1279年)先后派广州招讨司达鲁花赤、杨庭壁从广州起程出使俱蓝国(今印度西南岸奎隆)招徕外商来华贸易。至元二十三年(1286年)印度半岛的马八儿、须门那、僧急里、来来等十余国来广州贸易。为进一步扩大海外贸易,广州港于至元二十二年就恢复了市舶司,还加设了雷州港市舶司,广东的对外贸易又重新回到了兴旺发达的时期,广州的造船业也摆脱了南宋末年"罢广东、福建造船"的宋孝宗诏。

元代至元二十一年(1284年),广东宣慰使塔刺海哈亲自督造战舰500艘。至元二十九年,命亦里迷失、史弼总军事率"兵二万,海船千艘,攻爪哇",这些战舰大部分是广东所造。

据《元史》记载,至元七年(1270年)造船5 000艘,至元十年再造船3 000艘。因军事需要从至元十一年(1274年)到至元二十九年(1292年)共造海船9 900艘。为了运粮进京,湖广的粮进京系河海联运,所以广东也要造粮船,据《经世大典·海运》记载"又将湖广、江西等处起运粮米至真州泊水湾与海船对装。其海船重大底小,止可海内行使。"又据《元史·食货志五》记"大德十一年(1307年)十月丙辰,中书省奏:'常岁海漕粮百四十五万石,今江浙岁俭,不能如数,请仍旧例,湖广、江西各输五十万石,并由海道达京师。"运粮繁忙,船的修造也一定忙,具有因果关系。

广东宣慰使塔刺海哈亲自主持督造500艘战船,支援元军向占城进军。据说这500艘战船都是在广东建造的,所谓肥水不流外人田是也。

海外贸易、内河运粮、对外征战需要大量的船舰。广东对这些商船、战船的建造均有所效力。

元代还有以船为传递工具的水上驿站,据记载,在江浙、湖广共设424处水路交通要地,有5 921艘专司邮递转送的船只,在河网地区水上交通繁忙景象的背后一定有一个强大的造船业支持着。

由上述可见,在元代,广东的造船任务是相当繁重的,没有足够的造船厂作为支撑是难以想象的。

当年,摩洛哥伊本·白图泰在广州看到了造船工厂的忙碌,他在《游记》里记述了宋元之际大型船舶是这样建造的:"建造的方式是先建造两堵木墙,两墙之间用极大的木料衔接。木料用巨钉钉牢,钉长为三腕尺。木墙建造完毕,于墙上建造船的底部,再将两墙推入海内,继续施工。"这种海船建造法,也许在当时是一种很先进的工艺和技术,但笔者还未能掌握其两墙的结构形式。另外,只造了船底部而不是整个船壳就急急忙忙推下水继续施工是什么原因是个很值得探讨的课题。

整体来看,唐宋时期,广东的造船技术有了很大的发展,主要表现在:

(1)面宽底尖,舯低艉高,在海上的适航性得到了改进。

(2)向大型化发展,在广州建造往返浙江的纲运广船,大者5 000石,小者3 000石。

(3)船体结构上,底部除有粗大的纵向龙骨外,还在舷侧顶部设置纵向大撬,又在船体设置多道水密隔舱板,大大提高了船舶的抗沉性和船体结构强度。

(4)施工工艺上,由搭接船板发展到拼接船板,使船体表面光滑,节省木材。此外,还出现了模型造船。即造大船之前先"造一小舟,量其尺寸而十倍并之"。

(5)船舶属具设备方面,出现了平衡舵、升降舵及开孔舵。有些船上,还在中部设有拔水板,两舷设有浮板,以提高船舶的适航能力。

航行深海的海船,普遍有4橹,也有5~6橹的。中小型海船有1~4橹,一般只有头橹和大橹,挂布帆或席帆。

据北宋沈括《梦溪笔谈》记载,宋代海船已普遍使用指南针导航。指南针是中国四大发明之一,它在航海中的应用,促进了造船业的发展。

元代造船比宋代更为发达,广东海船更趋大型化。意大利旅行家马可·波罗于至元二十九年(1292年)乘中国船回国后,在他的著作中记述:"当时海船之往来波斯湾、中国海间者,华船最大,多为广州、泉州所造"。阿拉伯人伊本·拔图塔于元顺帝至正六年(1346年)来到中国,在其著《异域奇游胜览》中说:"当时所有印度、中国之间的交通,皆操于中国人之手。中国船舶共分三等,大者曰艟克(Junk),中者曰艚(Zao),第三等曰舸舸木(Kakam)。大船有三帆至十二帆,一艘大船可载千人,另有小艇三只附属之""此类商船皆造于刺桐(泉州)及兴克兰(广州)二埠""每船皆有四层,公私房间极多,以禾备客商之用。厕所秘房,无不设备周到""大橇上之橹,其长几与橹相垮(等),每橹需用十人以至三十人始得动摇之""帆用藤篾编织,其状如席"。

第二节　广东宋元时期的造船场所

南汉首府(定名为兴王府)的几次水战皆由广州船舰支援,广州当时集中了大量战舰,这些战船修造的主要地点就在广州,此外,韶州、连州、桂州等地也修造内河战船。

宋代,广东的海上和内河交通比唐代发达,对民间发展海外贸易和造船采取鼓励政策,造船业得到充分发展,广南的造船工厂和造船作坊分布于广州、南恩州、琼州、端州、惠州和潮州等沿海、沿江地区,海船的建造趋于大型化。据吴自牧《梦粱录》所载:"海商之舰,大小不等,大者五千料,可载五、六百人,中等二千料至一千料,亦可载二三百人。"《岭外代答》中,提到宋代的木兰舟"浮南海而南,舟如巨室,帆若垂天之云,拖(舵)长数丈,一舟数百人,中积一年粮,豢豕酿酒其中……盖其舟大载重,不忧巨浪而忧浅水也"。

宋初,朝廷在广州设战船场,配置厢兵造船(大致上相当于1949年后的铁道兵修筑铁路),据史载,广东各路厢军都设置造船机构,广南路设造船坊,承造国家船舶。宋代,广东称广南东路,广南路则指"阳江、阳春、电白、信宜、茂名、化县、吴川、廉江、遂溪、徐闻、海康、合浦、灵山、防城、钦县十五县"。仅广州一地就设造船厂指挥75人,难怪连占城国王也要在广州的船厂建造舶船了。伊本·白图泰在他的《游记》中也写了中国海船"皆造于中国的泉州、广州两处"。只可惜我们还很少有考古发现船厂遗址。

宋代造船发展到南宋,各方面都已相当成熟,潮州、潮阳都建有具有一定规模的造船工厂,为广州海军建造了大量战船舰,如陈懿"以海舟导张弘范(的元)兵济朝阳"的记述。

南宋末年,最大规模的造船场地在新会,据当时的情况估计,新会有规模的船厂应不少于十家,这还只是专为小朝廷造船的船厂,民间工厂则更是星罗棋布了。《广东通史》的一段记述了"南宋流亡小朝廷行将覆灭之际,濒海居民以'乌蛋船千艘赶赴崖山救援,这成千的乌蛋船是新会及相邻州县所造的兼行江海的小船,而此前宋少帝自碙州(今硇洲岛)迁崖山前后,舟楫等则多取办于广右(西路)诸郡',实即出自化、高、雷、琼等州"。屈大均所说的宋'宣和龙舟遗址'就是随宋少帝航海而来的将作大匠(中央负责营造的长官)所传。"其船长十余丈、广仅八尺……樯上有台阁二重",雕刻及设施极为工巧。

元代关于海外贸易、建造战船的记述并不少,但有关广东造船的史料却不多见。这与当时广州的地位有关,因为部分重心暂由广州和广东其他地区移走,移到了泉州及福建其他地区。

元代,广东造了不少的船,伊本·白图泰记述了广州船坊造船,潮州等地也有较大型的造船工厂,但资料不详。

第三节　宋元时期主要船型

据伊本·白图泰的《游记》,中国船只在当时"共分三类:大的称作艟克,复数是朱努克;中者为艚,小者为舸舸木。大船有十帆,至少是三帆,帆是用藤篾编织的,其状如席,常挂不落顺风调帆,下锚亦也不落帆。每一大船役使千人:其中海员六百,战士四百,包括弓箭射手和持盾战士以及发射石油弹战士,随从每一大船有小船三艘,半大者,三分之一大者,四分之一大者,此种巨船只在中国刺桐港建造,或在隋尼凯兰即隋尼(广州别名,也译为茶克兰)建造。船的桨大如桅杆(很明显是指橹),常以十至十五人站着划船。船上造有甲板四层,内有房舱、官舱和商人舱",船上还设有种植蔬菜鲜姜的木槽可供长期生活使用"。

一、宋元主要船型

(一)海船

唐志拔的《中国舰船史》中记述了一种宋代大海船"宋朝还出现了一种专门适用于东海和南海海域作战的战船,称'海船',分大、中、小型。大型阔两丈四尺以上,面阔而底尖,面阔与底阔之比约为十比一……"(《续资治通鉴》卷一百八十四)按此述,该项"海船"船长30～45米(船的 L/B 为4～6),并标有底阔为面阔的1/10,也就是说"海船"是一种小平底的战船。

1973年,泉州湾后渚港附近的海滩下发现一艘古代沉船,经过为期一年的考古发掘,一艘700多年前的中国海船惊现于世,见图5-2和图5-3。这艘宋船残长24.20米,残宽9.15米,出水时便只有下甲板的部分,船身扁阔,是典型的福建尖底海船,3樯,有13个水密隔舱,多重板船身结构,能够增强抗击疾风巨浪的能力,可以做长时间、长距离的航行,显示了当时世界最先进的造船技术。经复原,整艘船有34米长,是一艘载重量200吨以上的中等远洋帆船。这艘古船上出土了香料、货物木牌签、铜铁器、陶瓷器、铜铁钱、竹麻编织物、文化用品、装饰品、果核、贝壳、动物骨骼及其他遗物,计14类69项。其中,未脱水的香料药物数量最大,约2 350千克,说明这是一艘运载着香料药物及其他商品从东南亚归航的海船。据学者研究,这艘船应该是在南宋景炎二年(1277年)农历七至九月间,从海外归返泉州,遇上兵祸,舶商及船员各自逃命,造成船上无人管理,又逢台风大水,终致沉没。

图 5-2　宋代泉州大海船

(二)木兰舟

宋代最有名的海船是木兰舟,见图 5-1。木兰舟,据考证广船型海船就是由这种船型发展而来。《辞源·木兰舟条》记载"南朝梁任昉《述异记》卷下:'木兰洲在浔阳江中,多木兰树,昔吴王阖闾植木兰于此,用构宫殿也。七里洲中,有鲁班刻木兰为舟,舟至今在洲中。诗家云木兰舟,出于此。'后常用为船的美称,并非实指木兰木所制。"唐柳宗元《柳先生集》中《酬曹侍御过象县见寄》"破额山前碧玉流,骚人遥驻木兰舟。"记述的就是当时的木兰舟。但《广东通史》对木兰舟的注释则为"木兰舟,本外国大船,周去非《岭南代答》不过借其名言中国海船之大而已"。众家所述各有千秋,各抒己见。那么,木兰舟是否就是蕃舶呢? 还有待考证。

(三)蕃舶

蕃舶(见图 5-4)作为广州的一种大海船,它的设施在当时的海船中是较为完整的,设有瞭望、操舵、作缭(操作帆)的地方,有供居住的房间和生活设施,是能较长时间满足在上面生活的远洋航海船只。

图 5-3　泉州考古现场

图 5-4　宋代蕃舶

（四）鲖舶船

从广州远航南海各国的中国商船,大者可载数百人,小者百余人。"船的一种,《初学记·舆服杂事》:'其人欲轻行,则乘海□,合木船也'"。(《辞源》)

（五）刀鱼船

"刀鱼船"又作"舠",《广东通史》述:"'刀鱼船'是(厢兵)所造战船之一种……其船体长而狭、底尖、速度较快,是中唐以后引进广东的"。《辞源》则注其为"刀形小船"。

（六）运粮船

形制不明,仅以其阔分,2.8丈以上为上等,2丈以上为中等,1.8丈以上为下等。

（七）大棹船

内河商船,大者30棹,小者10余棹,北江的韶州"打造大船"浮江西下即指大棹,棹是划船的工具。

（八）战船

广东沿海和雷琼等州水军拥有海上战船,孝宗乾道年间广南东路(即广东)新旧置水军共约2 200人,其海上及江海兼行的大小战船必有数十艘。

（九）藤舟

南宋周去非《岭南代答》卷六载道"深广沿海州军,难得铁钉桐油,造船皆空板穿藤约束而成。于藤缝中,以海上所生茜草,干而窒之,遇水则涨,舟为之不漏矣。其舟甚大,越大海商贩皆用之"。这种藤舟与海南省的缝合船类似,但海南缝合船藤以椰衣代之。

二、广船的定型

《中国造船史》记载"我国的海船到元明时,基本上已形成了三大船型,就是广船型、福船型、沙船型三类。"到元明时期,广船作为一种船型大、结构坚致的海船(战船和民船)而定型。

元代,广东海船更趋于大型化。至元二十九年(1293年),广东宣慰使塔刺海哈命亦里迷夫、史弼率元兵2万,海船千艘,攻爪哇。其所需战舰是从广东出发,毫无疑问,这些战舰是上了规模和等级的。

马可·波罗这位护送17岁阔阔真公主远嫁波斯的古人,这样记述元朝时期海上的民船"当时海船之往来波斯湾、中国海间者,华船最大,多广州、泉州所造""此类商船皆造成于刺桐(泉州)、兴克兰(广州)"。

虽然,元代的造船业在历史上并不是很众,但是这些史料是无可非议的。广船的定型成熟化已水到渠成。

第四节　崖门沉船

　　研究宋元时期的广船，崖门沉船的考古研究是非常值得探究的。崖门沉船，就是南宋末年崖门海战的产物。崖门，位于广东省新会县会城之南50多千米处，是银洲湖的出海口。出海口以东有崖山。据历史记载，宋祥兴元年（1278年）六月己未日，宋朝的末代小皇帝赵昺迁住此（古称"崖山"）。"崖山在新会县南八十里大海中，与石山隔岸对立，从前曾有镇戍"。可见是一处可守，守不了可以退的军事要地。一场中国古代历史上少见的海战——宋元崖门海战就发生在这里。

一、宋元崖门海战

　　图5-5为海战想象场景图，这场海战，历史是这样记述的：

图5-5　崖门海战想象场景图

　　宋景炎三年（1278年，是年五月改年号为祥兴）四月立卫王昺（史称宋瑞宗），昺时年仅8岁。

　　祥兴元年六月己卯，元任命降将张弘范为蒙古汉军都元帅，率军南下追击南宋皇帝的余部。张弘范任命李恒为副帅到扬州发水陆三师二万士兵分道南下，沿途一路追击。十一月，张洪范舟师由海道袭击漳州、潮州、惠州，紧逼新会。陆路李恒以步骑由梅岭袭广州，闰十一月庚戌，李恒攻占广州。

　　此时，宋丞相文天祥正屯兵潮阳，因张弘范兵济潮阳，文天祥麾下周海丰，元军先锋张宏正（张弘范之弟）在后紧追，宋军到五坡岭止准备造饭进餐，元兵突袭，宋军应战不及，战败，文天祥被元军俘。

　　祥兴二年（1279年）正月辛酉，张弘范从潮阳港登舟出海，于壬戌兵至崖山。

　　此时的宋军是"结大舶千余""碇海中，中舻外舳，贯以大索，四周起楼栅如城堞，奉宋主居其间为死计，人皆危之"。以此阵式欲与元军"今须与决胜负"。

　　崖山以北由于水浅，战船易搁浅，难于进攻，张弘范由崖山东出转向南入海切断宋军水路。宋军连片大船坚不可动，令元军一时难以攻入。张弘范遂以诱招降，张世杰拒之，张弘范让文天祥写书招降,文天祥却写下了千古绝唱"人生自古谁无死,留取丹心照汗青。"当地居民无叛者。张弘范无奈,遂"以元军占据出入海道",致使宋兵只能啃干粮,喝海水,由于海水又咸又涩,喝下后皆呕吐,军民又疲又困,大大降低了战斗力。后李恒从广州来增援,使元军力量大增。当时,元军中有人提出以炮轰宋军的船阵,张弘范认为"炮攻……敌必浮海散去,吾分追,非所利,不如此计聚留而与战也。且上戒吾必诛灭此,今使之遁,何以复命?"李恒则献上一计,利用潮水涨退急攻,宋军想逃跑只是徒劳,必能成功。于是双方处于对攻相持阶段,元军只能等待时机成熟,一举而下消灭宋军。

二月癸未,平旦,张弘范将元军分成四军:李恒主北及西北,其余分主南及西,张弘范自主其一。且令:宋军之东边靠山,潮退之时必然向南逃,南军必须急攻,许胜不许败。西北各路听到我军乐声起时,立即进攻。又令:宋军西南方其守将骁勇异常,由我来对付。

不久果然退潮,海水向南滚滚而去,于是李恒率元军从北面顺流冲击宋军,宋将张世杰率淮兵殊死抵挡。中午时分涨潮,海水由南向北汹涌而来,元军又乘潮由南进攻,宋军腹背受敌仍奋勇迎战,元军一时难以取胜。此时,张弘范所率战船皆用布蒙住四周,元军兵将皆负盾而伏,船上乐声阵阵,张世杰以为元军正饮酒作乐,谁知元军直抵宋军西南方,宋守军以箭怒射,元军船上所蒙之布挂满箭,桅樯犹如长满刺的刺猬,张弘范即命撤去布障,埋伏的元军矢石俱发,宋军始料未及,纷纷溃退,张世杰见大势已去便带精兵退入军中。

战到黄昏时分,风雨昏雾,咫尺之内互不相辨,张世杰派船悄悄地到宋皇帝赵昺住处欲接其上船,但丞相陆秀夫恐中敌人奸计被人出卖或被元军俘获,执意不允。但陆秀夫也想不出更佳的金蝉脱壳之计,于是将妻子儿女全部赶去跳海,而后对宋瑞宗赵昺说:"国事至此,陛下当为国死。德祐皇帝(指宋恭宗赵显)辱已甚,陛下不可再辱!"随即背起年仅9岁的宋代最后一个皇帝跳入海中。张世杰与所剩将领斩断缆索突围,乘昏雾逃走,剩下的八百余艘战船均为张弘范所得。过了7天,海上漂浮着十余万具尸体,其状惨不忍睹。元军在尸体上寻掠财物,见到一具孩尸,皮肤白净,穿着黄色的衣服,颈上还挂着玺(诏书之宝),有元兵取了上缴,待到张弘范知道此事即往查实究竟,孩尸已不见了。

一场血腥的海战后,宋朝自此灭亡。

这场海战,以船史研究的观点,可以归纳出如下几点:

(1)宋元崖门海战地点可靠。

(2)元军由江苏扬州出发,战船应多来自江浙一带。元军到过福建的漳州,广东的潮州、惠州,漳州、潮州和惠州都是造海船的所在地,元军在这些地点一定会补充、征用一些当地的船只充实军力。

(3)战事之中,元军也一定有受损沉没的战船,但沉入海底的主要是宋军的战船和海船,约有千艘。

(4)南宋末代皇帝的玺可能被元兵拾获上缴,不会留在崖门海域。

二、崖门海战沉船

一场惊天地泣鬼神、史无前例的大海战,灭了中国的一个朝廷,建立起了一个新的统治王朝,海战沉船之多也实为世界历史罕见。沉入海底的文物、珍宝大大充实了海洋宝库,其品级之高、数量之多难以用文字说清。

就古船而言,据历史所述,元军自江苏扬州出发的水师,先后到过福建、广东,而后直下广东新会。也就是说,元军舰队是一个包含了沙船型、浙船型(又称"鸟船")、福船型、广船型,综合了南北造船技术、造船水平的战船。南宋军节节败退也是由浙江开始,经福建退至广东七洲洋后转广州,再退至新会崖门重建小朝廷。在新会伐木造船,将船连接在一起,人为地建造了一片海上陆地,小朝廷的皇府、宫殿也建于其上,有2 000多艘船,同样是一个多船种混合的船队。

江苏、浙江、福建、广东均为沿海省份,自古以来,造船业都相当发达,唐宋时期更是造船发展的高峰期。据《宋会要辑稿》记述,宋代造船场地设在长江沿岸和东海沿海地区,如建康(今江苏南京)、镇江、平江(今江苏苏州)、松江(今上海市松江)、秀洲(今江苏嘉兴)、明州(今浙江宁波)、温州等。仅明州和温州每年可造船600艘。广东的广州、潮州、新会、高州,福建的漳州、泉州等地是南方沿海的造船基地。元军可以汇集在长江流域打造的船舰从长江口向广东进发,在浙江、福建、广东再补充一些必要的船只。又更称宋二王(指南宋末年两位小皇帝)迁广,亦带来了岭北比较先进的造船技术(宋、金时已有放样造船技术)。因此,由张弘范所率领的元水军"混合舰队",虽然历史记载中并未详细记载崖门海战元军损失了多少艘船舰,但这样的一场大海战,元军船只一定有沉入大海的。那么,若有机会打捞沉船,除了大量的南方船只外,一定有一部分是北方船型的船舰,这些就是研究中国南北海船、中国造船史不可多得的机会。

南宋时期,广东水军的力量相对薄弱。当时,广东水军被称为"经略安抚司水军",只有一千多人。1278年6月,南宋小朝廷流亡到被称为下县的新会崖山水域,当时的广东海军所具备的实力是可想而知的。张世杰到崖山后"以为天险可守,乃遣人入山伐木造行宫三十间,军屋三千间……时官民、兵尚二十万,多居于舟,资粮取办于广右诸郡、海外四州,复刷人匠,造舟楫,制器械,至十月始罢。"仅仅4个月的时间,以当时新会等地的造船能力、造船技术,是无法造出千艘船舰的。与其说匆匆建造不如说当时的海上宫殿是当地新旧船只的组合。据《广东通志》记载,南宋流亡小朝廷将覆灭之际,濒海居民以"乌蛋船千艘赶赴崖山救生",这成千的乌蛋船是新会及相邻州县所造的兼行河海的小船,而此前宋少帝自硇州(今硇州岛)迁崖山前后,舟楫等则"多取于广右诸郡",实即出自化、高、雷、琼等州。字数不多却很精辟地刻画了南宋新会小朝廷的海军实力和战船实情。

综上所述,我们可以知道沉于崖山海域的千余艘船只,以南宋船只为主,大部分是新会的乌蛋船,新会、化州、雷州、琼州所造的船只以及部分元军在长江流域建造的船只。洋洋大观的庞大舰队在海龙王的水晶宫里已经存放好久了。据考证,正在水晶宫里打捞、考古的"南海一号"是南宋朝廷的行政货船。目前,我国南海尚沉睡着数不清的古船,图5-6就为西沙华光礁一号沉船。

三、崖门沉船

打捞崖门海域沉船的设想曾经沸沸扬扬,但久而久之又销声匿迹,无人再谈起此事。崖山沉船的文化、经济价值是无法估量的。一个封建朝廷所拥有的珍宝、多得难以计数的御用品、金银玉器……到数以千计的三大船型之广船、福船和沙船,绝对是震惊世界的大事。

图 5－6 西沙华光礁一号宋代沉船

第五节 大撬的出现

"大撬"是中国广东古木质船的纵向结构件,是"广船"的创造,更是"广船"特有的结构件。大撬始于什么年代? 现在船史学界一般都认为是始于宋代。

我国最早的科技辞书——东汉刘熙的《释名》中,第25篇为《释船》,是对秦汉时期造船技术的总结,也可以说是权威性的著作。《释船》篇幅虽然不大却非常经典,对当时船舶的性质、结构、用途等做了定义,短短的文章提及了船、舟、舵、橹、棹、楫、上层建筑、舰、艇……但是并未涉及现代意义上的船舶结构的主体结构件,如隔舱壁、肋骨、船旁板、撬等。

未见于《释名·释船》所涉及,是否就意味着它不存在呢? 答案当然是否定的,船舶作为一个结构物,其结构件必然存在,只是著者成书列篇时,并没有考虑将它列为内容,或者因为著者受当时历史条件的限制,并没有重视从实物和技艺角度来记载这些构造。总而言之,"大撬"的存在是客观的,也是必然的,只是我们要从信史的角度来论证它,还需从更多的资料文献、实物(或者是说是文物)中充分论证才可定论。根据金行德等人的研究,按照广船在不同年度的代表船型来分析大撬的痕迹如下。

一、南越王船

"南越王船"在顶板位置,甲板边沿,由艏至艉有一排明显的圆点,这一排圆点是否就是我们所探讨的大撬的位置呢? 首先,因为没有立体和横剖面图显示这是什么,我们只能就此做出存在这种可能的猜测。

其次,"南越王船"出现的年代是西汉初年,当时的造船技术是否已经达到了考虑船体纵向结构的程度,是有待考证的。唐志拔说:"为什么我国造船技术到秦汉时期能跃居世界之首呢? ……特别是社会生产力发展所形成的经济需要,是我国古代造船技术加速发展的主要动力。"又述:"秦汉时期,天文、历法、数学、物理、医学、冶金等方面都有不少研究成果。所有这些都是让造船技术从落后到先进的重要条件"。汉代是我国造船的第一个高峰期,这些有利条件令造船技术迅速发展和提高,而且,走外海后,一定会总结和吸收很多失败的教训和经验,善于总结的人也一定会从中寻找加强木船纵向结构强度的方法,关键是时机是否成熟,还必须有实例来证明。一言蔽之,到了秦汉时期,随着海外贸易的逐步扩大和当时生产技术的进步,也到了能够考虑和制作类似大䑸这样的大型结构件的时候了。

二、汉代楼船

《史记·平準书》记载,汉武帝征战南越"治楼船高十余丈,旗帜加其上,甚壮"。图3-1和图3-2为汉代的楼船。

《造船史话》对楼船的描述为:作战用的楼船,每一层外面都建有约3尺的"女墙"作为士兵防御敌方弓箭、矢石的掩体。有的女墙上还开着箭孔可向敌方射击。楼船的周围还用坚硬的木材制成"战格",要害部分还蒙上皮革,作为船上的保护装置。

《百粤源流与文化》的作者是罗香林先生,他在书中说:"余所获广州汉代城砖,亦有划绘楼船形者。虽城砖制作或全出自中原所遣官吏之令,然其工匠之技术,当受古代越族之工艺影响,以汉代中原各地全不以船形样为砖瓦也。"

可见,广东有楼船,而楼船之形如《史记·平準书》和《造船史话》中所述的楼船。两书虽均未涉及古汉楼船的结构强度,因此也无从引述出结构中是否存在"䑸",但借助楼船图我们可以寻找图中关于"䑸"的蛛丝马迹。楼船在舷侧顶部的甲板沿线均没有一道结构件,而甲板以上设有一道带箭孔的女墙,那么,这道结构件是什么?作此图者不会平白无故地画上两道平行线。但我们也要考虑到此图出自何年何月的何书,《武备志》的作者所引用的图引自哪本书。也许明代时期大䑸已为造船所普遍使用,所以作图者是把这两道平行线画上去也是有可能的。

三、东汉陶船模

图3-5是于1980年9月在广东省德庆县的一座东汉墓出土的一只陶船模实图。此船模出土时较为完整,据《文物》文章作者分析:"两侧墙壁用复线舷纹分成五格,可能表示梁柱结构。"作者是位考古人员,对于船舶学的一些技术性名称未必精通而称之为"梁柱结构",这里所述的"梁柱结构"应该就是本节讲的"大䑸"。在汉代,内河平底小客船多以橹推进(或者少部分以尾橹为推进),而这种橹推进不需要设置舷侧走道,广州西汉木船模和东汉陶船模均未设置舷侧走道,当然也就不会存在梁柱结构,那么在舷侧甲板下的结构件只能是"大䑸"。

由以上之所述和本陶船可见,早在汉代,"大䑸"就应该已经是广东船船体的重要结构件了。

四、唐志拔的推论

唐志拔的力作《中国舰船史》第六章记载"从出土文物看唐宋时期的造船水平",由1960年江苏扬州出土的唐代末年内河船,1973年江苏如皋出土的唐代木船推论,"从这两艘出土的唐船可以看出:我国的内河船已广泛采用横舱壁与水密分舱、船板榫接钉合、油灰捻缝、船舷采用巨木构成的'大䑸',以保证船体结构的纵向强度。"

《中国舰船史》认为,唐代"大䑸"结构已在全国的内河船中得以广泛使用。那么,可以想象一下,作为强有力的船体结构件,大䑸已在内河船上得到广泛使用,而在需要更强结构的海船上却没有被使用,这是不合逻辑的。尽管目前还没有发掘出土过一艘带有"大䑸"的海船(海船的文物遗存条件和发掘难度都要难于陆地),但并不代表这不存在。所以可以推断,在汉代就已经可能出现结构件大䑸,则唐代的海船,尤其是广东的海船,大䑸应该是必有的结构件。

五、杜佑的六种战船

唐德宗兴元元年(784 年),广州节度使杜佑在广州主持建造了六种战船:楼船、蒙冲、斗舰、走舸、游艇、海鹘。这六种战船在明代的《武备志》、清代的《武经总要》都有图例,依笔者之见,图例所示的蒙冲(见图 4 – 1)、楼船(见图 3 – 1)、斗舰(见图 4 – 2)、走舸(见图 4 – 3)、海鹘(见图 4 – 4)这五种船都装有"大擸"。作为战船,在海战中经常以冲撞敌船为作战手段,没有坚固结实的纵向结构,是不可能执行海上战斗任务的,而汉、唐时期的中国海船、中国海军,都是威风凛凛的。

六、南宋木船模

据"盛世收藏论坛"发表的一组照片——宋代楠木古船模型展示,两舷侧都有扁阔"大擸"一条,但作图者未附任何详细的说明,仅有"一宋墓所出楠木古船模型,桅杆孔、锚孔都在"共 18 字,没有出土地点、年份和确切的文物鉴定意见,但由图可见该船模艏翘、艉低,中有货舱。模型的长宽比为 11∶3(3.67),宽深比约为 3∶2.6(1.15),扁阔形"大擸"由艏至艉。这条"大擸"应视为我国船史界的稀世珍宝——实物,也足以证明:宋之前,作为加强结构的"大擸"已存在,到宋代发展成熟。

"大擸"是我国独创的木结构船纵向强度结构件,所以"广船"的创造年代应早于宋代,不迟于唐代。宋代的"大擸"绝对是一流的结构件而非起源时期的雏形。

第六章 明清海禁与“广船”落日辉煌

明朝时期(1368—1641年),我国造船业达到了空前的顶峰时期,规模之大,造船数量之多,造船工厂遍布全国各地都是前所未有的。船史界认为,明初远洋航海、海外扩张、郑和通使西洋,耀武异域都是促进明代造船业发展的重大原因之一。详熟历史的知道,明代的航海业、造船业尤其辉煌,但也跌入过低谷。纵观明代,中国沿海深受倭患,山东、江苏、浙江、福建、广东五省等地遭受严重骚扰。致使洪武七年(1374年),为抵御倭寇,“防止奸民私通倭”,废除了于洪武三年新设的宁波、泉州和广州三处市舶司,严禁出洋贸易,史书称之为“片板不准下海”,海船的建造也因此大受挫折,与海外的交往和贸易大幅降低。直到永乐元年(1403年),明成祖朱棣才下令重开宁波、泉州和广州三个市舶司,且于永乐三年(1405年)在三个市舶司设规模相当的驿所专门接待外商。自此,对外贸易又重新发展起来,可惜好景不长,倭寇反复不断的侵扰,造成了又禁又放的局面,这一局面一直维持到清康熙二十四年(1685年)。清朝早期为了镇压以郑成功为主力的反清复明武装力量和浙闽粤人民的反清斗争,实行了一系列的禁海政策,比明代更为严格,有过之而无不及。

总体来说,明清时期的广东船舶由于当时的社会经济和科学技术的发达,造船技艺已经非常高超,也在一定程度上促进了当时的海上贸易和经济发展,但由于明清时期的闭关禁海政策,封锁了西方国家迅速发展的信息,严重阻遏了我国造船事业的发展,导致了我国造船事业的落后和衰落。待到外国船舶在中国大肆走私鸦片和入侵我国时,我们的实力已经无力应对船坚炮利的洋舶了。

第一节 明清海禁与广东造船

一、明代倭患与海禁

关于明代造船,明末崇祯年间科学家宋应星在《天工开物·舟条》中有着很精彩的描述,在此做详细摘录。

“凡舟古名百千,今名亦百千,或以形名(如海鳅、江鳊、山梭之类),或以量名(载物之数),或以质名(各色木料),不可殚述。游海滨者得见洋船;居江湄者得见漕舫;若局趣山国之中,老死平原之地,所见者 叶扁舟,截流乱筏而已”。

“凡造船先从底起,底面傍造墙,上承栈,下亲地面。隔列位置者曰梁。两旁峻立者曰墙。盖墙巨木曰正枋,枋上曰弦。梁前竖桅位曰锚坛,坛底横木夹位本者曰地龙。前后维曰伏狮,其下曰拿狮,伏狮下封头木曰连三枋,船头面中缺一方曰水井(其下藏缆索等物);头面眉际树两木以系缆者曰将军柱。船尾下斜上者曰草鞋底,后封头下曰短枋,枋下曰挽脚梁。船艄掌舵所居,其上者野鸡篷(使用时,一人坐篷巅,收守篷索)”。

“凡舟身将十丈者,立桅必两,树中桅之位,折中过前二位,头桅又前丈余。粮船中桅长者以八丈为率,短者缩十之一二;其本入窗内亦丈余。悬篷之位约五六丈,头椇尺寸则不及中椇之半,篷纵横亦不敌三分之一……若湖广、江西省舟,则过湖冲江无端风浪。故锚、缆、篷、椇必极尽制度而后无患。凡风篷尺寸,其则一视全舟横身,过则有患,不及则力软。”

“凡船性随水,若草从风,故制舵障水使不定向流,舵板一转,一泓从之。凡舵尺寸,与船腹切齐。其长一寸,则遇浅之时船腹已过,其梢尼舵使胶住,设风狂力劲,则寸木为难不可言;舵短一寸则转运力怯,回头不捷。凡舵力听障水,相应及船头而止,其腹底之下,俨若一派急顺流,故船头不约而止,其机妙不可言。舵上所操柄,名曰关门棒,欲船北则南向掀转,欲船南则北向掀转。船身太长而风力横劲,舵力不甚应手,则急下一偏披水板以抵其势。凡舵用直木一根为身,上截衡受棒,下截界开衔口,纳板其中如斧形,铁钉固拴以障水,梢后隆起处,亦名曰舵楼。”船之要点尽在其中。

永乐年间,“三宝太监”郑和七下西洋(郑和宝船和下西洋想象图见图 6 - 1 和图 6 - 2),《天工开物·舟条》记“造大舶,修四十四丈,广十八丈者六十二”,这就是明代造船繁荣、航海业发达的具体表现。船史界认为,明初郑和通使西洋,远洋航海,海外贸易,耀武异域,是促进明代造船业发展的重大原因之一。但是,明代的航海业、造船业也并非一帆风顺,而是一波三折的。

图 6 - 1　郑和宝船设想图

图 6 - 2　郑和下西洋想象图

明初洪武三年(1370 年),明太祖朱元璋下令撤销太仓、黄渡市舶司,设立宁波、泉州和广州市舶司。据《明史》记载,“使海外诸国入贡,许附载方物与中国贸易”,更便利了与日本、琉球、暹罗和西洋各国的贸易。

虽然如此,广东等地还是不顾朝廷不准建造双椇海船等多种限制,冒险进行海外贸易,也远航日本。民间的造船业仍在暗中向前发展。1562—1587 年,战功卓著的抗倭名将俞大猷、汤克宽、郭成、戚继光等在广州任职期间,利用浙闽艚船图式,从清肃倭寇的实战要求出发,吸取广东船舶的原有特点,改进广船的战术技术性能,建造出一批富有战斗力的船舰。战舰和民船在明代确立了“广船”的光辉形象,成为中国三大船型中最出色的一种(三大船型:沙船、福船和广船;也有学者认为是四大船型:沙船、鸟船、福船、广船)。

明代是“广船”最辉煌的时期,仅战船就有二十多种。所谓“广船”是对广东地区所造海船的总称,不同地区所造的海船名称各不相同,船种多、名称繁复,较著名的战船有大战船、新会的尖艍船(见图 6 - 3)、东莞的大头船(见图 6 - 4)。明代总督沿海军务的胡宗宪幕僚郑若曾撰著的《筹海图编》和矛元仪的《武备志》均附有战船的图式。至于民船,有粤东地区潮州的白艚,珠海三角洲的东莞米艇、乌艚,新会的横江,新会造的尖艍船,属横江系列、洋舡、大龙艇等。

图 6-3　新会尖艉船

图 6-4　东莞大头船

据《明成祖实录》记载,从永乐元年至十七年(1403—1419 年)朝廷共要求地方造船 2 718 艘,广东也承担了相当的建造量,其中,与广东有关的见表 6-1。

表 6-1　明代永乐年间广东参与造船

年份	事件	数量/艘
永乐元年十月	湖广、浙江、江西共造海运船	188
永乐三年十一月	浙江、江西、湖广造海运船	17
永乐四年十月	浙江、江西、湖广、直隶造海运船	88
永乐五年十一月	浙江、江西、湖广造海运船	16
永乐六年十一月	浙江、江西、湖广、直隶、松江造海运船	58
永乐七年二月	浙江、江西、湖广、苏州造海运船	35
永乐十年九月	浙江、江西、湖广、镇江造海运船	130
永乐十一年十月	浙江、江西、湖广、镇江造海运船	63

《大明会典》记述,永乐十二年(1414 年),为准备内河漕运,朝廷令湖广建造浅船 2 000 艘。明代漕运,湖广都司拥有的漕运船数量达 759 艘(《漕运志》),这些漕运船的建造一律由朝廷拨款,地方建造。

又《明实录》记,天顺四年(1460 年),朝廷令浙江、江西、湖广造粮船 1 200 艘。

由以上数字可见,湖广于 1403—1460 的 57 年间参与建造的海运船、漕船、粮船数量高达 2 592 艘。这个数量还不包括建造的战船和民间造船,如果加在一起,数量还要大得多。

明代后期和末期,倭寇骚扰广东尤甚(史载为 1560—1590 年的 30 年间),对广东的对外贸易和海运影响和破坏极大,加上国力已衰弱,朝廷唯有消极以待——禁海更为严格,广东的造船业也逐步解体。进入清代后,广东的造船业已是非常弱了,建造的船只也极为有限,整个中国的造船业都在走下坡路。

明代,广东战船除承袭前代七八种船型外,还出现了多种新船型,其中,福船、广船是全国有名的战船。明初,广东战船以福船为主,计有一号福船、二号福船、哨船、冬船、鸟船和快艇 6 种船型。这些战船虽有定式,但采用木制,做工粗糙,不堪使用,后改用广船。

广船原系民船,由于明代东南沿海抗倭战争的需要,将其中东莞的"乌艚"、新会的"横江"两种大船增加战斗设施,改成良好的战船,统称"广船"。

明代广船比福船巨大且坚实,船首尖体长,"其制下窄上宽,状若两翼,在里海则稳,在外洋则摇"(《中国舰船史》),吃水较深,梁拱小,甲板脊弧不高,有较好的耐波性。在结构上,横向密距肋骨于隔舱板构成,纵向强度依靠龙骨和大擸维持,船体材料多为荔枝木、樟木和铁力木。船上配橹6~16支,树2桅,桅杆上设望斗,网以藤,蒙以皮革棉被,以防敌人弓箭。望斗中可容3~4人,以监视敌人动静,亦可向敌人射箭、投掷犁头镖等兵器。船舷两侧装佛朗机炮、霹子炮、神炮以及火砖、灰罐、烟球等武器,明代抗倭名将戚继光率领的水师就有广船110余艘。嘉靖四十一年至万历十五年(1562—1587年),俞大猷、汤克宽、郭成、戚继光在广州任职期间,利用浙闽艚船图式,吸取横江、乌艚的长处建造了一批战斗力更强的广船,如大战舰、尖艄船、大头船。明朝中叶以后,亦出现了一些小型战船,东莞的乌艄船可载三四千石,新会横江船可载七八百石至一二千石,潮州的白艚以松杉木料建造,体型较小。

二、清朝海禁和平台

清朝(1644—1911年)时期,从清初至1840年鸦片战争之前的前清。早期为了镇压以郑成功为主力的反清复明武装力量和浙闽粤人民的反清斗争,清廷实行了一系列的禁海政策,比明代更为严格,有过之而无不及。从顺治十二年(1655年)到康熙十四年(1675年)的二十余年间,政府先后五次颁布禁海令,直到康熙二十三年(1684年),才宣布解除海禁,足足禁了40年。其禁令包括:严禁沿海的山东、江苏、浙江、福建、广东五省商民船只私自出海贸易、捕鱼;沿海船只悉数烧毁,寸板不许下海,违者立斩;禁止私人建造500石以上的双桅出海大船;禁止国内船只租赁给外国人,更不准民间出海船只私卖给外国人。尤其严酷的措施是沿海五省居民一律内迁50里[①],并将所有的房屋尽行烧毁,同时沿海地区划界设防,既不许海外片帆入口,亦不许内地一人出海。50里内"尽夷其地、空其人"(《广东新语》)。迁界又毁船,各省的航运、造船业遭受致命一击。仅广东就毁了99%的船只,《新安(即现深圳宝安)县志》记:在康熙二十二年(1683年)撤销海禁前夕"其船只不及先年百分之一",可见事态的严重性。但尽管如此,百密一疏。清初的广东曾经是平南王尚可喜的地盘,其参将沈上达,时任王府贸易总管,掌握着贸易大权。就是这个沈上达组建了一支庞大的商船队进行海外贸易,使广东造船业有一段衰落前的兴旺时期,建造了大批的官船、战船、民船。当然,这其中也有因郑成功对广东的影响,清廷战船的建造更是必不可少。

据《抚粤政略》记载"自康熙元年(1662年)奉文禁海,外番船只不至,即有沈上达等勾结党棍,打造海舡,私通外洋,一次可得银四五万两。一年之中,千舡往返,可得利银四五十万两,其获利甚大也。"禁海也让盐民颠沛流离,藩王府又霸占盐田、盐埠,盐也成了大宗走私获利甚巨的商品。《岭南杂记》记下了当时海外走私的繁忙场面:"海上连樯捆载,通洋贩。""大修洋船出海,货通外国。贩贱卖贵,往来如织。"其中所指的"贩"即为贩盐走私,这些走私的船只当然是民间所造的大海船。

在清初禁海期间,一些老百姓不惜被当成海盗,冒着通叛被斩头的风险造船、下海贸易。据史载,顺治十二年(1655年),有三艘广东帆船到日本长岐开展贸易。康熙年间,广州

---

① 1里=500米(m)

羊城长寿院长老徐汕俗(又称石濂和尚)"大修洋船出海,货通外国"。

从一些历史的记述中,我们可以看到,广东民间虽是禁海,但还是拥有大量船舶,如道光《高要县志》卷二十二述,顺治十七年(1660年),当时广东藩王靖南王耿继茂奉旨率部镇福建,其手下官兵万余,连同家属达数万人之多,为走马上任,征用役夫船只无数,仅阳春一县就"派用夫船费以万计",其他地方也就可想而知了。又如康熙《南海县志》记,藩兵(两藩王——平南王尚可喜、靖南王耿继茂手下)"刷掳(借办民船)之害弥甚,民船商舶不聊生"。

禁海期间,为了打击郑成功,清廷打造战船。郑成功的水师兵精船坚,清廷要消灭郑成功和南明,从顺治十六年(1659年)起就大量造战船,康熙十八年(1679年)委福州造大战船400艘、潮州造舟古艚(清代的一种战船)100艘……潮州是河港,分到的任务只能少而小了。但南澳岛的南澳港、高州、雷州(治所在今雷州市)和廉州(治所在合浦)也是造船重镇。

康熙二十三年(1684年),清政府宣布解除海禁,允许造船出海。然而,40年的海禁,造船业的技术不进则退,加上郑成功造了大量的船,清政府也造了大量的船,导致沿海的造船木料资源枯竭,造船业完全进入了衰退期,清政府不得不将部分造船业务委托给东南亚各国。

在此后的日子里,有为数不多的广东造船、航海有关业务。

(1)康熙二十四年(1685年),成立粤海关,海运、贸易有了转机;

(2)乾隆二十二年(1757年),广州成为唯一的贸易港;

(3)乾隆二十年到道光二十年(1755—1840年),广州开往南洋的船只合计3000多艘;

(4)道光元年(1821年)前后,每年有116只中国帆船往越南贸易,其中半数以上是广东帆船;

(5)道光年间,广东帆船到新加坡贸易的明显增多。

三、清代广船特点

清承明制,战船由官府承造和维修。两藩时期,广东建造了大批厚板长钉双桅出海船。顺治七年(1650年)三月,两藩之一的平南王尚可喜派总兵许尔显"督造战船"。到十月,共"督造并修大小船二百二十九艘"。仅历时七个月能修造230艘船,证明清初广东的修造船能力还是极强的。康熙三年和康熙四年(1664年和1665年),广东官府又造内河船228只。据当时统计,到康熙十八年(1679年),广东官府已拥有内河船454只,外海战船137艘,出海缉捕用的米艇140艘(其中广府45艘、潮府30艘、琼府30艘、运司厂25艘、高府10艘),战船和米艇,必须就近修理。

私人造船业也相当发达,具有一定的实力,康熙二年(1663年)海寇周玉李荣拥有夷船数百艘,而且是"三帆八棹,冲涛若飞"者。在税例记载史册中记有广州、汕尾、潮州、澄海、卡路、南洋、东陇、海口、乐会、清澜、潮阳等地新造的商船、双桅船和新烙水母船。

关于清船的大小,康熙四十二年(1703年)也做了具体的规定:凡商船,一丈八尺双桅梁头者,柁工水手二十八名;一丈六七尺梁头者,二十四名;一丈四五尺梁头者,十七名;一丈二三尺者,十四名。凡商船其军器定数为:炮火两位,鸟枪八杆,片刀、腰刀十五把,火药三十斤。船造好后由粤海关依式丈量,等等。

清初,战船由官府承造和维修。雍正二年(1724年),广州官府设立五大营造船厂,即广州府厂、潮州府厂、琼州府厂、高州府厂和运司厂。五厂之中以广州府厂为最大,修造船能力最强,具有"大约四个月可成二十船"的能力。

广东各厂建造的战船种类较多:外部战船有赶缯船、艍船、米艇、哨船、拖风船。大八桨船、快桨船、长龙、巡船等;内河战船有快哨船、快船、桨船、快桨船、橹桨船、橹船、急跳船、古艚船、快马船、舢板、巡船等。

赶缯原为明代沿海渔船,雍正五年(1727 年),被列为沿海战船定式之一。清初至中叶100 多年中,水师主力均为赶缯船,其长7 丈1 尺至10 丈8 尺5 寸,宽1 丈7 尺9 寸至2 丈2 尺9 寸,深6 尺至8 尺6 寸,分19 至24 舱,板厚2 寸6 分至3 寸2 分,双桅、双舵、双铁锚,4 木碇,大橹2 支,头梢1 支。大型赶缯船载重1 500 石。

艍船原为闽浙沿海运输船,后改装为战船而成为广东水师战船定式之一。船长8 丈9 尺,宽2 丈2 尺,深7 尺9 寸,板后3 寸1 分,双桅,桅高8 丈2 尺。

米艇原为运米的沿海货船,后成批建造作为水师战船。大米艇载重2 500 石,中米艇载重2 000 石,小米艇载重1 500 石。东莞造米艇长9 丈、宽2 丈、深9 尺4 寸,载重可达3 000 石。

拖风船原是沿海小型渔船,后作为沿海快速货船,乾隆、嘉庆年间用作战船。拖风船首尖尾肥,具有优良的适航性,是一种"不畏风涛,往来便利"的船,单桅,升降舵,船长4 丈6 尺、宽1 丈3 尺、深5 尺,载重800 ~1 000 石。

由于清代长期闭关自守,各式战船未有大的改进,至鸦片战争前夕,官营船厂仍是手工业生产方式,建造的水师船一般只配大炮2 ~4 门,大战船配5 ~8 门,即使水师提督船也只配16 门大炮。这些战船已远远落后于西方国家的战船,不及西方"船坚炮利"。

第二节　明清时期的广东造船工厂

明初,洪武四年(1371 年)实行海禁,开始是禁止民间船只出洋贸易,后来规定凡是2 桅以上的船只都属违禁之列,民间造船业遭受到严重损害。海禁政策持续了近200 年,直到隆庆元年(1567 年)才宣布解除海禁,但仍采取"寓禁于放"的策略。万历十七年(1589 年)"限船之法"颁定,控制造船的数量及尺度,但控制不甚严格,海南岛就造了一艘长28.5 丈,桅高25 丈的大船,从广州和海南岛运货到东西洋。

1978 年,广州六榕路铁局巷出土明代四爪锚,高3.4 米,反映了明代造船具有较高的水平(该锚存广州博物馆)。

明代后期,出洋商船"舟大者广可三丈五六尺,长十余丈,小者广二丈,长约七八丈"(《东西洋考》)。据粗略估算,大船的载重量约为700 吨,小船载重量约为165 吨。

明代建造海船的工厂,分布于广州、南海、东莞、新会、香山澳(今澳门)、高州,吴川、琼州、潮州、南澳等地,建造的出海帆船,在型制上大同小异,统称为"广船"或"广东船"。"广船"船型经唐、宋、元几个朝代长达1 000 年的发展,到明代形成了自己的特征:尖头,圆形开艉式船尾,舵置于艉开槽内。有中插板,类似披水板,但置于船纵中间桅前位置以减少船只横倾时迎风造成上风偏航的不良影响。舵叶上开有菱形孔,这种舵在不降低舵效应的情况下能减少舵的扭矩,减轻操舵的力量,这一巧妙的设计实为广船的一大创造。广船的帆有平头和扇形帆,扇形帆的后边是由多段直线所组成的折线,帆竹距帆顶越近倾角越大,最上面一根机竹或桁木称为先头竹,其倾角可达75°。广船的船型随地区的不同而略有差异,主要有东莞的乌艚(即乌尾船)、大头船,新会的横江、尖艉船,潮州的白艚,琼州的海南船、藤埠船,高州的高州船及吴川帆船等;还有仿福船式的鸟船和开浪船;沿海的渔船有捞罾、朋瓜、敲骷船、桁艚等；合浦还有采珠船。

明代广东造船的数量、品种之多可谓前所未有，造船地点的分布也非常广，但具体阐述造船地点的资料却并不多。据史载有潮州船、广州船、高州船、海南船等。也就是指比较发达的地区主要集中于广州、潮州、高州和海南。

清初，海禁比明代更严历，但朝廷仍在福建和广东的潮州造战船以消灭郑成功水师，其余沿海地区都处于一片混乱之中。被焚毁的近海造船厂随处可见，造船业受到严重摧残。

康熙二十三年（1684年），清朝宣布解除海禁，但仍限制出海船舶载重500石以下。康熙四十二年，又限制出海船舶只准用双桅，梁头不得超过1.8丈。尽管如此，由于当时政治稳定，经济有所发展，沿海、内河水运繁荣，造船业仍有所发展。造船工厂主要分布于广州、东莞、顺德、高州、海口、清澜、乐会、潮州、潮阳、澄海（含东陇、南洋、卡路）、惠州、汕尾、南澳等地，所造海船种类颇多。按制造地区分有：广东船、潮州船、高州船、海南船。

广东虽有平南王庇荫，但除沈上达的船队还在广州、高州等地生产外，其余只能是小规模生产。康熙二十三年（1684年），海禁解除，私人造船业也开始慢慢复苏，到雍正三年（1725年），广东官府设立五大官营造船厂：广州府厂（厂址在珠江南岸），但是否是后来所称的"河南艇"尚因资料阙如，不可得知；潮州府厂（厂址在潮州庵埠）；琼州府厂（厂址在琼州海口，琼州原属广东省现已改属海南省）；高州府厂（厂址在高州）和"运司"厂（全称是"两广都转盐运使司"造船厂）。此厂因附近木厂资源的原因关闭，到嘉庆二十年（1815年），据《广东通志》载，其修造船任务"完全改归广州府"。

除官营大船厂外，广东省内各州县也都设有小规模的中小型官营的船厂以修造内河官船，这些中小船厂星罗棋布，在广州、东莞、顺德、肇庆、香山（现珠海）、高州、惠州、韶州、罗定、揭阳、嘉应、海阳等地都有。但广州府厂独占鳌头，修造数量和质量在全省都首屈一指。

据资料称，私营船厂发展起来后造的船也并非全是小船，嘉庆十一年（1806年）十一月御史严烺奏称："广东惠、潮两府奸民，违例建造大船。"澄海区先后出土了两艘清代双桅商船，一艘长39米，另一艘长28米。嘉庆六年（1801年），连州（今广东连州市）有"开船厂生理者"一说。《粤海关志》中有新船税例记载的地方有广州、汕尾、潮州、澄海、卡路、南洋、东陇、海口、乐会、清澜等地以及潮阳，这些都是当时民间造船业所在地。

然而，造船业的布局虽广，造船工艺技术却没有进一步提高，中国的造船业由世界先进水平掉进了落后的泥坑。

第三节　明清时期的广东船型

一、明代主要船型

明代是广船最辉煌的时期。明朝初年，由于海盗、倭寇横行东南沿海，政府实行海禁，广东造船业的发展受到了制约和打击。政府所使用的抗倭战船多以当时广东建造的福船为主体。民船以新会的"横江"、东莞的"乌艚"最为出名，这两种船具有广船的一切特点，并以结构坚实而著称，所以多被政府征用作为战船，成为主力舰。海禁解除后，出洋的商船"舟大者广可三丈五六尺，长十余丈"（《东西洋考》）。其载重量达700吨。当时的广船就被定型为：艏尖体长，下窄上宽，圆形开艉式船尾，舵即置于艉开槽内，部分有中插板可直伸出中龙侧。造船所用的材料坚持实耐水，龙骨、肋骨、桅杆、舵杆甚至是船底板皆用进口的铁力木、樟木、乌梦木、荔枝木、柚木等纹细质实的上好木材。

（1）明代王在晋在《海防纂要》记载

"广船视福船尤大，其坚致亦远过之，盖广船乃铁力木所造，福船不过松杉之类而已，二船在海若相冲击，福船即碎，不能当铁力之坚。倭夷造船，亦用松杉之类，不敢与广船相冲，但广船难调，不如调福船为便易，广船若坏，须用铁力木修理，难乎其继。且其制下窄上宽，状若两翼，在里海则稳，在外洋则动摇"。此广船之利弊也。嘉靖年间，广船常用作指挥舰，以壮军威，敌人闻风丧胆。据史料称，日本船当时被称为"倭船""大者容三百人，中者一二百人，小者四五十人，或七八十人。倭船遇到广船'难于仰攻'，苦于犁沉，故广福船皆其所畏。而广船旁陡如垣，尤其所畏者也"（《筹海图编》）。

（2）广船的总体特点

在结构上用料讲究，中龙骨、肋骨、肋板大橄皆用铁力木，故纵向结构强度和横向结构强度均极强。在船型上下窄上宽，航速快。有的设置中插板，在龙骨边设置一块由甲板直穿插船底，既防摇、阻横向移位，又可与帆、舵联合操纵，增加了船舶的操纵性能；艉舵常为有菱形开孔的开孔舵并可升降，操作轻便自如，扇形帆，可操性能好；乌梦木的桅杆、舵杆强度大等（图6-5是明代广东战船）。

（3）大战舰（船）

据《海防纂要》载，"用火器与浪漕间，起伏荡漾，未必能中贼，即使中矣，亦无几何，但可借此褫敌人之心胆耳，所恃者有二：发镜、佛朗机，是惟不中，中则无船不粉，一也。以火毯之类，于船相遇之时，从高掷下，火发而贼舟即焚，二也。大福船亦然。广船用铁力木，造船之费，加倍福船，而其耐久亦过之，盖福船俱松杉木，蛀虫易食，常要烧洗，过八九汛后，难堪风涛矣。广船木坚，蛀虫纵食之亦难坏也"。

（4）尖艉战船

是新会造的战船，据史述，新会之横江大哨（民船）常被朝廷征作战船，故可知尖艉船船体结构也属横江系列，作为战船时，只需安装上层建筑和攻击武器，无须做任何结构加强。

（5）乌艚

东莞乌艚源于浙闽艚，但经改进，其结构材料均按广船制造，其强度及航行性能也与浙闽艚有所不同。乌艚船体涂黑色，船形如槽，两侧绘双眼，原为渔船。船头横杠，上架铁碇，作战船时两侧各悬铁碇以冲撞敌船。艉部装火药，用以火攻。艉端有倒钉，常在冲撞敌舰后留下艉部引燃敌舰后撤退。东莞乌艚船模型如图6-6所示。

（6）清朝屈大均著《广东新语·舟车》载

"广之蒙冲战舰，胜于闽艚，其巨者曰横江大哨，自六橹至十六橹，皆有二桅。桅上有大小'望斗云棚'……左右架佛郎机炮、磁炮、九龙信炮、蒺藜锡炮、霹子炮、神炮数重。及火砖、灰罐、烟球之属""其飘洋者曰白艚、乌艚（白、乌艚是同类船，仅色不同）。合铁力大木为之，形如槽然故曰艚，首尾又状海鳅，白者有两黑眼，乌者有两白眼，海鳅远见，以为同类不吞噬"。

（7）艒

《广东新语·舟车》载，乌、白艚之一种民间船，"其载人与货物者曰艒，制亦如斗舰。上施兵器及炮火、飞石、灰罂。旁布渔众……小者曰横水艒"。

图6－5　明代战船

图6－6　东莞乌艚船模型

（8）据宋应星《天工开物》载

"广东黑楼船、盐船,北自南雄,南达会省,下此惠、潮通漳、泉,则由海汉系海舟矣。黑楼船为官贵所乘,盐船以载货物。舟制两旁可行走,风帆编蒲为之,不挂独竿桅,双柱悬帆,不若中原随转。逆流凭藉纤力,则与各省直同功云"。

（9）大龙艇

快速海船,长九丈七尺,宽一丈一尺六寸,两旁有桨44,橹12。入洋则纯用桨,出洋则纯用橹及风篷,每橹八人、桨一人,更番出力。凡有三百余人,为两班……用粗麻布为帆,船底以铁力木或红卢桂木,更佐以香了之船,左右相夹,往往无敌。

（10）唐船

多指潮州船、广州船、高州船。

（11）中奥船

专指福建、广东的唐船。

（12）飘风子

又名"大小拨桨。大拨桨，每船一艘，桨百余，小者亦五六十。人坐船内拨之，其行若飞。人各有所隐蔽，箭炮莫能中"（《广东新语·舟车》）。

（13）舟了

捕鱼船。"长短与相等，宽亦如之，周以竹篱而头方，上亦有柜稍圆，惟不用桨而纯用橹耳。橹十四或十六，桅则三之。或于船两旁作代风轮二或四，以激水，水力即风力也"（《广东新语·舟车》）。其四橹六橹者曰小舟了，八橹者曰大舟了，以风轮为动力则是机械船了。

在广东的史志上，很少能见到唐、宋、元、明的有关航海、造船方面的发现，物以稀为贵，1978 年，广州市中心区六榕路铁局巷出土明代四爪锚（现存广州市博物馆），意义重大。其高 3.4 米，锚爪和锚柄是分开锻造的，这与宋应星《天工开物·第十卷》所绘的锤锚图整体锻造又有所不同，分件锻造是更先进的工艺。然后用 2 个半圆套扣紧，2 个半圆套结合处，有明显的平缓微凸起的焊缝，焊宽约 10 毫米。这种套扣"焊合"是《天工开物》中所述的"小焊用白铜末"焊接法呢，还是"过火锻合"法呢？ 或未可知。四爪锚的出土，证实了广州作为广东造船业中心的位置应是毫无疑问的。

二、清代主要船型

为了巩固政权，清王朝实行严格的禁海政策。从顺治十二年（1655 年）到康熙十四年（1675 年），先后五次颁布禁海令，沿海船只悉行焚毁，寸板不许下海，禁止私人建造 500 石以上的双桅出海大船。造船尺度也有严格限制，双桅梁头最大限一丈八尺，"如有打造双桅五百石以上桅式船只出海者，不论官兵民人俱发边卫充军"。一方面，禁海令直到康熙二十三年（1684 年）才解禁，广东的造船和船运业跟其他省份一样受到严重破坏。另一方面，清政府为了消灭郑成功的反清力量又大造战船，几乎将广东沿海的木材资源消耗殆尽，使广东在后期完全失去造大船的能力。

康熙二十三年（1684 年），清朝宣布解除海禁，但仍限制出海船舶载重量小于 500 石。康熙四十二年，又限制出海船只准用双桅，梁头不得超过 1.8 丈。尽管如此，由于当时政治稳定，经济有所发展，沿海、内河水运繁荣，造船业仍有所发展。按制造地区来划分船型，可分为广东船、潮州船、高州船、海南船。

康熙二十四年（1685 年），广州设关，贸易才又开始复苏，造船业也跟着兴旺起来，但却深受原材料的限制。尽管如此，广东造船业的规模还是相当可观的，造船的数量、种类就全国而言仍首屈一指。仅嘉庆年间，就建造了一艘很有影响的广东大帆船——"金协成"号，这是一艘远洋商船，其"梁头三丈七尺三寸"，按梁头尺寸推算，该船龙骨长约为 11.2 丈，舱深 1.1 丈，载重 11 478 石（约合 765 吨）。

清代的船舶种类、名称不下百余种，比明代多，但在记载中往往是只留其名而形制不清，所以只能选择一部分，对于形制不清的也只能留个名了。下面分别就海船和内河船，商船和战船两个方面来列举主要代表船型。

(一)海商船

(1)艚船

艚船是大型沿海商货船,既可出洋也可沿海航行。艚船以铁力木为原材料,宋以后都有这个名称。清代的艚也分乌艚和白艚(见图6-7和图6-8),乌艚的尺度大于白艚。二者的用料都较考究,是"广船"的典型实船之一。在粤东还有"广艚""疍艚""盐艚"等名称,应均属艚船类。其载重吨位为100~400吨,据沈能毅《中国帆船法式》述:"其较巨者载重四百八十吨,其修一百六十五尺,广三十六次尺,中桅高一百二十尺,仓深十七尺半,铁锚铁索重六、七千斤。"

图6-7　清代乌艚船模型

图6-8　清代白艚船模型

(2)拖风船

是沿海轻便商船(见图6-9)。其特点:船身宽阔,艏尖艉胖,单桅,前设三角船帆,艉用升降舵,吃水浅,航速快,回转灵活。典型尺度为船长4.6丈,宽1.3丈,深0.5丈,载重40~50吨,多为海南岛建造。拖风船由于设计制作上有独到的优越性,也常被官府仿造或征用,作为水师巡船。沿海渔船,除拖风、乌艚外,还有牵罾、拖网、双拖等船式。

(3)米艇

亦是沿海轻便商船的一种,见图6-10。广东水师曾奏:"营船追捕,不如民船米艇"。故"照米艇之式添造九十三只,分拨各营使用"。米艇有大、中、小之分,用作水师船者缯船为大号米艇,长9丈,宽2丈,深0.94丈,载重约125吨。米艇:是一种沿海轻便货船,分大、中、小艇,分别载重2 500石、2 000石、1 500石。最著名的东莞米艇,长9丈、宽2丈、深0.94丈,载重量约合125吨。

图6-9　明清广东拖风船

图6-10　清代广东东莞米艇

（4）快蟹船

又称"扒龙"（如图6-11和图6-12）。是道光年间珠江下游地区制造的一种走私船，这种船船长狭长，长5丈6尺，宽9尺6寸，帆张三桅，"炮械毕具"却又设铁网以御炮火。舱可容百人，左右快桨五十六，来往如飞以避水师巡船，呼为插翼。又据《羊城晚报》（作者朱江、黄国声）介绍，快蟹船是海盗船，外形似蜈蚣和螃蟹，船体通常漆成红黑色，元明时期叫"蜈蚣船"，清代称"快蟹"。清政府建造的快蟹船的规格是长18.6米，宽3.1米。因效果好，湖南也仿造了几十艘，还连同士兵从广东调了三十艘在长江使用。

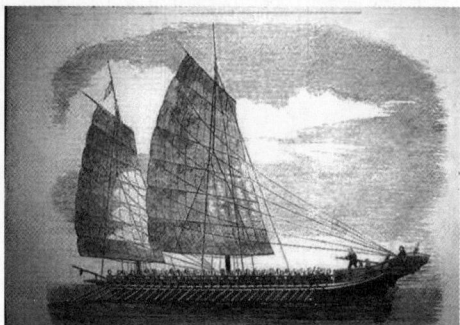

图6-11 清末广东水师快蟹船

图6-12 战斗中的快蟹船

（5）红头船

《广东省志·船舶工业志》记述"清朝前期广东的海上商船统称红头船，这种船船头油红色。鸦片战争后继续存在的'红头船'，艄艉皆翘，艄部饰以黄龙花纹，两侧画有黑白眼睛，故又称'大眼鸡''鸡目船'。大型船一般载重200~250吨，3桅；中小型船载重百吨至二三十吨，3桅或2桅"。乾隆、嘉庆、道光、咸丰期间，粤东地区潮人移居海外创业多乘红头船。现澄海有一巨型石雕红头船。船底部长408米、宽10米，高13米，桅杆高28米（见图6-13和图6-14）。

图6-13 清代汕头红头船

图6-14 广东红头船模型

　　嘉庆年间,有一艘颇有名气的大帆船——"金协成"号,该船"梁头三丈七尺三寸",据此推算该船龙骨长为11.2丈,舱深约1.1丈,载重750吨,是一艘远洋商船。

　　民用商货船还有缯船(参见图6-15)、大头艋、高尾艇、水母船、五块底船、大艨艟、泷船、平底樟木船、怀集船等。

(二)民船

(1)红单船

　　俗称"头艋",产于广东顺德陈村,故也称陈村头艋,是道光年间广州市最优秀的沿海帆船,见图6-16。有

图6-15　明清时期青头缯

大、中、小型,大型船长10丈,宽2.5丈,满载吃水8尺,载重50万司斤(约295吨);中型船长8丈,宽2丈,满载吃水65尺,载重30万司斤(约176吨)。据资料表明,该两船均为三桅帆船,船体为夹层,外壳镶以钢板,船底是V形,船首出水部分呈三角形,最高航速可达9节。咸丰四年(1854年),清廷曾雇募红单船50艘作战船,清军视红单船为水师中最剽捷者。

图6-16　清代陈村头艋

(2)包帆

　　是一种拖网渔船,船型属福船但在广东潮汕地区建造。潮阳包帆船船长44尺,宽12尺,舱深5.4尺,3桅,篷帆面积大,拖力大,帆的位置好,在深水中操作灵活,时速可达6海里,有双层夹板,无龙骨,结构强度靠隔舱板维持,船首两侧有眼一对。

(3)七艕

　　拖网渔船,产于阳江和电白,用于阳江、电白等地。八小艕长66尺,宽13尺,深4.8尺,3桅;小七艕长60尺,宽11.6尺,深4.6尺,2~3桅。七艕是典型的广船,结构坚固,船型狭长,艉部有特高的上层建筑,航行稳性好,行动敏捷,操作灵活,采用擦插板和升降开孔舵,插板、舵、前后帆可联合操纵。前进时受风的影响不大,能在8级风中航行,6级风时航速还可达6节。高州曾是广东的造船基地,显然,包帆继承了当时的造船传统。

（三）官府战船

官府战船主要有捞缯船、大小八桨等。外海战船除缯船、艍船、拖风船外还有哨船、舟彭海船、乌舟皮船。内河战船有橹桨船、急跳船、桨船、快船、快桨船、快哨船、快马船、橹船、舟古艚船、艟艚船等。

（四）内河船

内河主要货船为艨艟、大艨艟。按用途可分为：米谷船、柴碳船、绸船、纸船、盐船等；按船的形状及状况可分为：西瓜艇、燕艎船、梭子船、高头船、追死雀、石马船、泷船等；专作观赏用的船有：番禺大洲龙船、顺德大良龙凤船；游艇有：广州的紫洞艇（又叫画舫）、横楼、潮州的六篷船（又叫花林），梅州的花船；竞赛用的龙舟有番禺的沙亭龙舟、顺德的龙江龙舟、东莞的彭峡龙舟、揭阳的榕城龙舟和海南的琼州龙舟。

当历史进入晚清时期，时间已经进入近代，船坚炮利的洋船已经敲开了中国的大门，洋造船技术、舶来的船舶装件开始应用于广船，广船开始沾上洋味，有了点洋气，但广船还是广船。1846 年，出现了轰动世界的广船"耆英"号，它由香港启程，历时 1 年又 4 个月到达英国伦敦。

"耆英"号（见图 6－17，是到达伦敦时的一幅画），据《广东省志·船舶工业志》载"鸦片战争后，广州建造的特大型红头船，即远洋大帆船'耆英'号，船长 160 英尺①，宽 33 英尺，深 16 英尺，载重 800 吨，3 桅纵帆。桅高 27 米，艏艉桅分别高 23 米和 15 米；主桅重 9 吨，悬吊式艉舵"。由图 6－17 可以看出，"耆英"号使用的是开有菱形孔可升降的悬吊式艉舵。

出类拔萃的"耆英"号是由广州哪家船厂建造？尚不可考证，但该船的结构性能是经过大风大浪的考验的，并好评如潮。"道光二十六年十月十八日（1846 年 12 月 6 日）由香港出发，道光二十七年一月十七日（1847 年 3 月 3 日）绕过好望角，虽遇大风，履险如夷，途经圣赫勒那岛、纽约、波士顿、伦敦、利物浦、抵格累夫孙德，二次跨越大西洋，安全航行 777 天，是中国第一艘抵达欧美的大木帆船，在上述港口停泊时，参观者拥挤异常，英国女王维多利亚也亲莅参观。其制作之巧，被誉为英美制造之帆船所难能"。

约于"耆英"号同一时期，即道光后期或咸丰年间，还有一艘被称为"大帆船时代活标本"的"金华兴"号（见图 6－18）。珠江口是"金华兴"号的发现地，不是"该船出自珠江口""金华兴"号的出生地是广东饶平，是一艘由数艘原装广船拆散重装拼装的"新广船"，新生的时间是 20 世纪 50 年代，而原装广船的制造时间据资料估计应是十九世纪六七十年代。

图 6－17　耆英号画图

图 6－18　金华兴木帆船

---

① 　1 英尺 = 0.304 8 米

　　"金华兴"号,船长28.5米,宽8.2米,排水量约200吨。两端上翘,艏部尖而低,艉部丰满而高;三桅扇帆、开孔舵;水密隔舱;用料讲究,纵横结构坚实,"其船底板所用铁力木,肋骨所用的古香樟木……"(《广式古帆船"金华兴"号现身珠海》)。虽然"金华兴"号已经使用了部分洋部件,但它具有广船的一切特点,活脱脱是一艘广船。有专家认为,"金华兴"号是中国最后的航海帆船的总结。

　　"金华兴"号与"耆英"号同为一族——"红头船",而"金华兴"号是一艘既融合了部分福船之长又吸收了洋船特点的新颖的也是终结的广船。

大　事　记

公元前 5000 年至 770 年

新石器时代至西周期间,滨水之越族先民,以渔猎为生,先学会编竹、木为筏,作为浮水工具,后采用火烧及石器、青铜工具挖制独木舟,作为原始的交通运输工具。

公元前 770 年至前 221 年

春秋战国,岭南越民受楚、吴、越等国文化的影响,青铜冶铸和造船技术相应发展,在独木舟的基础上制成简单的木板船和三板船。古籍记述:"越人善于造舟""越人善用舟"。

秦　始皇帝二十八年(公元前 219 年)

令史禄开凿灵渠,三十三年(公元前 214 年),灵渠成,沟通长江与珠江两大水系。秦统一岭南后,传入中原地区先进文化及先进的修造船技术。

汉　高后元年至八年(公元前 187 年至前 180 年)

南越王赵佗攻灭安阳王时,修造楼船。因岭南缺乏铁器,造船拼版用木钉、竹钉。

汉　武帝建元四年至元狩元年(公元前 137 年至前 122 年)

南越文王期间,内河船有横隔舱(见 1983 年广州出土南越文王墓内提筒上船纹)。

汉　元鼎四年至六年(公元前 113 年至前 111 年)

南越王赵建德在位期间,派 3 000 人到绥安连山伐巨木,造大舟,"其大千石"。

汉　建安二十二年(公元 217 年)

吴国交州刺史步骘将州治由广信迁至番禺,并在番禺发展造船。

吴　黄武五年(226 年)

交州刺史吕岱遣中郎康泰、宣化从事朱应,从广州出使扶南(今柬埔寨)、林邑(今越南中部)及西南大洋洲诸国(今南洋群岛)。朱应《扶南异物志》记述南海海船"大者长二十余丈,高出水二三丈,望之如阁道,载六七百人,物出万斛,随舟大小或作四帆"。

唐　兴元元年至贞元三年(784—787 年)

岭南节度使杜佑在广州督造 6 种战船:楼船、蒙冲、斗舰、走舸、快艇、海鹘。海鹘船是新式战船,其舷左右置浮板(拨水板),以提高船舶的航向稳定性。

宋　宣和元年(1119 年)

朱彧在《萍洲可谈》中记录南海海船已采用指南针航海。

宋 绍兴年间(1131—1161 年)

广东水军战船——"海船",面阔底尖,"面宽三丈,底宽三尺",载重二千石。广州建造的纲运船,"大者五千石,小者三千石"。

宋 乾道七年(1171 年)

潮州州守倡议联舟 86 只,架设韩江浮桥——济川桥(俗称湘子桥,明宣德十年改称广济桥),这是广东最早的舟桥。

元 至元二十一年(1284 年)

广东宣慰使塔剌海哈在广东督造战舰 500 艘。

意大利人马可·波罗在《马可·波罗行纪》中记述:"海船之往来波斯湾、中国海间者,华船最大,多为广州、泉州所造"。

元 至正六年(1346 年)

阿拉伯人伊本·拔图塔来华,后著《异域奇游胜览》云:从广州出海的船舶共分三等,"大者曰艟克(Junk),中者曰艚(Zao),第三等曰舸舸木(Kakam)。大船有三帆至十二帆,一艘大船可载千人,此类商船皆造于刺桐(泉州)及兴克兰(广州)"。

明 嘉靖四十一年至万历十五年(1562—1587 年)

俞大猷、汤克宽、郭成、戚继光在广州任职期间,利用浙、闽艚船图式,吸取广东横江、乌艚的长处,建造新型广船,如大战舰、尖艉船、大头船。

清 康熙三十九年(1700 年)

屈大均著《广东新语》,书中《舟语》介绍明代及清初广东造船情况。

清 雍正二年(1725 年)

广东官府设五大营造船厂:广州府厂(设于珠江南岸)、潮州府厂(设于庵埠)、琼州府厂(设于琼州海口)、高州府厂(设于芷高州,后在龙门设分厂)、"运司"厂。五厂中以广州府厂为最大,具有"约四个月可成二十船"的能力。

清 雍正九年(1731 年)

清廷下令各省船只船头至梁头及大桅一半分别用不同的颜色油漆以资识别,规定广东船用红色,故称红头船。

清 嘉庆年间(1796—1820 年)

广东建造远洋大帆船"金协成""梁头三丈七尺三寸",载重量 11 478 石。

清 道光十九年(1839 年)

十二月二十八日(1840 年 2 月 1 日),两广总督林则徐从美商购买英商船"甘米力治"号,排水量 900 吨,加装火炮 34 门,改装成兵船。

清　道光二十年(1840 年)

三月二十四日(4 月 25 日),林则徐等捐资建造仿欧式双桅战船 2 艘。

四月十五日(5 月 16 日),林则徐检阅水师战船,受检阅船中有 1 艘广州制造的仿古"车轮船"的人力明轮船。

九月二十五日(10 月 18 日),林则徐在奏章中提倡"师夷长技以制夷""造船铸炮"。

清　道光二十一年(1841 年)

广东批验所大使长庆、广州知府易长华、广州绅士潘仕成、许祥光等,捐资仿造人力明轮船及西洋夹板船。其中,潘仕成捐造二桅战船 1 艘,材料坚实,船底全用铜片包裹,至道光二十二年(1842 年),共造 4 艘。

监生丁拱辰在广州写成《演炮图说》,内有制炮及火轮船图说。

清　道光二十二年(1842 年)

春,广东绅士潘世荣在广州试制火轮船 1 艘。

九月二十五日(10 月 28 日),清廷谕军机大臣等,饬江苏、福建、浙江、直隶、山东、江南督抚,以后制造战船,均由广东制造分运各省。著潘仕成一手经理。

九月(10 月),魏源著《海国图志》卷五十,倡言"师夷长技以制夷""请于广东虎门外之沙角、大角二处,置造船厂一,火器局一"。

广东水师提督吴建勋访美国兵船制成三桅战船 1 艘,装炮 49 门,可容 300 人。

福建六品军功顶戴监生丁拱辰在广州铸炮,并仿造铜制蒸汽机及小火轮模型 1 只,"长四尺二寸,阔一尺一寸,放入内河驶之,其行颇疾,惟质小力薄,不能远行。"

清　道光二十三年(1843 年)

闰七月初二(8 月 26 日),候选道潘仕成制成战船、水雷,著赏加布政使衔,以示勉励。

清　道光二十五年(1845 年)

英国人约翰·柯拜在广州黄埔租办泥坞创办柯拜船坞。咸丰元年(1851 年),在黄埔长洲建柯拜石坞,咸丰四年(1854 年)建成,坞长 300 英尺,坞口宽 75 英尺,能进吃水 17 英尺的船只。这是中国第一次出现坞口浮闸,用蒸汽机带动水泵抽水。该坞于咸丰六年十一月(1856 年 12 月)第二次鸦片战争期间毁于战火。咸丰十一年(1861 年),柯拜的儿子约翰·卡杜·柯拜重建柯拜大石坞,成立柯拜船坞公司。大石坞于同治元年(1862 年)竣工,长550 英尺,宽 70 英尺,深 17 英尺,有两道浮闸门,可供两艘 1 000 吨级或供 1 艘 5 000 吨级船舶进坞。

清　道光二十六年(1846 年)

十月十八日(12 月 6 日),广州建造的 800 吨远洋大帆船"耆英"号自香港启航,远航欧美,显示中国精湛的木帆船建造技术。

近代篇

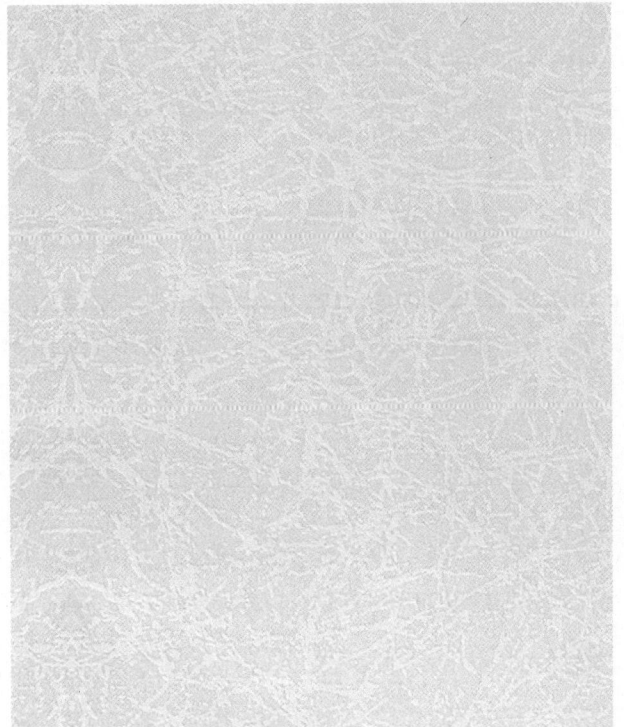

清道光十八年十一月(1838年12月),林则徐奉旨到广东禁烟并节制广东水师。道光二十年初,出任两广总督的他看到西方制炮造船技术比中国先进,主张"师夷长技以制夷",深入翻译外文书刊,寻求"防夷""制夷"之道。为加强防御,一方面,他"雇同安米艇、红单船、拖风船共六十,备战船。又备火舟二十,小舟百余,以备攻剿";另一方面,他购买和伪造外国战船,购置外国新式大炮200多门,增修炮台。鸦片战争爆发以后,由于他的严密设防,英军进犯广东的企图未能得逞。道光二十年九月(1840年10月)林则徐被诬陷罢黜后,仍亲自到黄埔察看外国船舶及河道形势,积极向清廷提出"即以船炮而言,本为防海必需之物,虽一时难以猝办,而长久计,亦不得不先事筹维,……从此制炮必求极利,造船必求极坚。似经费可以酌减,即裨益实非浅鲜矣"。他还向奕山建议,按其搜集的8种战船图式"赶紧制造",争取"四个月内,造船二十艘",但未得到清廷的支持。

鸦片战争前后,在林则徐的倡导和影响下,广东不少爱国官绅志士,自动捐资仿造西方新式战船。其中,在籍刑部郎中潘仕成于道光二十一年至二十二年(1841—1842年)捐资伪造西洋二桅战船4艘,船长13.36丈,宽2.94丈,深2.15丈,舱分3层,共安装1 000~4 000斤火炮40门,子母炮数十杆,可容300余人,船体"极其坚实"。道光皇帝曾谕沿海7省在广东造船,由潘仕成一手经理,仅广东,就计划制造六七十艘。道光二十二年(1842年)春,绅士潘世荣试制的小火轮船也极为引人瞩目。同年,福建监生丁拱辰在广州制造火轮船模1艘。鸦片战争以后,清廷一再强调火轮船"毋庸雇觅夷匠制造,亦毋庸购买",以致在酝酿中的广东近代造船工业陷于停顿。

道光二十五年(1845年),英国人约翰.柯拜(John Couper)在黄埔设立柯拜船坞,自此至光绪十二年(1886年),英、美商人在广东先后开办船厂或船坞公司共13家。

第二次鸦片战争后,清朝统治集团终于承认西方的"船坚炮利",从同治初年(1862年)至光绪二十四年(1898年),恭亲王奕䜣和以曾国藩、李鸿章、左宗棠、张之洞、刘坤一等为代表的地方官员积极推行"新政",亦称"洋务运动",提倡"师夷智以造船制炮",以办海军建海防建设军事工业为中心,引进西方工业。广东督抚于同治五年至七年(1866—1868年)从英、法两国购买巡缉轮船7艘。同治十二年至光绪十一年(1873—1885年),先后在广州开办广东军装机器局、广东军火局、黄埔水雷局、黄埔鱼雷局和黄埔船局,从事修造轮船和舰艇。

在外资控制下,民间造船业得不到发展,直至光绪八年(1882年)外资船坞公司转移至香港后,广州才出现民间船舶修理厂,有制造内河蒸汽小轮船,30年间建造小轮船约200艘。

宣统三年(1911年)辛亥革命后,广州、潮州和汕头等沿海城市先后建立一些船舶企业,以广州的广南船坞规模最大。军用舰船工业有黄埔和广南两厂。民国三十四年(1945年)抗日战争胜利后,海军有黄埔造船所和榆林修理所。民国三十四年至民国三十八年,民间修造船厂有67家,船用机器、锅炉厂32家。

民国三十八年(1949年),由于政局动摇,货币贬值,为数众多的小船厂及船用机器厂接连倒闭,船舶工业陷入困境。

第七章　晚清时期的广东船

正当清王朝还沉睡在"海禁"女神身边,做着让国人服服帖帖的美梦的时候,历史已经进入了工业革命时代。1840 年前后,帆船虽然还大行其道,但洋人的"飞箭式"帆船绝非中国的单桅式双帆船可以与之对抗的,这种对抗亦犹如当年坚致的广船与松杉制作的倭船一样。人家船坚炮利,我"大清王朝"却还停留在以小抗大,玩着鸡蛋碰石头的"游戏"。"广船"的衰弱,必然会有另一种新船崛起,这种船就是吸收洋船"船坚炮利"的先进之处所建造出来的战船和民船。

鸦片战争结束后,外国资本家乘虚而入,先后在广州黄埔及汕头开办修造船业。同治初年,外资修造船业由广州向香港、九龙转移。洋务运动期间,广东官办军火工业也兼修造大小轮船,张之洞督察创设的船局专事修造兵轮。民间修造船业从手工业作坊向近代工业过渡,延续时间较长、规模也不大。

第一节　两次鸦片战争期间广东造船

据赵尔巽《清史稿·皇朝文献通统考》:雍正二年(1724 年)定下的四类战船,即水艍船、赶缯船、双篷船、快哨船(原都为民船船型,加火力装备后做官府的战船——笔者注,见图 7-1),到道光年间,整整 100 年过去了,"主要战船船型基本如旧",另外,增加了福建同安船。这些船"多为单桅式双桅木质帆船"。难怪 1840 年 5 月 16 日两广总督林则徐检阅新军时见到的"大多数船只只宜作沿海航行的沙船,作战能力很低"的中小型木质帆船。据有关资料,稍前的 1840 年 3 月,林则徐仿造过几艘小三桅帆船,还曾在珠江面出现过 3 艘这样的船舶("The Chinese Repoitery")。但不久后林则徐被罢官,次年被派赴浙江筹划海防,在魏源《海国图志》卷八十四中提到:"林公到镇海,论及战船,检箧中(取出广东——笔者注)绘存图式以授(龚振麟、汪仲洋等人——笔者注),行凡八种,而安南船所其半。一种广东师营快蟹船……一种知河碧船……与英夷船同……一种花旗船,三桅与英夷同;一种安南国大师船图……竖式现英夷同……一种车轮船图,前后各舱,装车轮二辆,每轮六齿,齿与船相平,车心六角,车轮长三尺,船内两人齐肩,把条用力攀转则轮齿击水,其走如飞,或用脚踏转如车水一般"。林则徐也积极提倡"师夷长技以制夷"。

即使这些船无法与西方的船对抗,但由于林则徐、魏源等人的思想影响,广东的一些巨商、在职官员还是纷纷解囊、出资,捐助造船。不过,我们的建造还是没能脱离帆船木船,只是在桅杆、器具等方面引进了些西方的技术(夹板船等)、产品(铁滑车、钢丝绳等),远不能赶上洋船的先进性,即使是那艘闻名遐迩的建造于 19 世纪 40 年代的"耆英"号,能过好望角、经纽约、到达伦敦的大广船,也还是这个水平。

当时,林则徐在两广总督上任时,也拟造轮船。在《密陈办理禁烟不能歇手片》中提出:"若此前以关税十分之一制炮造船,则制夷已可裕如"。然而道光帝一支朱笔批曰"一派胡言"。待到"道光二十二年七月十五日(1842 年 8 月 20 日),鸦片战争行将结束,道光皇帝才谕令奕山等制造战船,'广东为沿海首要之区,必应先行整顿……惟此项战船无论大小,总

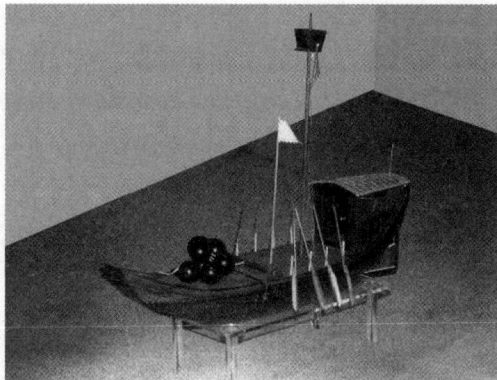

图 7 - 1　清代快哨船

以坚固适用为主,并能中间安装炮位……著该将军极力讲求,雇觅工匠,迅将各项大小战船赶紧制造'。同年 10 月 28 日,清廷认为'潘仁成捐造之船,极其坚实……轰击甚为得力',于是谕令广东、福建、浙江、江苏、江南、直隶、山东沿海 7 省以后制造船只,即著该员(潘仁成)一手经理,断不许令官吏涉手……"。战船民造,是屡见不鲜的,但可惜的是此诏令未能如实执行,因各地阻挠,原定建造六七十艘的计划,未几就不了了之。"但广东的水师船还是有所改进。同治十二年(1873 年),山东巡抚丁宝桢派员到粤购造师船,'所有该铜底兵船十四号及随船舢板二十八只,均属制造合式,尺寸亦比原奏章程各加宽长。其中木料之精坚,器械之齐整,实为近时师船所罕见。'"

那时的民营船厂还在建造木帆船,行驶东南亚、日本等地,远洋运输已是洋船的"世界"了。民营船厂也修理一些洋船、洋机。致使广州也有能力自造汽轮,最早能在广州见到的是 1884 年建成的汽轮"江波"号。据说,1882 年,陈澹浦开始造船的尝试,在天字码头附近增建装配工厂(东栈),在河南(珠江南岸)洗涌兴建专造锅炉的南栈。经过不断的努力,于1884 年左右建造成功,这也是中国历史上自己建造的第一艘汽轮。

第二节　官办军事船舶工业

鸦片战争前后,广东 4 个水师船厂——广州河南、潮州庵埠、琼州海口、高州芷蓼,另有设在广州的运司厂,仍属手工业工厂,只能修造赶缯船、艍船、米艇、红单船、拖风船、巡船、哨船、扒龙、快蟹等木帆船。

道光十九年十二月二十八日(1840 年 2 月 1 日),林则徐从美商旗昌洋行购买 1 艘 900吨重的英国商船"甘米力治号"改装成兵船(见图 7 - 2),装炮 34 门。同年 4 月,又捐资在广州建造 25 吨重的仿欧式战船——双桅纵式帆船两艘,"底用铜包、篷如洋式"。同时,他还搜集大量外国舰船资料,绘制图式 8 种,建议"赶紧制造"。

在林则徐的"师夷长技以制夷"的思想影响下,广州许多有识之士自动捐资制造西洋战船。从道光二十二年九月二十五日(1842 年 10 月 28 日)靖逆将军奕山、两广总督祁𡎴所奏(现筹制造战船情形将式样绘图贴说进呈折)中,可以看到道光二十一年(1841 年)仿制的战船有以下几种:

图 7 - 2 　"甘米力治号"模型

（1）道光二十一年（1841 年），在籍户部员外郎许祥光等捐造三桅战船 2 艘"船身长九丈九尺及十丈不等，均宽一丈六尺，高深一丈三尺"。船分两层，上层安炮 15 尊，炮位设护板，护板密排子母炮 36 位，下层设桨 64 枝，桨眼间设子母炮及小钢炮，配水勇 174 名，每船工料用银 5 000 两。

（2）道光二十一年（1841 年），批验所大使长庆承造水轮战船 1 艘，"仿照昔人两头船之法，两头造柁，中设两轮以激水，左右设桨三十六枝，船身长六丈七尺，舱面至舱底四尺三寸，中连阳桥宽二丈"，共安炮 12 尊，可容百余人，用工料银 7 000 余两。

（3）广州知府易长华捐造师船 1 艘，"船长一十三丈，宽二丈六尺，深一丈零五寸"，也是三桅平板船，安炮 25 尊，可容 200 人，工料银 8 000 余两。

（4）道光二十一年至二十二年（1841—1842 年），番禺在籍刑部郎中潘仕成，捐资仿造西洋二桅战船 4 艘，"船长十三丈三尺六寸，面宽二丈九尺四寸"，安炮 40 尊。此船可容 300 人，每船造价用银达 19 000 余两。

（5）道光二十二年（1842 年），广东水师提督吴建勋仿造美国三桅兵船 1 艘，"长十三丈，面宽二丈九尺，深丈八尺"，共安炮 49 尊，此船可容 300 余人。

以上战船的性能和火力配备，比原有水师战船有较大改进。但前两种设计不够理想，"仅可备内河捕之用"，不能驾驶出海，易长华所造的，"虽可驾驶出洋，但木材板片未能一律坚致，亦难御敌"，只有潘仕成和吴建勋仿造的战船比较实用。

道光二十二年（1842 年）春，广东绅士潘世荣"雇觅洋匠制造小（火轮）船一只，放入内河，不甚灵便"。同年，福建监生丁拱辰在广州仿制小火轮船模型 1 只，该船模"长四尺二寸，阔一尺一寸。放入内河驶之，其行颇疾，惟质小气薄，不能远行"。

上述仿造西洋战船及试制火轮船的热潮，得不到清廷的有力支持。道光二十二年七月十五日（1842 年 8 月 20 日），鸦片战争行将结束，道光皇帝才谕令奕山等制造战船，"广东为沿海首要之区，必应先行整顿……惟此项战船无论大小，总以坚固适用为主，并能中间安设炮位……著该将军极力讲求，雇觅工匠，迅将各项大小战船赶紧制造"。同年 10 月 28 日，清廷认为"潘仕成捐造之船，极其坚实……轰击甚为得力"，于是谕令广东、福建、浙江、江苏、江南、直隶、山东沿海 7 省"以后制造船只,即著该员(潘仕成)一手经理,断不许令官吏涉手,仍致草率偷减,所需工价,准其官为给发,并不限以时日,俾得从容监制,务尽所长"。两广总督祁贡接此谕旨即与两湖、四川咨商购备木料,计划制造大船 30 艘,小号战船三四十艘。道光二十三年初,祁贡将制造战船事宜上奏,清廷又改变原意,"著俟造成一二只后,同试练施放大炮能否便捷,再行奏明兴办"。由于各地大宪的阻挠,这次造船不久就中止了。但广东的师船厂新造的师船还是有所改进。同治十二年(1873 年),山东巡抚丁宝桢派员到粤购造师船,"所有该铜底兵船十四号及随船舢板二十八只,均属制造合式,尺寸亦比原奏章程各加宽长。其中木料之精坚,器械之齐整,实为近时师船所罕见"。

广东的军事船舶工业是在洋务运动期间逐步建立起来的。同治五年至七年(1866—1868 年),两广总督瑞麟、广东巡抚蒋益澧,从英、法两国购买大小巡缉轮船 7 艘,因轮船需要修理和建造补充,遂于同治十二年在广州创设广东军装机器局。此后,广东又陆续开办军火局、水雷局、鱼雷局和黄埔船局,由兼修造轮船发展到专事修造兵轮。

一、广东军装机器局

同治八年(1869 年),两广总督兼署广州将军瑞麟、广东巡抚李福泰等筹集资金,在广州文明门外聚贤坊,用旧常平仓地,并购买濒临南河边的民铺 10 余间,作为拟建的广东军装机器局的地址。同治十二年初,委任在籍绅士江苏试用道员温子绍任总办,开工兴建厂房。1869 年 4 月,从香港购进车床、刨床和机具等,共用银 14 985 两。

机器局仿效西方制造枪炮火药,轮船如有损坏亦即由该局修葺,并制造用于内河巡缉的小轮船。光绪二年(1876 年)秋,两广总督刘坤一用洋银 8 万元,购买英商设在黄埔的柯拜、录顺、于仁船坞及附属的工厂、楼房和机器设备。其中,柯拜、录顺两坞作为机器局修造船艇用。从同治十三年到光绪八年(1874—1882 年),机器局共建造"海长青""执中""镇东""缉西""海东雄""靖安""横海""宣威""扬武""翔云""南图"等内河小轮和炮艇 27 艘,其中 300 吨至 500 吨级炮艇 4 艘,其余均为 100 吨至 200 吨内河巡轮船,晚清广东水师"宝壁"炮舰见图 7-3。

图 7-3　晚清广东水师"宝壁"炮舰

　　机器局建造的船艇中,最突出的是温子绍仿造的蚊子船(一种浅水炮艇)"海东雄"号(见图7-4和图7-5)。光绪初年,洋务派的大臣认为外洋的蚊子船"轻快灵巧,迥异寻常……用以防守海口,操纵自如,且足以洞穿敌人铁甲兵船,诚为海防第一利器"。可是向外国购买每艘需用银十五六万两,广东拟购置4艘,则需用银60余万两。但"粤省度支拮据,实无此财力",所以刘坤一决定自行仿造,于是利用直隶购买的蚊子船经过香港时,抽调两艘到省河,利用组织文武官员上船参观时,由温子绍等带工匠暗中量好尺寸。温子绍据所获得的数据进行设计,考虑到当时广东的技术条件和海域的情况,决定将铁壳船体改为木壳,将5万余斤的前膛炮改用3万余斤的后膛炮。仿造方案确定后,广东省却拿不出造船经费,"温子绍体念时艰,请先行捐造一号"。仿造的蚊子船于光绪七年闰七月(1881年9月)竣工时,刚好向英国阿摩士庄厂新购的蚊子船"海镜清"号抵粤,两广总督张树声令两船并驶放洋试炮,经比较,"虽外洋所制机器较多,通体纯钢与木壳有异,而温子绍仿造之船,价值悬殊,规模形式驶行迟速亦能不甚相悬,洵足以资备御"。该船工料用银约为外购费用的四分之一。

图7-4　温子绍

图7-5　温子绍仿制的"蚊子船"

　　光绪十年(1884年)底,机器局迁至增步与军火局合并,改名广东制造局,不再兼修造轮船。

二、广东军火局

　　光绪元年六月(1875年7月),署两广总督、广东巡抚张兆栋为扩大军火生产,在省城西门外增埗兴工建造广东军火厂一所,由批验所潘露奉文办理,征地建房,购买机器共支银7.4万两。光绪四年五月(1878年6月)竣工,后扩大为军火局,附设有船厂,兼修造100吨至200吨小轮船。光绪八年元月(1882年2月),建造"肇安"号内河炮艇完工。该艇为木壳,用进口的蒸汽机,排水量150吨,造价用银7 864.15两。光绪十年(1884年)冬,两广总督张之洞整顿广东军事工业时,决定将南门的机器局迁增步与军火局合并,统名广东制造局,并加以扩建,专造枪炮火药,不再兼修造轮船。

三、黄埔船局

　　光绪十一年(1885年)初,张之洞"因粤省现无水师兵轮,六门海口内外扼守无具",决定于"闱姓捐款"(从赌博抽取之捐饷)内提取洋银20万元,交警广东水师提督方耀为督办,枲司沈镕经、候补道施在钰为会办,在黄埔设船局,试造浅水兵轮(浅水炮艇)4艘。二月开工,同年冬天下水,光绪十二年五月(1886年6月)完工。每艘排水量约200吨,命名为"广元""广亨""广利""广贞"。这批浅水兵轮采用香港华洋船厂的图式,材料多购自香港,机器由船局自行制造,施工方法由集思考索而定。

光绪十二年七月至十一月(1886年8月至12月),张之洞先后调分省候补道王葆辰为船局总办,东按察司于荫霖为督办,分部员外郎熊方柏为帮办,计划建造浅水兵轮10艘,按"广甲"(见图7-6)……"广癸"命名,后考虑船小不能在大洋上行驶,于海防无益,而广东黄埔船局的造船能力有限,经费来源也十分困难,于是与福建船政大臣裴荫林函商,以付船价一半的办法,由船政协造千吨以上快船和浅水兵轮各4艘;广东黄埔船局承造"广戊""广己"两艘,两舰于光绪十二年十一月(1886年12月)开工,光绪十三年十一月(1887年12月)、光绪十四年四月(1888年5月)先后完工,排水量约400吨。

图7-6 广东水师广甲号巡洋舰

光绪十三年(1887年),从德国进口一批设备材料,组装水雷艇9艘。

光绪十五年(1889年),张之洞饬令船局建造"广金""广玉"两艘钢甲炮舰,这是广东首次建造的钢壳铆钉舰船,也是广东近代建造的最大军舰,由船局禀报派军功黄福华负责设计承造。为使两舰设计更加完善,张之洞电调福建船政留学归来的制造委员郑成及曾在法国监造北洋水师"经远""来远"两舰的曾宗瀛到黄埔船局审定图纸和检验工程质量。"广金"号于光绪十五年六月(1889年7月)开工,光绪十六年七月(1890年8月)完工。"广玉"号工程同时接手续造,于光绪十七年(1891年)完工,排水量各650吨。

从光绪十一年到十七年(1885—1891年),黄埔船局共建造畅航近海大洋的军舰8艘,从未雇用外国技师,机器皆由船局自行制造,建造质量良好"视洋造者尚堪仿佛"。

光绪十五年(1889年),李瀚章接任两广总督,光绪十七年(1891年)至光绪十九年,对柯拜、录顺两座石坞进行大修,以供"广甲""广乙""广丙"等大型军舰修理使用。光绪十九年十一月十一日(1893年12月18日)。李瀚章上奏:"船局无兴造之事,应行裁撤,所有船坞器具等项,就近归雷局派员照料"。船局裁撤以后,修船业务由水、鱼雷局代管。

光绪二十七年(1901年),清政府恢复黄埔船局,继续从事舰船修理业务,由黄埔总办林贺峒、邓正彪、魏瀚先后兼任船局总办。

宣统二年(1910年)前后,黄埔船局的官员匠役共76名,年经费用银21 215两,年修舰船48艘,用银130 247两。

宣统三年(1911年)辛亥革命期间,魏瀚因故离粤,船坞及机器设备由刘义宽等留守人员设法保全移交。

四、黄埔水雷局

光绪九年(1883年)秋,两广总督张树声根据珠江各要口守备需要,派员"赴外洋订购守口沉浮各种水雷、电线等项,暨延订洋教习,在黄埔地方设局,考取学生,选募水勇,派委员弁、管带入局,从洋师学习"。水雷局与后来设立的鱼雷局时合时分,光绪十九年至二十七年(1893—1901年),曾照料黄埔船坞和修船业务。

五、黄埔鱼雷局

光绪八年(1882年),两广总督向德国订购"雷龙""雷虎""雷中"3艘双管鱼雷艇。光绪十年,张之洞向德国购买"雷乾""雷坤"等以八卦命名的单管鱼雷艇8艘。与此同时,由前署两广总督曾国荃派赴北洋鱼雷厂学习的员牟、学生结业后也回到广东,于是在黄埔设鱼雷局,鱼雷局建有仓库,储藏水雷、鱼雷,并有一所机器厂,内设压气机,备鱼雷充气以及校定之用;有车床、钻床等各种机器,备修理鱼雷机件之需:还有起重架及支船台,鱼雷舰艇航行归来,即吊上支船台停放,以减少船体锈蚀。光绪二十七年起,由黄埔总办兼任鱼雷局总办。

第三节 民营船厂及船用机器厂

鸦片战争后,广州及沿海的潮州、惠州、高州、雷州、琼州等地仍建造出北洋木帆船,行驶于东南亚各国及日本等地区。主要的船型有:明代及清乾隆、嘉庆年间始建,近代续造的乌艚、白艚、捞缯、米艇、红单船、拖风、广艇、快蟹、八桨等;道光年间始建的远洋大帆船、大盐舡、海波船、罗咋船、草乌船等。这些2~3桅的海船,大者载重千余吨,小者载重10多吨。光绪年间,沿海木帆渔船有:潮阳包帆、汕头至汕尾的横拖、粤中七艕、北海大拖、东海钓艚(参见图7-7)以及海南清澜、三亚、榆林的拖风和子母红鱼钓船等。光绪七年(1881年),随着内河航运的发展,出现了人力车渡船,汕头渔船如图7-8所示。

图7-7 20世纪初东海钓艚木帆船

图7-8 汕头渔船

　　道光十六年(1836年)初,英国的木质蒸汽机明轮船驶抵黄埔,从此,轮船修理的数量逐渐增加,同时也有了"修理明轮蒸汽船,(包括)船上铁架、锅炉及引擎的经验"。道光二十五年(1845年)起,外资在黄埔兴办船厂以后,黄埔原有的木帆船修造业就逐渐衰落。

　　咸丰年间,广东已有航商租用或购买外国轮船,悬挂外国旗帜,行驶于广东内河及沿海,也有个别粤商暗地雇请在外资船坞工作的华工,伪造轮船。咸丰五年(1855年),宁波商人以白银7万两向粤商购得"宝顺"号轮船一艘,"该船系粤商仿西洋式制造,唯火轮(指蒸汽机——编者注)不能仿制,由粤人买自西洋"。

　　同治十二年(1873年)外资船厂自黄埔迁至香港以后,广州民办的船舶工业开始缓慢地发展起来。19世纪70年代初,广州珠江东部北岸(今大沙头、二沙头一带)出现朱林记、林顺和、林兴昌等船厂,对岸的河南尾有万利、利贞、全利、兴利等船厂,这些船厂以建造木帆船、驳船、渡船以及酒舫、花艇等非机动木船业为主。

　　咸丰年间,民间以轮船拖带木船可以避免风涛和盗贼之虞为理由,获得合法存在。咸丰五年(1855年),浙江巡抚何桂清在奏折中提到:"粤东商人,尝购买商火轮,以资护送,东南洋面,在皆有"。光绪初年,珠江河面经常出现民用"火船仔"(蒸汽机小轮船),随着这种可以拖带货船、客渡的轮船的需求量逐步增加,轮船修造业也逐渐发展,规模较大的有久负盛名的陈联泰机器厂和均和安机器厂。这些机器厂从制造缫丝机修理蒸汽机和锅炉,发展为增设船坞兼修造小火轮船的工厂。光绪十年(1884年),汕头也创设顺利船厂。光绪二十四年(1898年)起,广州又出现了几家专业的轮船制造厂。这段时间,有的航商取珠江画舫的特点,在广州建造一种珠江特有的用轮船拖带的定期班船"花艇渡"(见图7-9)。

图7-9　清末民初,行使于广州珠江上的花艇渡

一、陈联泰机器厂

　　该厂原为南海区西樵良登乡人陈澹浦于道光十九年(1839年)在广州十三行豆栏街开办的修理机器件件的小铺陈联泰号,后来自制木质脚踏车床,成为半机械操作的手工业工厂。19世纪五六十年代,省港间外轮往来频繁,轮机时有故障发生,常到陈联泰工厂修理,业务不断扩大。光绪二年(1876年),陈澹浦之子陈濂川将工厂迁至十八甫,又从香港购回机器车床数台。光绪八年改名为陈联泰机器厂(下简称陈联泰厂)。为掌握蒸汽机制造技术,陈濂川派其次子陈子卿前往福建船政学堂学习轮机制造,四年业成后回厂负责技术工作,并开始仿制蒸汽机及小火轮,该厂在南关设置一个工厂叫东栈,工人近百人,在河南尾设一南栈,有泥坞两座,工人数十。

　　光绪二十五年(1899年)被粤海关收购,用作巡航缉私,其余各轮为航商订购或租用。宣统元年(1909年),"江利""江水"两轮被官府征用,改装成兵轮,改名"善丰""善富"。光绪二十九年,陈联泰厂承筑广州长堤工程,因缺乏水工建筑经营管理的经验,工程进展缓慢,光绪三十三年,两广总督周馥饬令停工查办,该厂所有厂房、机器设备、火轮船等皆被查封,后上诉北京,被判为错案,但价值 10 余万两白银的产业仅判还 4 万两了事。陈濂川的第三子陈泳江分得 1 万元。在顺德开办德祥机器厂,以制造缫丝机和轮船为业,规模不大。

二、均和安机器厂

该厂为陈澹浦次子陈桃川创办,陈桃川早年从师于广东机器局总办温子绍,学习轮机制造技术,是温氏的得力"首徒",深受器重。光绪十二年(1886 年),陈桃川与其兄陈濂川分家,并向温子绍借得一笔贤金,在广州十三行附近创办均和安机器厂,以生产缫丝机修理蒸汽机为业,光绪十四年(1888 年),在河南洲头嘴兴建厂房,增添部分设备,工人学徒百余人,邀请陈联泰厂工程技术总管陈子卿主持生产工作。光绪二十三年,陈子卿参照航行于西江的英国尾明轮船"西南"号设计建造一艘平底尾明轮船,该轮可航行浅水河流,颇受航商欢迎。此后,续造"均利""均兴""樵西"等号单行轮船,航行于陈村、佛山等地。光绪二十七年,制造 8 匹马力煤油机。

三、其他造船厂

光绪二十四年(1898 年)起,广东商用的内港小轮蓬勃兴起,继陈联泰、均和安两厂之后,又有几家轮船制造厂,如梁悦利、成兴、泗和、永德祥、永泰林,永泰安,永泰兴等。这些船厂大都由旧式兼营轮船修理业务的铁工场发展而来,大多集中于广州沿省河一带。粤海关光绪二十五年《通商各关华洋贸易总册》记载:"本省忽兴船厂七家,建造小火轮",指的就是这些船厂,广州一带除原有轮船拖渡外,新投入的航商小轮约达百艘,光绪二十六年,航商新增轮船七八十艘,亦多是"省城制造之船"。

此外,广州还有光绪二十四年(1898 年)创设的利昌机器厂。光绪六年设立的恒昌泰及以后开业的艺新、义和祥、义兴祥、泗兴、广源等锅炉厂。

广州木帆船制造业,"造船以河南(洲)为聚地工厂约八十间,另菢缆桨橹厂约四十间,葵篷亥盖厂约二十间"(《番禺河南小志》)。

第四节　洋人船舶修造厂

道光二十三年七月一日(1843 年 7 月 27 日),广州的中英贸易恢复,大量的鸦片和商品倾销使来华商船数量激增。道光二十五年(1845 年),在黄埔停泊的外国商船已达 302 艘,黄埔的船坞业务也随之繁忙起来。这一年,大英轮船公司第一艘来华铁壳轮船"玛丽·伍德夫人"号到黄埔修理,负责监修的苏格兰人约翰·柯拜看到修船有利可图,便在黄埔租赁泥船坞,雇佣当地工人,开办柯拜船坞,开创外国资本在中国办工厂的先例。其他英、美商人接踵而来,先后在广州黄埔开办 9 家船厂和船坞公司。同治二年至同治九年(1863 年至1870 年)是黄埔修造船业最繁盛的时期。同治九年,在黄埔的船坞公司先后为香港黄埔船坞公司所吞并。

咸丰八年五月(1858 年 6 月),清政府与美、英、法三国分别签订《天津条约》。汕头开埠通商后,有 4 家洋行在汕头设厂修理船只。

19 世纪 70 年代,外商远洋轮船大多长达 300 英尺以上,吃水超过 25 英尺,而当时黄埔的船坞仅有两座超过 300 英尺,坞内水深则都不足 25 英尺,显然不能适应船舶修理的需要。这时,香港九龙的船舶修造业已经兴起,黄埔的外资船舶业务遂向香港转移,黄埔的坞厂也于光绪二年(1876 年)为广东官府收买,汕头的修船厂则延续一段时间。

外资开办的船舶修造厂(坞)有 13 家以上,主要有 5 家。

一、柯拜船坞

道光二十五年(1845 年),英国苏格兰人约翰·柯拜租用黄埔原有的泥船坞修船,开办柯拜船坞见图 7－10 和图 7－11。不久后,柯拜积累起巨额资本,为了扩大经营,咸丰元年(1851 年)在黄埔长洲平岗建造一座花岗石船坞,咸丰四年竣工。坞长 300 英尺,宽 80 英尺,坞闸门宽 75 英尺,可进吃水 17 英尺的船只,造价约洋银 7 万元。船坞后面的小斜坡放一条滑道,在滑道建造的新船下水须放绳将船滑下坞内。坞闸为硬木箱型,配有蒸汽机带动的水泵。大石坞建成后,主要承修大英轮船公司、英国皇家海军、海运公司和外国船舶,也自行建造船只。咸丰六年建造的第一艘轮船"百合花"号,总长 179 英尺,龙骨长 162 英尺,中宽 22 英尺,排水量约 1 000 吨。此后,又建造"幻想号"等小蒸汽轮船 3 艘。咸丰六年九月(1856 年 10 月),英国侵略者借'亚罗号'事件挑起第二次鸦片战争,他们的暴行激起华南人民的愤怒反抗。同年十二月,柯拜船坞被船坞工人和当地民众捣毁,机械设备被砸烂。柯拜是当时'亚罗号'事件主要策划者之一。英国驻广州领事巴夏礼的亲戚,也在这时失踪。第二次鸦片战争结束后,咸丰十年底,柯拜的儿子约翰·卡杜·柯拜从清政府战败赔款中获得 12 万银元的'赔偿费',咸丰十一年重建柯拜石坞,扩充机器设备,成立柯拜船坞公司。柯拜大石坞于同治元年(1862 年)竣工。该坞长 550 英尺,宽 70 英尺,深 17 英尺,有两道浮闸门,分内外两区,可供两艘千吨级轮船同时入坞,也可合供一艘 5 000 吨的轮船进坞修理,在 19 世纪 60 年代,被称为"中国最大的船坞"。同治二年(1863 年),该公司已拥有 4 座船坞,除上述大石坞外,新洲有一座木坞、两座泥坞。同年五月(7 月),该公司的全部坞厂设备为香港黄埔船坞公司(下简称黄埔船坞公司)所购置。

图 7－10　柯拜船坞遗址

图 7－11　1900 年柯拜船坞码头

二、旗记船厂

道光三十年(1850 年),美国人汤马斯·肯特(Tgomas Hunt)在黄埔长洲开办旗记船厂,是一间造船厂兼码头供应店。咸丰二年(1852 年),购买诺维的坞厂后,旗记船厂成为黄埔的大型船厂之一,有船坞3座,配有固定抽水设备,成立不久就不断为美国琼记洋行装配船只。咸丰六年,为自己装配一艘"升发号"轮船。该厂于同治五年售给黄埔船坞公司。

三、于仁船坞公司(即联合船坞公司)

咸丰三年(1853年),英商在黄埔长洲开设于仁船坞公司,拥有船坞4座。该公司不仅使用蒸汽机抽水,而且"有修理帆船、轮船和蒸汽机的全套设备"。同治三年(1864年),该公司在香港扩大业务,翌年在香港正式注册,资本50万元。同治九年为黄埔船坞公司所兼并。

四、急顿荷公司录顺船坞

该船坞原为咸丰八年(1858年)由卡杜·柯拜与肯特各投资50%在黄埔长洲平岗合建,于咸丰十一年建成。是一座花岗石底船坞,首尾木墩间相距230英尺,配有威灵顿专利海难泵,在4个半小时内可将坞内的水抽干,适宜较小型船只快速修理的需要。后来,于仁船坞公司也加入股份,黄埔船坞公司收购柯拜、旗记两坞厂后,也成为该公司的股东。同治九年(1870年),黄埔船坞公司将其全部产权买下。

五、香港黄埔船坞公司

该公司由经营远东航运和鸦片贸易发了横财的几家英国轮船公司和洋行(包括怡和洋行、德忌利士火轮公司、大英轮船公司等)的大资本家合资,于同治二年五月十六日(1863年7月1日)在黄埔成立。这些大公司由经营海运到联合兼营船舶修造,成立时拥有资本24万元。起初,先购买黄埔的柯拜公司全部坞厂设备,过了两年,同治四年(1865年)收买了香港的榄文船坞和何伯船坞,一年以后,又收买了美商旗记船厂。同治六年,资本已扩充至75万元。同治九年增至100万元,同时兼并了于仁船坞公司和香港九龙的几个大船坞,垄断了华南和香港地区的修造船业。该公司是当时设备最完善的船舶企业,在黄埔有5座船坞,其中石坞三座,各船坞都装备有浮箱闸门、蒸汽抽水机、蒸汽机推动的车床、刨床、钻床、剪板机和冲孔机等设备,还有锅炉厂、炼铁厂和造船厂等附属工场。

同治九年(1870年)以后,由于黄埔的船坞不能满足日益增大的尺度和吨位的大火轮船进坞修理的需要,而香港已发展成为国际港口和增加船坞设施,尤其是九龙兴建大型船坞之后,那里也可以获得充足的淡水,至港的商船已不必专至黄埔补充淡水和用淡水冲刷船壳,华南的修造船业务逐渐由黄埔向香港转移。面临新形势的黄埔船坞公司也改变了自己的方针,于同治十二年七月(1873年9月)放弃了黄埔的业务,全力发展香港九龙的船坞。光绪二年(1876年)秋,该公司把黄埔的全部坞厂、楼房和设备以8万元的价格卖给广东官府,另在九龙红石堪建造1座大型船坞,并且沿用黄埔船坞的名称。

除上列船坞公司外,在广州黄埔还有道光二十七年(1847年)美国人诺维开办的长洲船坞公司,道光三十年(1850年)美商社团合建的赖德船坞,同治二年(1863年)英商开设的高阿船厂和同治六年香港福格森船厂开设的黄埔分厂。在汕头,有同治二年英商巴特福洋行,光绪六年(1880)英商梅耶洋行、哈雷斯洋行,光绪十二年英商李弗斯商行,均附设修船厂或兼办修船业务。

第五节　晚清时期主要船型

一、军用舰船

鸦片战争期间和以后,广东各师船厂沿用清初旧制建造的水师船只,以及官绅捐资制造的仿欧式战船,在本章第一节和第二节已提及。下面所述为机动舰船。

洋务运动期间,自同治十二年至光绪十八年(1873—1891年),广东机器局、军火局和黄埔船局建造的内河巡小轮船、内河炮艇、浅水炮艇、浅水炮舰、钢甲炮舰共45艘。船体结构由木胁木壳发展为铁胁木壳、铁胁钢壳;主机从立式蒸汽机发展到卧式蒸汽机,有的还配冷凝器;推进器从明轮改进为暗轮,(螺旋桨)功率有65,78,100,170,200,300,400,500马力;吨位自100~200吨发展到650吨;航速6~10节,最高达12节;配备的火炮装有85,90,105,120毫米口径钢炮。

1. 内河巡缉小轮

广东机器局于同治十三年至光绪三年(1874—1877年),共建造16艘内河巡缉小轮。船体为木胁木壳,排水量在100~200吨之间,主机为进口立式蒸汽机,明轮推动,合计工料用银96 860两。

2. 内河炮艇

光绪五年至八年(1879—1882年),广东机器局共建造10艘。光绪八年,广东军火局建造1艘,合计11艘。船体均为木壳,主机为进口蒸汽机。其中排水量150吨的有7艘,即"靖安""横海""宣威""扬武""翔云""肇安""南图"号,100马力,航速6节,配炮6门,乘员35人;"镇东"1号排水量170吨,170马力,配炮3门;"海长青""辑西"2号排水量320吨,200马力,分别配炮4门、6门;最大的"执中"号,排水量500吨,300马力,配炮6门。

3. 蚊子船(一种浅水炮艇)

广东巩器局建造。光绪五年(1879年)开工,光绪七年闰七月(1881年9月)完工,命名"海东雄"(见图7-12)。船长12.4丈,木壳铁胁,船体内外重要部位加包厚铁,排水量350吨,200马力,航速8节,配18吨后膛炮1尊,可行驶珠江口一带,除炮领用外,其余工料用银33 900余两。

4. 浅水兵轮(近海浅水炮艇)

黄埔船局于光绪十一年(1885年)初开工试制4艘,十二年五月(1886年6月)完工,命名"广元""广亨""广利""广贞"。船长110英尺,宽18英尺,深8.5英尺,吃水7.5英尺。船体为铁胁木壳,水线上下铺以钢板,活动桅2枝,排水量约200吨。主机为康邦卧式蒸汽机,双车双螺旋桨。其中,"广元""广贞"加配冷凝器,各78马力,航速10英里[①]/小时;广亨""广利"各65马力,航速9英里/小时,船头安4.5吨后膛炮1尊。船尾安德国制造的90毫米克房伯钢炮1尊,桅盘、船腰各配1诺登飞连珠炮,共3尊。安装有护炮钢饭,可以航行近海。4船工料用白银共125 100余两(枪炮为领用不计在内)。

---

① 1英里=1.609千米。

图 7－12　广东水师"海东雄"炮舰

5. 大浅水兵轮(近海浅水炮舰)

黄埔船局于光绪十二年十一月(1886 年 12 月)开工建造 2 艘,于光绪十三年九月(1887
10 月)、十四年四月(1888 年 5 月)先后完工,命名"广戊""广己"。船长 150 英尺,宽 20 英
尺,最大吃水 7 英尺,木壳铁芯,活动空心桅杆 2 枝,排水量约 400 吨,主机为康邦双气鼓卧
式蒸汽机,双车、双螺旋桨,400 马力,机器由黄埔船局粤籍工匠谭茂制造,航速 10 节,最高
可达 12 节。舰艏艉配克虏伯 120 mm、105 mm 长炮各 1 尊,桅盘、船腰配荷乞开士连株炮共
4 尊,炮位配铁罩,可行近洋内港,每艘造价用银 25 000 余两。

6. 钢壳兵轮(钢甲炮舰)

黄埔船局于光绪十五年六月(1889 年 7 月)开工建造 2 艘,于光绪十六年七月(1890 年
8 月)、光绪十七年先后完工,命名"广金""广玉"、设计师为船局差遣军工黄福华。两舰均
为铁肋、钢壳、双桅,船长 150 英尺,宽 24 英尺,吃水 9.5 英尺,排水量 650 吨,主机为康邦卧
式蒸汽机,双车,双螺旋桨,500 马力,航速 10 节,可行驶大洋。船左右耳台配 105 mm 克虏
伯钢炮各 1 尊,船尾配 85 mm 克虏伯钢炮 1 尊,望台上两边配 5 官哈乞开斯机炮各 1 尊,炮
价不计在内,每舰用工料银 57 000 余两。

二、民用船舶

1. 非机动船舶

(1)出洋及沿海木帆船

除明代及清初始建、近代续造的乌艚(图 1－3)、白艚、捞缯、米艇、脱缯(又名广艇)、涂
艚、虾姑艇、拖罟、拖风、快蟹、八桨、高州船、海南船(图 1－2)外,近代著名的出海帆船有红
头船、红单船、大盐钉等。这些船舶多采用硬木建造,船体较狭长,吃水较深,艏端脊弧低,
艉部较高,适航性好,挂帆力强,中前部有插板,艉端有升降舵,舵板上开有数排菱形孔。

①红头船

清朝前期,广东的海上商船统称红头船,这种船船头油红色。鸦片战争后,继续存在的
红头船首尾上翘,艏部饰以黄龙花纹,两侧画有黑白眼睛,故又称"大眼鸡""鸡目船"。大型

船一般载重 200～250 吨,3 桅;中小型船载重百吨至二三十吨,3 桅或 2 桅。鸦片战争后,广州建造的特大型红头船,即远洋大帆船"耆英"号,船长 160 英尺,宽 33 英尺,深 16 英尺,载重 800 吨,3 桅纵帆(图 2-1)。该船于道光二十六年十月十八日(1846 年 12 月 6 日)由香港出发,道光二十七年一月十七日(1847 年 3 月 3 日)绕过好望角,"虽遇大风,履险如夷",途经圣赫勒拿岛、纽约、波士顿、伦敦、利物浦,抵格累夫孙德,两次跨越大西洋,安全航行 777 天,是中国第一艘抵达欧美的大木帆船,在上述港口停泊时,参观者拥挤异常,英国女王维多利亚也亲莅参观,其制作之巧,被誉为"英美制造之帆船所难能"。

②红单船

俗称头艋,为道光年间著名的沿海帆船,因最早由顺德陈村建造,故称"陈村头艋"或"陈村船"。有大、中、小型,大型船长 10 丈,宽 2.5 丈,满载吃水 8 尺,载重 50 万司斤(295 斤);中型船长 8 丈,宽 2 丈,满载吃水 6.5 尺,载重 30 万司斤(176 吨)。这两型船皆 3 桅,船体为夹层,外壳镶以钢板,船底是 V 型,船艏出水部分呈三角形,便于破浪,最高时速可达 9 节,小型头艋则不能远涉重洋。

③大盐缸

又叫"大盐萝船",原为航行于南洋各港,鸦片战争后改为航行本省沿海各盐厂,载重量在 1 000～1 500 吨之间,小型的也有 500 吨。其中一种大型船,船长 16 丈,宽 3.2 丈,舱深 1.8 丈,载重量 1 200 吨,船体较似欧式帆船,3 桅纵帆,广帆式。全船俱用进口硬木,水线以下钉以铜皮。

④海波

为潮州较大的远洋帆船,3 桅,载重量 6 000 担(300 吨)。

⑤罗咋

潮汕地区远洋大帆船,3 桅,载重量 500 吨。

⑥其他海船

青头船,由潮汕引进福建绿头船改称,3 桅,载重量 200～250 吨;草乌船,潮州海船;五肚,潮州海河两用船,2 桅六桨,载重量 35 吨;四肚,潮州海河两用船,2 桅四桨,载重量 25 吨;大圆尾、大乌底、大斗头等,皆为潮汕地区海船或海河两用船。

(2)沿海渔帆船

广东沿海渔帆船有百余种之多,主要船型分类如下:

①拖网渔船

包帆、七膀、鸟网、捞缯、拖缯、放艚、拖网、车宗、拖风、浮水缯、索钻、犁鸟、开尾、横栖、虾牯、鸡毛鸟、掺缯拖、虾艇、大网艇、北寮、小渔艇、虾米榨等。

②围网渔船

白艚等。

③刺网渔船

三桁、莲钻、小鸟等。

④钓鱼船

红鱼钓、手钓、钓艇、母子钓、钓鱿船、廷绳钓船、大钓船、小钓船,黎虾钓艇等。

⑤定置网渔船

桁槽、掺缯、拗罾、掺虾、栅泊等。

⑥其他渔船

跳白船、敲鼓船、竹排等。

典型的渔船有:

①包帆

拖网渔船,潮汕地区建造,属福建船型。朝阳的包帆船长44尺,宽12尺,舱深5.4尺,3桅,篷帆面积大,拖力大,帆的位置较好,在深水中操作灵活,时速可达6海里,有双层甲板,无龙骨,横结构主要靠隔舱板维持。艄两侧有船眼一对。

②七艕

拖网渔船,产于阳江、电白等地。大七艕船长66尺,宽13尺,深4.8尺,3桅;小七艕长60尺,宽11.6尺、深4.6尺,2~3桅。七艕是典型的广东船型,船体结构坚固,船型狭长,首脊弧高,艉有特高的上部建筑,航行稳性好,行动敏捷,操纵灵活,设有插板和升降开孔舵,船中插板和前后帆均可起舵的辅助作用,前进时受风向影响不大,能在8级风中航行,6级风时航速6海里/小时。

③母子式红鱼钓船

属钓鱼船类,产于海南岛儋县、新英港。船长23.4米,宽6.76米,深1.59米,吃水1.3米,2~3桅,带有子船6~10只,母船航速慢,稳性较好。

④横拖

属拖网渔船,产于汕尾、马尾等地。船长30尺,宽14尺,深4尺,3桅,载重量30~50吨,航速较好,可达6海里/小时,由于无插板,抗大风浪能力差,稳性较差,但回转灵活。

⑤海南拖风

属拖网渔船,船长46尺,宽13尺,深4.7尺,航速较快。

(3)内河木船

内河木船种类繁多,船型多按产地命名,也有按船体形状或用途命名,均具有适应当地河流特点的形状与性能。航行于山区小河溪的木船多沿用古代船型,所用帆、橹、桨、篙变化不大。西江、珠江三角洲及韩江主流,随着航运量增加,先后出现人力车渡船和凤艍渡。

主要内河木船名称如下:

韩江流域:揭阳、朝阳建造的载母、尖船、单踏;惠来的龙眼鸡船;大埔的哨马船(又叫樟溪船)、盘仔船、银溪船;长乐(今五华)的岐岭船、高头船;嘉应(梅县)的龙眼象船;镇平(今燕岭)的镇平船;丰顺的梭船(产溪船)、盘仔船、开艍、开艍仔、汤坑条;潮安、澄海的平波、竹篙达、大小河驳、尖船、双头尖、圆艍、水船、灰船。

东江流域:惠州、龙川、河源建造的惠州船、老隆船、朱菱、浙菱、菱船,出篷船、古岭船、满篷船、客艇、大厅。

北江流域:乐昌、韶州的小船、泷船、驳船、码头船、油船;南雄的篷船、南雄船;仁化的仁化船;清远的石马船;连州市的东陂船、星子船;北江流域各地还有沙船、捕鱼船及帆渡等。

西江流域:罗定的罗定船;云浮的东安船;西宁(今郁南)的都城船;三水的西南船;恩平的恩平船等。

高雷地区:河头船、帆渡、船筏、大厅、搬运船(艇)、运鱼船、挖沙船等。

琼崖地区:搬运船、帆船等。

珠江三角洲:东莞的东莞船、忠维船、稍潭船;南海九江的九江艇、佛山的仔艕艇;广州、番禺的西瓜扁(又叫瓜艇,是黄埔至广州驳船)、舢板、红船(戏船)、紫洞艇(画舫)、花舫(妓艇)。珠江三角洲还有货艇、丝艇、布艇、鱼花艇、煤船、米船(艇)、菜艇、果艇、蔗艇等。

各地还有盐船、渔船、柴炭船、长河(水)渡、横水渡和龙船等。

著名的内河船有：

①车渡船

光绪七年（1881年），广东航商新会人谭毓秀受农村脚踏水车的启迪，设计人力车渡船，在渡船的尾部安装脚踏筒形推进器，以人力分班踏车，推动渡船航行。起初，车渡的脚踏推进器由广州永兴街勤合铁铺制作，梁合船厂负责将桅杆渡改造成车渡，并安装推进器，船身中部改成上下两层，既可搭客也可载货；和合桯缆店改进帆篷设备。因车渡是由三家"合"字号的厂店共同制作改装而成，故时人称之为"三合渡"。第一艘车渡船命名为"福安车渡"，行驶于广州—大良（顺德）。这种将明轮置于船尾的车渡不同于置两轮于两舷外的车船和早期的明轮轮船，且当时西方的尾明轮轮船尚未传至广东，所以谭毓秀的车渡是一种创新。车渡比拉纤桅杆渡和内河帆船行驶迅速简便，所以继"福安车渡"之后，南海、开平、香山等地纷纷效法，省内外各地亦多来取法仿制，一时车渡成为内河的主要交通工具。省内航行于广州至江门、三埠等地的客运车渡，船长7丈，宽7尺，深4尺，吃水不超过2尺，筒形轮直径5～6英尺，打水板6～8块，用链条传动，每分钟40转，使用人力8～10人。

②凤尾渡和花艒渡

光绪末年，珠江下游民用小火轮船拖带渡船逐渐增加，较大型的车渡也有用小火轮拖带，在不适宜轮船通行的河道仍用脚踏明轮推动自行。后来有了浅水轮船，光绪三十四年（1908年），航商谭礼庭将大型车渡改装，拆去脚踏明轮装置，采用浅水船的平底，并仿照客货轮船的模式在船上建造楼厅，船头货舱改动不大，又吸取画舫的形式，在渡船的外表涂上绚丽夺目的彩画，看上去很像彩凤，遂被人称为"凤艒渡"。

清末民初，航商又将凤艒渡的楼厅向前延伸，约占船身的五分之四，船分3层半。底舱装载货物；二层大舱为客货舱，有客载客，无客载货；三层称公舱，全载旅客；最顶半层在艒部，为船上员工住舱，或加钢板作为护航人员的"炮垒"。船体用进口坤甸木装造，甲板远看色彩斑斓，故称花艒渡（参见图8－2）。渡船内部客舱两侧设有双层卧铺，有华贵厢房、餐厅，又有浴室、卫生间设施，船上不设主机，由拖轮拖带航行，不受噪音之苦，使旅客感到方便舒适，是具有广东特色的一种独特船型，广州朱林记曾建造花艒渡，后来杭商考虑澳门的进口木材可免加进口税，遂雇请广州造船木工到澳门建造。20世纪20年代末，花艒渡已成为成为珠江下游的主要水上客运工具。抗战胜利后，是花艒渡的鼎盛时期，以广州为中心，航行于梧州、肇庆、江门、三埠、石岐5大航线。航行于西江线的花艒渡以货运为主，船长33米，宽11米，深约3米，最大吃水2.5米；航行于西江上游的船长27米，宽9米，深2.5米，最大吃水2米。

2. 机动船舶

（1）木壳蒸汽机客船

19世纪90年代初，广州陈联泰机器厂建成第一艘木壳蒸汽机客船"江波"号，以后续造"江飞""江电""江明""江元""江苏""江汉""江利""江永"等船，合计9艘，其中"江苏"号船最大，主机单缸，缸径10英寸，均用螺旋桨推进。

（2）木壳蒸汽机拖轮

清宣统二年（1910年），广州维溥船厂建造1艘木壳拖轮"光武号"，该轮船长78英尺，宽18.9英尺，舱深4英尺，吃水2.5英尺，主机两缸，缸径7.5～15英寸。不久，又造1艘"源生"号拖轮，主机缸径10～20英寸。

第八章 民国时期的广东造船

宣统三年(1912年),辛亥革命推翻了清朝的封建统治。民国三年(1914年),第一次世界大战爆发,至民国七年结束。在此期间,西方列强忙于战争,无暇东顾,放松了对华航运的控制,并抽走部分轮船。广东民间造船工业趁隙发展,广南船坞、静波船厂、协同和机器厂等都得到发展。战后,外国洋行又重新控制华南沿海航运,造船工业又受到抑制,军用的黄埔船厂和鱼雷局处境困难,时开时歇。

陈济棠在广东主政期间(民国十八年至民国二十五年),政局相对稳定,船舶工业有所发展,在广州及潮州等地相继筹建一些修造汽船的工厂。

抗日战争期间,广州、潮州沦陷后,有一批船厂、船铺迁往珠江和韩江上游。日本侵略军海南岛、广东广州等地设立小船厂和船舶修理所。

抗战胜利后,国民政府海军接收日伪军用的船所,同时恢复民间船厂,并新开一些坞厂,如广州的裕国船坞、华南船厂和新中国机器厂、同生机器厂等。汕头、江门等地也开办许多小船厂。期间,国民党发动内战,军事上不断失败,政治、经济上陷入严重危机,到建国前夕,许多船厂破产倒闭,剩下的也奄奄一息。

第一节 官办修造船厂

黄埔船局于民国初年改为黄埔船坞局,民国五年(1916年)由广东省实业厅接收。民国十三年秋,广东军政府收购了广南船坞,改为海军广南造船所。民国二十一年裁撤黄埔鱼雷局。民国二十三年第一集团军舰队利用该址设雷舰基地。抗战期间,广东江防司令部舰务处撤至西江上游,后改编为江防处,在广西柳州设立雷械修造所。广东军政当局另在曲江设曲江造船所。

一、黄埔船坞局——黄埔船厂——黄埔海军造船所

宣统三年(1911年)辛亥革命,广东黄埔船坞局总办魏瀚因故离粤,船坞、厂房及机器设备由刘义宽等留守人员设法保全移交广东政府。民国三年(1914年),广东都督龙济光委派刘义宽任黄埔船坞局局长,该局以修理广东江海防(含水上警察厅)的舰船为主,也建造舰艇,民国四年至民国五年,为粤海军建造"东江""北江"两号浅水炮舰,排水量各200余吨。该船坞局占地面积6.6万多平方米,有石坞2座、泥坞1座,有发动机、车床、刨床、蒸汽锤机、钻孔机等大小机械设备160台,职工近千人。

民国五年(1916年)秋,黄埔船坞局为广东省实业厅接管,改名黄埔船厂,仍为海军修理舰船。金熔、黎庆芬、苏从山先后任厂长。由于粤桂军阀争夺,战争不断,业务时有时无,经费来源拮据,难以维持正常生产。民国十年以后,两座石坞长期失修,漏水严重,先后停用,泥坞也崩塌废弃。民国十四年,厂务工作停辍,民国二十年,部分设备拆迁至海军广南造船所。

民国二十三年(1934年),掌管广东军政大权的陈济棠决定由广东省建设厅负责将黄埔

船厂扩建为可以建造万吨级船舶的广东造船厂,任命刘百畴为广东造船厂筹备处主任,伍景英为总工程师,对厂区进行地质勘探。后因广东江防舰队有异议,于民国二十五年初工程停止,筹备处裁撤。

广州沦陷期间,该厂被日本侵略军占据。

民国三十四年(1945 年)抗战胜利,新一军进驻黄埔船厂。同年 11 月,海军粤越区特派员办公署派员接收,设立黄埔海军造船所,隶属海军总司令部,吴趋时、邹振鸿、谭刚、张钰、柳炳容、程璟、赵以辉先后任所长。民国三十六年进行小规模基建和培训学徒,职工人数最多时约 300 人。主要设备有:石坞 2 座(漏水待修),50 吨船排 3 道,可停泊 1 000 吨级舰船的木码头 4 座,皮带车床、牛头刨床、刨木机等机床设备共 101 台。其中大部分是日本赔偿物资,因缺乏动力或零件,仅 44 台能使用。民国三十八年二月,从厦门接收 8 500 吨水泥浮船坞附工作船 1 艘,编为三号船坞,可单独修理 4 000 吨级舰船。该所除承修海军舰船外,还修理招商局及港务局的船只,为地方修理过 4 000 吨级吸扬式挖泥船的主机。由于海军不拨常年经费,为海军修船先报价,待中央批下款项后物价已上涨,所以承接地方工程的盈利不足以弥补为海军修船的亏损,惨淡经营,处境艰难。民国三十八年六月,三号船坞及工作船被运往台湾,其他主要机器设备则于广州解放前夕被运往海南岛。

二、海军广南造船所——广南造船厂

海军广南造船所的前身是航商谭毓秀、谭礼庭于国民 3 年(1914 年)创设的广南船坞。该船坞于民国十二年为海军建造过 1 艘运输舰和 4 艘船壳。民国十三年秋被广州军政府收购后,改名为海军广南造船所,先后隶属建国军粤军总司令部舰务处,国民革命军海军局、广东军事委员会舰务处。该所以修理海军舰艇为主,也建造一些小型舰艇。民国十四年,建造 1 艘木壳鱼雷艇,命名"中正"号。民国十九年,该所由南京国民政府海军部接收,改名为国民革命军广南造船所,伍景英、杜衍庸先后任所长。民国二十年,该所隶属陈济棠的第一集团军舰队,并改称第一集团军广南造船厂,员工最多时有四五百人。

民国二十一年(1932 年),广南造船厂建成浅水炮舰 1 艘,命名"海维"号。该舰采用钢板铆钉船壳,排水量 200 余吨,主机是蒸汽机,完工后拨给两广盐运司作缉私舰,后拨归广东江防司令部。

民国二十二年(1933 年),第一集团军舰队呈报第一集团军总司令部核准,将广南造船厂交由海运公司经营,半年多毫无起色,遂取消合约,将该厂移交广东省建设厅管理,民国二十三年七月二十日,由省建设厅派伍自立、李应濂负责接收。后来,该厂经营不善,江海防舰队的舰船多到香港修理,厂务废弛,遂于民国二十五年七月停工。民国二十五年十二月,由谭玉珩接主厂务,虽经多方努力,终未挽回局面。民国二十六年,将船坞租给商家修船。民国二十九年,日本侵略军利用该厂留存设备。修补厂房,增添机器,制造浅水轮船。两座船坞由于长期失修而崩塌。民国二十四年,抗战胜利时只剩一座废弃的泥坞,原址由当地人搭棚作修造小木船用。

三、其他军用船厂

1. 黄埔水鱼雷局—雷舰基地

民国初年,黄埔水鱼雷局设有局长主事,隶属广东省水上警察厅,后隶属江防司令部。该局附设工厂负责水雷、鱼雷艇的保养维修工作。民国十二年(1923 年)三月十四日,孙中山大元帅任命谢铁良为鱼雷局局长。同年9月,谢铁良参加讨伐陈炯明,20日在博罗梅湖因水雷失事爆炸,不幸殉职。26日,孙中山大元帅指令撤销鱼雷局,由长洲要塞司令代管,由其派员负责水雷、鱼雷及鱼雷艇的维修保养,至民国二十一年,业务停辍。

民国二十三年(1934年),陈济棠为扩充海军实力,向英、意两国购买鱼雷快艇各2艘,成立雷舰队,并在黄埔鱼雷局原址建雷舰基地,设有雷舰陆上仓库、地下仓库及鱼雷工作厂。民国二十五年,陈济棠下野后,由广东江防司令部接收,设水雷队。民国二十七年,鱼雷快艇及水雷分队在珠江六门各处布下水雷后向西江撤退,鱼雷快艇被日机炸沉或自沉堵塞河道。

2. 曲江造船所

民国二十九年(1940年),广东军政当局根据国民政府交通部的指令,在曲江设立曲江造船所,以制造木船为主,兼造浅水小轮,供后方运输军民物资。该所与设在重庆的川江造船所是抗战期间后方两大造船所。民国三十二年,改组为交通部造船处,承造中央和广东省属各机关所需木船。民国二十八年至民国三十四年,曲江、川江两造船所共建造木船2 671艘、23 914吨。曲江造船所还装造较多的小轮船,因当时材料设备供应困难,船体多为木壳并以旧汽车发机和煤气机为动力。民国三十年,在韶关养伤的我国著名飞机制造专家华文治悉心研制浅水轮船发动机——"摩打"发动机成功,安装在小轮上试验,航速达每小时32里,为曲江造船所提供较为先进的动力设备。

3. 日伪船厂

民国二十八年(1939年),日侵略军运输队在广州黄埔船厂内设有第八野战船修理所,以修理小炮艇、运输船为主,也建造浅水轮船和机帆船。设有3道50吨船排,员工有125人。同时,在该厂内设有一间"仕上制作所",制造8匹单缸柴油机。

民国二十七年(1938年)十月,日侵略军饭岛部队占据广州芳村大冲口的协同和机器厂。民国二十八年初,转归日商"福大公司",同时并吞了相邻的静波船厂及附近的广南船坞的场地与设施,建造浅水轮船、机帆船和修理日军舰艇。日商在河南洲设有武田船厂、台拓船厂,由日军修造小型船艇。民国三十年,日军占领广和兴机器厂,改做渔修船厂,以后全部设备被搬走。

据不完全统计,民国29年至民国34年(1940—1945年),日侵略军在广州共建造小电船20余艘,机帆船30多艘。

据《海南岛之现状》记载:日本日产株式会社在海南岛榆林、安游各建1个小船厂,专造机帆船。台拓海南岛产业株式会社在三亚附近的新村也设造船厂1家,专门制造木帆船。日本海军还在海口市设有1家修造车船的小船厂。

4. 榆林海军修理所

抗日战争胜利后,国民政府海军粤越区特派员办公署于民国三十四年(1945年)十一月派黎启旦接收榆林日本人开设的小船厂,作为海军修理所,隶属海军第四基地司令部。

第二节　民营船厂及船用机器厂

民国初年,建造出海木帆船的工厂作坊分布于广州、番禺、南海、顺德、东莞、新会、香山——后改中山市(石岐和湾仔)、阳红、北海、潮安、汕头、南澳、潮阳(海门)、惠来(神泉、澳角)、澄海(东里、卡路、外沙)、饶平(洪洲、黄冈)、海丰、汕尾、合浦,北海、海南岛等手工业作坊。

民间船舶工业和船用机器业在民国初年有较快发展,多数为小型船厂和机器修配厂。

一、广南船坞

民国三年(1914年),航商谭毓秀与其子谭礼庭,为加速航运业务的发展,投资白银80万元,在广州西南面的东塱(土名大黄滘)购地250余亩,租地120亩,购置机器设备,创建广南船坞,见图8-1。

民国三年(1914年)夏,开工建两座泥船坞,聘请广州金源机器厂负责人兼工程师李威义负责工程设计及洽购机械器具等项。在建坞的同时,开工建造木壳轮船,建坞期间雇工千余人。

民国四年(1915年)冬,两座船坞竣工。大坞长250英尺,宽60英尺,深15英尺;小坞长180英尺,宽40英尺,深14英尺。同时建有机器房,材料房、铸料车间、锯木车间、铁料车间以及办公房等建筑,这是近代广东民间最大的造船厂。

民国四年(1915年)冬,广南船坞装造的第一艘1 000吨级木壳轮船"南和"号完工出坞,主机由旧汽船发动机改装,功率200马力,航速每小时7海里①,船体用坤甸、柚木及其他坚韧木料装造。谭氏原拟建造钢壳轮船,但是香港的英商拒绝出售钢板和机器,所以接受老工人的建议,采用木料和搜购的旧机器造船。

第二艘"北合"号为1 800吨级,主机采用日本大阪生产的新油渣发动机,320马力,航速每小时8海里,这是近代广东民间建造的最大的轮船。第三、四艘"东成""西就"两号均为1 200吨级。这4艘轮船航行于天津、青岛、上海、河内、西贡等地。不久,又建造一批内河轮船,30~40吨级4艘,50~60吨级5艘,100~250吨级3艘,分别用于小北江、西江、东江、西邑和北海等地运营。

民国三年至民国六年(1914—1917年),广南船坞共建造大小轮船16艘。此后,以修船为主。

民国十一年至民国十二年(1922—1923年),广南船坞被广州军政府征调30~100吨的轮船20多艘,支援北伐。后来,北伐军改造,谭礼庭干脆把这批应征轮船全输送给孙中山以充军用。民国十二年,该船坞为海军建造运输舰1艘和船壳4艘。

民国十三年(1924年)秋,广州军政府需要一座略具规模的船坞,以供海军修理舰艇使用。孙中山和苏联鲍罗廷亲自到广南船坞巡视,认为其规模和设备都符合海军船坞的要求,孙中山提出政府将广南船坞收购。经过多次协商,决定金坞(含两座船坞、厂房设备及所有大小船只)计毫银45万元,由政府先行接收,以后陆续付还价款,工人留用,职员由政府给资遣散,该坞由政府接收后,改名"海军广南造船所"(见图8-1)。民国十四年,孙中

---

① 1海里=1 852米。

山在北京病逝,国民政府财政部迄今为止未将该价款付清。

图 8-1　广南船坞及其造船

二、协同和机器厂

该厂前身是宣统三年(1911年)由何渭文、陈沛霖、陈拔廷、薛广森和陈德浩5人合股,在广州芳村大涌创办的协同和米机厂。陈沛霖、陈拔廷原是均和安机器厂的领班,是陈桃川的门陡,薛广森曾在香港铎也船厂当过修机技工,这3人都是技术行家。民国元年(1912年)改营机器业,改厂名为同和机器厂,资本为白银3万元。民国三年开始制柴油机,于民国四年,仿制英式30马力船用二冲程柴油机成功,这是华南制造的第一台柴油机。该机安装在"海马"号客轮上,性能良好,引起广东航商的瞩目。

民国六年(1917年),航商梁墨缘等20多家航运公司和米机厂的老板加入协同和股份,股东增至100多人。该厂获得雄厚资本,生产规模迅速扩充,以28万元添置新式镗床、车床、试验台等设备,兴建木样间、铸造间等工场。同年,试制1马力油机成功,安装在"海日"号浅水客轮上,运转良好。

民国七年(1918年),该厂试制160马力船用油机成功。该机采用压缩空气启动,正倒车灵活,安装在"柏林"号客轮上,质量可与外国同类型柴油机媲美。该年,生产船用柴油机10台,共875马力。还生产榨糖机、榨油机、水泵、采矿机械等设备。民国十九年,在香港土瓜湾设立分厂。

民国二十二年(1933年),引进国外各种机床设备85台,包括当时华南地区仅有的糟铣、偏心铣、斜齿铣床、炮筒车床等先进机床及200马力的动力设备3台,生产效率提高三百倍,工人多达400名,产品远销南洋、美洲各地,成为华南最大的机器厂。民国二十五生年产柴油机28台,共1 891马力。

民国二十七年(1938年)十月,广州沦陷,该厂被日军饭岛部队抢占。民国二十八年转给日本,垄断资本"福大公司",批量生产10马力及7.5马力单缸柴油机,供日式木艇使用工厂大部分设备被劫运海南,到抗战胜利时仅剩简易设备20多台,并被当时政府当作"敌产"接收,几经周折上诉,民国二十八年六月,才收回产权。民国二十八年七月,组成协同和机器有限公司,聘林志澄为总经理,组织人员修复机器设备,并从香港分厂抽调资金,正式复业,工人由10多人增至200多人。民国三十七年,因国民党统治下通货膨胀,民不聊生,该厂业务又趋衰落,至建国前夕,仅有工人学徒50多名,破旧机器20多台,已濒临破产的边缘。

三、新中国机器厂

新中国机器厂地址在广州河南南华中路,连同一间关帝庙在内,厂房只有两间半铺面,江边有一个土船台,原址在日本侵略军占领时期是日商的武田船厂。民国三十五年(1946年),归侨关辰生、张炳洲等人,用港币10万元向广东省敌伪产管理处投购,开办新中国机器厂,有车床、钻床、龙门刨床、牛头刨床等机床设备10多台,职工20多人,生意旺盛时临时雇工近百人,修造蒸汽机船、柴油机船、渡船等。

四、其他船厂和船用机器厂

辛亥革命至抗日战争前夕,广州、汕头、潮州、中山、阳江、江门等地建立许多民营厂,从事修造蒸汽机轮船(俗称"火船")和内燃机轮船(俗称"电船")。民国二十年(1931年),广东的造船厂共有45家,其中广州市25家,汕头市3家,中山县14家,阳江3家;船用机器厂(含修造蒸汽机、柴油机、锅炉及铸造)广州市有78家。民国二十四年,广东中小民营造船厂广州市30家,汕头市5家,民国二十五年,广州有制造轮船机器零件工厂7家。

民国元年至二十七年(1912—1938年),先后设立的船厂有182家,其中广州56家,黄埔20家,汕头7家,中山38家,顺德1家,潮安27家,江门30家,阳江3家;先后开办的船用机器厂共148家,其中广州146家,顺德和黄埔长洲各1家。

抗战期间,广东沦陷区的造船业遭受日本侵略者的严重摧残,部分船厂、船铺迁至内地,部分关闭歇业。民国二十八年(1939年)夏,广东军政当局实行贷款优惠,扶助造船的政策,北江、东江和韩江中上游各地,纷纷设立民办木船厂,如潮安的林伍船铺迁至梅县松口,民国二十九年获得政府贷款后,造出第一艘小轮船"海通"号,该船长15米,宽3米,深0.8米,吃水0.3米,采用美国产的"头号力劲"汽车引擎做动力。此后续造"华南""捷通""德兴"等机动船3艘和木船多艘。民国三十年,广东各县造船厂合计128家,资本22.6万元,建造电船、木船共7 216艘。这些船厂在曲江有54家,合浦25家,惠阳15家。其余分布在粤东、粤西、粤北等13个县,每县一二家,五六家不等。

抗战胜利后,广州复兴的船厂有16家,新开24家,共计40家,船用机器厂41家。其他地方开设的船厂,中山市有6家,江门14家,汕头20多家。这些新设的船厂,除新中国机器厂外,规模较大的有伍德韶、伍德较在广州河南开办的下渡船坞(后改称华南船坞)和裕国船坞,拥有可修理500吨船舶的船坞。梁伯鸿在广州开设的同生机器厂,也兼修造铁壳船舶。

1912—1949年,广东各地先后开办船厂共366家,船用机器厂、锅炉厂130家,其中,有厂名可查的船厂146家,机器厂130家。

广州,有大小船厂100家:梁悦利、成兴、泗和、永德祥、永泰兴、永泰安、永泰林、利成、静波、何永记、协安祥、新兴祥、协兴、兴发、海兴、广南、兴德利、志和、泰兴隆(洲头嘴)、泰安隆(公正大街)、顺益、安行、鸿发、生合、维溥、就行、合和祥、利贞、广兴隆、树记、溢成、贞成、昌泰、广发祥、合利、合和鸣、永记和、合和隆、朱林记、万利、林顺安、林顺和、林兴昌、全利(河南尾)、明利、兴利、广安(石涌口)、广合成、源利、协记、大昌隆树记、复兴、新记、新中国、下渡(华南船坞)、裕国、利成隆、泰兴隆(海珠桥脚)、泰安隆合记、顺成隆、新利和、润发祥、兆泰、生兴隆、广安满记、永兴隆、何锦记、陈滔记、中华、协和隆、广发祥、永记、合祥兴、公安隆、泗和合记、广德兴、福顺、友发、广泰、莫成兴、协安隆、祥和、新祥泰、长凤、广州、广成发、太平洋、德安泰、梁顺隆、泗和载记、合利隆、祥和、李炳记、协兴祥、永兴祥、东成兴、合益、明记、德兴隆、德安。

广州,有船用机器厂 128 家:均和安、同生、利昌、恒昌泰、艺新、义和祥、义兴祥、泗兴、广源、协同和、广同安、伯洲、艺坚、广和兴、宏艺、德祥、义合祥、谢润记、顺发祥、同兴、元发、德安祥、林敬记、陈慎记、任佑记、陈培记、谢当记、广永新、日升、诚兴、大华、钜发、协安隆、裕华、南兴、聚源、裕兴祥、永同安、均兴祥、顺安祥、祥记(锅炉厂)、绍发、协成昌、广同发、均安隆、顺利祥、佑兴祥、永和祥、安兴、和兴、生昌和、永兴、德隆兴、同德、盛昌、成合、应记、信兴隆、利兴、万祥、艺兴、义兴隆、和金记、广兴隆、邓记号、协兴隆、鸿益号、玉记号、粤生、南强、和记、公和祥、义隆、协和祥、梁义记、岭记、祥记(机器厂)、源利、生记隆、荣合、林海记、李林记、胡球记、永裕隆、艺民号、文桂昌、联合号、同德号、益记、辉记、祥兴、梁华记、李辉记、生记祥、成发号、永昌和、恒安号、张祥记、昌兴、河南号、同记和、振兴、胜利兴、合作、东兴、泗兴祥、林新记、德安号、宏源、艺和、鸿兴、洪昌、生记号、致和祥、德兴号、全源号、宏兴号、瑞源号、余永记、联发号、勤昌、陈流记、合兴祥、陈牛记、建国、永合祥、柏记、苏英记、南发。

黄埔,有光记修机厂,全利、皆记、海兴船坞。

顺德,有乐从德祥机器厂兼修造船,民国十四年(1925 年)迁广州芳村,改为锅炉厂。

汕头,有船厂 7 家:荣兴、森利、康记、翼臣、顶和、益盛、联集兴。

阳江,有船厂 3 家:均隆、积利、荣隆。

中山,有船厂 26 家:泗兴,利栈、佑生、永合、和生、德和、宏昌、义生、义和、满金、广生、广胜隆、广兴、锦合、金合泗德、坚合、祥兴、森记、南屏、溢造、祥盛、合和、永兴、长发、唐家、香洲。

江门,有船厂 7 家:万源、佑源、广协祥、义利、合兴、永成兴、合益隆。

潮安,有林伍船铺。

第三节　民国时期建造的军用舰船和民用船舶

一、军用舰船

民国四年至民国二十一年(1915—1932 年),黄埔船坞局、广南船坞和海军广南造船所建造的浅水炮舰、鱼雷舰、运输舰共 5 艘,舰艇工业停滞不前。

1. 钢壳兵轮(钢甲炮舰)

民国四年至民国五年(1915—1916 年)黄埔船坞局建造的"东江""北江",以及民国二十一年广南造船所建造的"海维",均为排水量 200 多吨的钢壳浅水炮舰。

2. 鱼雷艇(C. M. B)

民国十四年(1925 年),海军广南造船所开工建造 1 艘鱼雷艇,命名"中正"号,于民国十五年完工。该艇由国民革命政府海军局造船总监伍景英设计和监造,船体为木质,船长 25 英尺,主机用航空汽油机,航速约 14 节,配旧式鱼雷 2 枚。

二、民用船舶

1. 非机动船舶

民国时期的非机动船舶与晚清时期的船型没有什么大的发展,基本上是延续晚清时期的船型。值得一提的是排水量最大的花艇渡,是 1948 年 10 月广州协安详船厂在澳门船坞建造的"新兴利"。该船为木壳铁肋,长 39.62 米,宽 7.82 米,深 2.39 米,吃水 2.1 米,排水量 603.63 吨。内设一等舱床位 313 个,二等舱床位 162 个,三等舱床位 100 个,载货 120吨。厅楼宽阔,霓虹灯装饰,可放电影或跳舞,有"花艇渡王"和"水上宫殿"之称,航行于广州—三埠线。该船于 1949 年后改名"曙光 401",如图 8 - 2 所示。

图 8 - 2　花艇渡

2. 机动船舶

(1)木质蒸汽机客货明轮船

清宣统三年(1911 年)辛亥革命后,广州维溥船厂建造的"南越"号,船长 74 尺,宽 17.3尺,舱深 3.9 尺,吃水 2 尺,载货 32 吨,客位 123 人,主机为康邦式,缸径 8 ~ 16 英寸。

(2)沿海木质客货轮

民国四年(1915 年),广南船坞建造的木质沿海客货轮"北合"号,船长 56.8 米,宽 7.6米,深 5.1 米,排水量 1 800 吨,主机为日本产油渣发动机,320 马力,航速 8 海里/小时,同时造成的有 1 000 吨木质轮船"南和"号,船长 48.3 米,宽 6.1 米,深 4.6 米;两艘 1 200 吨轮船"东成""西就"号,船长 51.8 米,宽 6.6 米,深 4.8 米。这 3 艘船时速均为 7 海里。

(3)内燃机船

民国四年(1915 年),广州协同和机器厂仿造英国双缸柴油机成功,30 马力,安装在"海马"号上。这是广州制造的第一艘木壳柴油机内河客船,航行于梧州—南宁。

民国十七年(1928 年),广州建造的沿海内燃机客货船"广宽"号,长 159.8 尺,吃水 6尺,载货量 464 吨,主机为缸径 $14\frac{7}{8}$ 英寸的八缸四冲程柴油机。

(4)汽轮机沿海钢质客货船

民国十七年(1928 年),广州协兴祥厂建造的沿海钢质客货船"岳飞"号,长 285 英尺,吃水 8.21 英尺,载货量 702 吨,主机为国外引进的锅炉及汽轮机,航速 14 海里/小时,是当时航速最高的沿海客货船。

第九章 "广船"的衰落

明代虽有海禁,却是"广船"最辉煌时期。清兵入关,实行严厉的海禁,闭关锁国,以应付汉人的反抗,使"广船"步入衰落之路。最终闻名遐迩的"广船"与中国木质帆船的命运捆绑在一起,由衰落进而消亡。

为了镇压汉人的反清斗争,清朝几乎从一开国就开始了禁海政策,且越到后来越甚之,包括沿海居民内迁50里,片板不准下海,不准建造双桅帆船等。广东的造船业大受挫折。除了官船、战船,几乎没有途径可作我们的谈资。停顿就意味着落后,甚至连官家的一些战船都是中小型的帆船,技术工艺无创新,一切因陈守旧,正如张晞海《鸦片战争时期的中国兵船》一文所述:"鸦片战争中……中国水师船只几乎均为中小型木质帆船""1840年5月16日,林则徐检阅新海军……大多数船只只宜作沿海航行的沙船,作战能力很弱"。而且"这些海船,多为单桅式双桅木质帆船"。广东也造了些学习洋船的夹板船和西式舰船,但着眼点都还是对内,至于对外,根本不堪一击。

虽然如此,广东还是创造了奇迹,建造了一艘惊动世界的木帆船——"耆英"号。

"耆英"号远洋大帆船,船长160英尺,宽33英尺,深16英尺,载重800吨,3桅纵帆,主桅高27米,艏艉桅分别高23米和15米,主桅重9吨,悬吊式开孔舵。它创造了当时中国帆船"1846至1848年间从香港出发,经好望角及美国东岸到达英国,创下中国帆船航海最远的纪录"。英国人不得不承认,这是一艘优于英国制造的帆船。虽然它经历了惊涛骇浪和途中受损,但它出色地完成了超长距离航行,是"广船"中出类拔萃的典范,是其他船型不能或者说是没有做到的,是"广船"的骄傲。

第一节 清代锁关的打击

清朝建于1644年,由于当时东南沿海郑成功的力量还相当强,清廷为镇压汉人的反抗已经在沿海诸省实行海禁,一系列的海禁政策一波强似一波。顺治四年(1647年),清军进攻广东,遭到了强烈的反抗。大顺农民军联明抗清,明将你成栋反戈。然而,由于清军的强大军事压力,平南王尚可喜、靖南王耿继茂两军还是攻陷了广州,将广东纳入了清的版图,沿海各省都在清廷的统治下。统治者为了巩固自己的统治,镇压反抗,实施了变本加厉的沿海之禁。顺治十二年(1655年)颁布的禁海令尚允许民间建造双桅帆船。随着时间的推进,清廷的禁海政策越来越严格,越来越残忍。尤其顺治十八年(1661年)郑成功收复台湾,台湾成了反清基地,清廷竟以"剿寇五策"对付沿海老百姓,其中"迁界令"最为残忍。要从山东到广东沿海五省居民内迁50里,并将他们的房屋全部烧毁……仅广东就有"饶平、澄海、揭阳、潮阳、惠来、海丰、归善、新安、香山、新宁、开平、恩平、阳江、电白、茂名、吴川、徐闻、海康、遂溪、石城(今廉江)、合浦、钦州22州县"列入了内迁的"黑名单"。康熙三年(1664年),清朝政府又以"迁民窃出鱼盐,恐其仍通海船"为由,下令再内迁30里,广东顺德、番禺、南海等各县居民也要内迁。广东沿海一片荒芜,找不到一片皇道乐土,凄凉之状不堪入目。

据《海防辑要·海防总论》"康熙初,廷议以为徙民内,地寇无所掠食,势将自困,遂悉徒粤,闽,江,浙,山东镇戍之在界外者,……"历史的记述一清二楚,民不聊生,在外界者皆为盗贼,为之奈何?

从顺治十二年(1655 年)到康熙十四年(1675 年)的二十余年间,清政府先后五次颁布禁海令,这些禁海令包括严禁沿海的山东、江苏、浙江、福建、广东五省商民船只私自出海贸易、捕鱼,沿海船只悉行烧毁,寸板不许下海,违者立斩:禁止私人建造 500 石以上的双桅出海船;禁止国内船只租赁给外国人,更不准民间出海船只私卖给外国人。在这种禁令下清兵如狼似虎,沿海居民怨声载道,流离失所。50 里内"尽夷其地,空其人"。广东的造船业同其他沿海省份一样受到致命一击,毁了 99% 的船只。广东深圳的《新安县(现宝安区)志》就有这样的记载,"在康熙二十二年(1683 年)撤销海禁前夕,其船只不及先年的百分之一"。

在一而再再而三的禁令打击下,沿海各省官员都因不能公开违抗朝廷,而转入地下造船。

第二节 清代"广船"的"柳暗花明"

"上有政策,下有对策"。中国历朝都存在这种情况,当然,清朝也不例外。

据李士祯《抚粤政略》"自康熙元年(1662 年)奉文禁海,外番船只不至,既有沈上达等勾结党棍,打造海舡,私通外洋,一次可得银四五万两,一年之中,千舡往还,可得利银四五十万两,其获利甚大也"。

又吴方震撰写的《岭南杂记》记下了当时走私的繁忙景象:"海上连樯捆载,通洋贩"。"大修洋船出海,货通外国,贩贱卖贵,往来如织"。

严酷残忍的禁海令下,广东的官民在政策的夹缝中,冒着杀头的危险,仍然"敢作敢为"。

平南王尚可喜参将,时任王府贸易总管,掌握着贸易大权的沈上达,与尚可喜之子尚之信勾结,组建了一支庞大的船队进行海外贸易。广东为此建造了大批官船、战船和民船。郑成功于顺治十八年(1661 年)武装收复台湾,而将台湾作为反清基地,清廷也建造大批战船严守海边,镇压汉人。

广东在两藩时期建造了大批厚板长钉的双桅出海船。顺治七年(1650 年)三月,两藩之一的平南王尚可喜派总兵许尔显"督造战船"。到 10 月,共督造并修建大小船只 239 艘,仅历时 7 个月,就修造 229 艘船,证明清初广东修造船的能力还是极强的。

康熙三年(1664 年)及康熙四年(1665 年),广东官府又造内河船 228 艘。据当时统计,到康熙十八年(1679 年),广东官府已拥有内河船 454 只,外海战船 137 艘,出海缉捕用的米艇 140 艘(其中广府 45 艘,潮府 30 艘,琼府 30 艘,运司厂 25 艘,高府 10 艘),战船和米艇按规定必须就近修理。康熙二年(1663 年),疍民周玉,李荣拥有缯船数百艘,而且是"三帆八棹,冲涛若飞"者。在税例记载史册中记有广州、汕尾、潮州、卡路、南洋、海口、乐会、清澜、潮阳等地新造商船、双桅船、新洛水母船等。

从顺治十六年(1659 年)起,朝廷就大造战船,康熙十八年(1679 年),委福建造大战船 400 艘,委广东潮州造舸、艚(均为民船设计后改造为战船)100 艘等。

康熙二十四年(1685 年),成立粤海关,海运、贸易有了转机。

雍正三年(1725年),广州官府设立4所官营造船厂:广州府厂,厂址在珠江南岸;潮州府厂,厂址在潮州庵埠;琼州府厂,厂址在琼州海口(海南岛原属广东);高州府厂,厂址在高州芷蓼。当然,广州府厂是其中的"大哥大"。

乾隆二十年(1755年),广州成为唯一的贸易港。

从乾隆二十年到道光二十年(1755—1840年),广州开往南洋的船只合计为三千多艘。

嘉庆十一年(1806年)十一月,御史严烺奏曰:"广东惠、潮两府奸民,违例建造大船"。

道光元年(1821年)前后,每年有116艘中国帆船往越南贸易,其中半数以上是广东帆船。

道光年间,广东帆船到新加坡贸易的数量明显增多。

民间的老百姓是冒着"违者立斩"的风险,提着脑袋造船、下海贸易的。顺治十二年(1655年),有3艘广东帆船到日本长崎开展贸易。康熙年间,广州羊城长寿院长老徐讪俗(又称石濂和尚)"大修洋船出海,货通外国"(大修,即大造也)。

第三节　清后期"广船"逐步衰亡

众所周知,唐、宋、元、明、清,几乎每个朝代官船、战船与民船,由于其建造规格高,结构性能比官船好,因此都具有通用性。尤为民船,由于其建造规格高,结构性能比官船好,因此常被征为战船,所以一种船类的兴亡亦即代表了整体的命运。

《鸦片战争时期的中国兵船》指出"鸦片战争……中国水师船只几乎均为中小型木质帆船""1840年5月16日,林则徐检阅新海军……大多数船只宜作沿海航行的沙船,作战能力很弱"。同文又引《钦定大清会典·军器》述:"至道光元年……又确定了仿福建同安船为最主要的海船船型。鸦片战争前,同安船数量极大,约占全部海船的二分之一""这些海船,多为单桅式双桅木质帆船"。加上可怜兮兮的沿海沙船,怎么能抵挡得了船坚炮利先进的洋船!

在此时,广东也开始了学洋船、仿洋船,建造一些使用洋船舾装件的船舶。据《第一次鸦片战争前后我国仿造西式舰船的活动》一文记述"1840年3月,林则徐根据西方船式曾仿造了几艘小三桅帆船(注意还是"小")。4月25日,广州珠江上就出现了两三艘这样的船舶,并加入了清军水师。"又引魏源《海国图志·仿造战船议》:"林公到镇海,论及战船,检箧中绘存图纸以授,计凡八种,而安南船占半。一种广东师营快蟹船……一种知河碧船图……一种花旗船图,三桅与英夷同。一种安南国大师船图……竖式与英夷同……一种车轮船图,前后各舱,装车轮二辆,每轮六齿,齿与船底相平……"。

又引《广州十三行.富商潘仕诚卷》记述"1842年6月……潘仕诚新造战船一只……""尚有未造成二只,与此船同式",都是"仿夷船作法……这几艘为三桅帆船,三层船舱,炮位增加,船体加长增高,船底裹以铜片……此船可为鸦片战争中国最先进的兵船""此仿夷战船,船长已达十三丈三尺六寸(合42.8米——笔者注,下同),宽二丈四尺九寸(合9.4米),深二丈一尺五寸(合6.9米)……可载三百人。1842年投入水师营使用。"此三船规格较高,可惜没有进一步的资料。

民间造的船也颇具规模,澄海区曾先后出土过两艘清代的双桅商船,一艘长39米,另一艘长28米,据说都是清后期大批建造的红头船。嘉庆年间曾建造过一艘船长约11.2丈、船深约1.1丈、载重约765吨(以上数字皆具该船梁头为三丈七尺三寸推算而来)的"金协成"

号远洋商船。以笔者之见,此船亦为双桅帆船,此时民间建造三桅船的政策虽已松动,但民间还是以双桅帆船为主,且船长仅 11.2 丈,双桅足矣。

本书当然未能尽揽广东在清代所造的船,但林林总总好像数目不少,其实并不然,对一个海岸线长达 2 000 多千米的海洋大省,这些数目是远远不够的。有书为证:据《清史稿》,乾隆"五十八年,因广东海盗充斥,自南澳至琼崖,千有余里,水战船虽有大小百数十号,仅能分防本营洋面,不敷追捕,政商船报劫频闻。历史捕盗俱赁用东莞米艇,而船只不多,民间苦累。乃筹款十五万两制造二千五百石大米艇四十七艘,千石米艇二十六艘,一千五百石小米艇二十艘,限三月造竣,按通省水师营,视海盗远近,公布上下海面,配兵巡缉,以佐旧船所不及"。官府用船不足,连民船都租不到,只能新建,从这种捉襟见肘的狼狈情况可见广东船舶的窘状了。

广东还有更夸张的窘状。由于当时郑成功大量造船,以与清兵抗争,而清廷为了消灭南明,镇压国人与郑军,从顺治十六年(1659 年)起,就在福建、广东大量造船。如康熙十八年(1679 年),委福建造大战船 400 艘,委潮州造乌艚(清代的战船)100 艘,狂砍滥伐,大肆破坏森林,到清后期,广东的森林资源都变成了船,又变成了废物,已经无船可造,要造木帆船得用进口木材,造船成本大幅提高,清廷就把广东的造船点迁到了东南亚。史料表明,粤东的红头船多数建造于东南亚。

第四节 最后的"广船"

从春秋或更早期广东珠海高栏岛宝镜湾岩画中中国最早的帆船图案到清朝后期,经历了两千多年,"广船"由初起、发展、成型、定型,到 19 世纪中期进入了衰老期,但就在这个时期,出现了两艘非同一般且还吸取了不少"洋味"的广船,其一是举世闻名,震动全球的"耆英"号,其二是闻名遐迩的至今尚存于珠海的"拖风船"(福建人称之为"牵风船")的"金华兴"号。广东的古船史完成了一个整齐的、可圈可点的历史过程,最后的"广船"(三桅木质帆船)也回到了珠海,画上了一个圆满的循环。

一、"耆英"号远洋海船

出类拔萃的"耆英号"(见图 9-1),据《广东省志·船舶工业志》载:"鸦片战争后广州建造的特大型红头船,即远洋大帆船'耆英'号,船长 160 英尺,宽 33 英尺,深 16 英尺,载重 800 吨,3 桅纵帆""主桅高 27 米,艏艉桅分别高 23 米和 15 米;主桅重 9 吨,悬吊式艉舵(开孔舵——笔者注)。"

据维基百科网,"'耆英'号是中国清朝时期的一艘中国帆船,原为一艘来往于广州与南洋之间贩运茶叶的商船。后于 1846 年至 1848 年期间曾经从香港出发,经好望角及美国东岸到达英国,创下中国帆船航海最远的记录"。被当时的英国人认为是一艘"优于英国制造的帆船"。

位于香港赤柱的香港海事博物馆展览着以 1:11 比例制作的"耆英"号木质帆船,也许正是这个原因,有专家认为"耆英"号由香港建造,但对"耆英"号的考证论文似乎并不多见,是建于广州还是香港,以及其确切的建造时间都还是个未知数。它曾经经历惊涛骇浪,曾经海上遇险,但它经得起考验,完完整整地到达了伦敦。可惜的是,在伦敦,它遭到了粉身碎骨的"待遇",于是对它的研究,也只能止步于此,为后人所叹息。

图 9-1　"耆英号"

二、"金华兴"号远洋商船

　　"金华兴"号(见图 9-2),是一次"七海扬帆"海岸行考察活动中在福建被专家发现的"广船",她的福建名称是"牵风船",此广东拖风船也,属艚船类。闽语中"牵"有"拖"的意思,故"牵风"即"拖风"。

图 9-2　"金华兴"号远洋商船

　　"金华兴"号具有广船的一切特征:艏尖,艉部丰满,上宽下窄,"V"线型,梁拱小,甲板脊弧不高,大撬、中龙选材上佳,有艉梢,开孔舵,扇形帆,两端上翘,艏低艉高,水密隔舱,肋骨密度大。据考证,该船始建于 19 世纪中晚期,距今百余年,建造地是粤东的饶平,后几经周折,卖到福建捕鱼(牵风船即一种渔船),又因陈旧翻新而幸存,成了一艘即将报废的三桅木质帆船,称为"中国传统风帆海船仅存的杰作"。饶平本是红头船的家乡,但由于"金华兴"号的特殊经历,反反复复的修理、改装,尽管还保留着"广船"的原形,但她是否属于"红头船"还有待进一步的考证。

大　事　记

清　道光三十年(1850 年)
美国人汤马斯·肯特在广州黄埔开设旗记船厂,有船坞 3 座,于同治五年(1866 年)售给香港黄埔船坞公司。

清　咸丰三年(1853 年)
英商在黄埔长洲开设于仁船坞公司,有船坞 4 座。同治九年(1870 年)被黄埔船坞公司兼并。

清　咸丰五年(1855 年)
粤商仿造西洋式轮船"宝顺"号。

清　咸丰八年(1858 年)
美商汤马斯·肯特与英商卡杜·柯拜合资在黄埔长洲平岗兴建录顺船坞,咸丰十一年(1861 年)竣工。该坞为花岗石底,前后枕木相距 230 英尺。同治二年(1863 年)归急顿荷公司,同治九年(1870 年)被黄埔船坞公司收购。

清　同治二年(1863 年)
五月十六日(7 月 1 日),英商成立香港黄埔船坞公司,并收买柯拜船坞公司全部坞厂设备,以后陆续兼并香港和黄埔的主要坞厂,垄断华南造船业。

清　同治十二年(1873 年)
春,两广总督瑞麟、广东巡抚张兆栋于广州文明门外聚贤坊创办广东军装机械局,委派温子绍为总办,从事制造枪炮火药,修造内河轮船。
七月二十八日(9 月 19 日),山东巡抚丁宝桢奏称在粤购造铜底兵船 14 号及大小舢板 28 只已驶抵烟台,"器械之整齐,实为近时师船所罕见"。

清　光绪元年(1875 年)
六月(7 月),署两广总督、广东巡抚张兆栋于广州增步建立军火厂,于光绪四年五月(1878 年 6 月)竣工,后改为军火局,附设船厂修造 100～200 吨轮船。

清　光绪二年(1876 年)
秋,两广总督刘坤一以 8 万元购买英商在黄埔的柯拜、录顺、于仁船坞 3 所及其厂房、机械设备,归属广东机械局,从事修造轮船。有石船坞 2 座,一座底长 574 英尺,一座长 383 英尺,可修 3 000～5 000 吨级船只。

清　光绪三年(1877 年)
五月十二日(6 月 22 日),两广总督刘坤一奏称:广东机械局自设立以后,"制成内河轮船一十六号,已派拨东、西、北江分段巡缉"。

清　光绪五年(1879 年)
广东机器局建成 4 艘内河炮艇:"海长青"(320 吨)、"执中"(500 吨)、"镇东"(170 吨)、"辑西"(320 吨)。这是广东建造的最早的螺旋桨炮艇。
十二月初四(1880 年 1 月 15 日),刘坤一奏:温子绍捐资仿造蚊子船(即浅水炮艇)1 艘,船身长 12 丈 4 尺,200 马力,排水量 350 吨。该船于光绪七年闰七月(1881 年 9 月)竣工,取名"海东雄"。这是广东建造的第一艘铁胁木壳炮艇。主机为自制康邦卧机。

清　光绪七年(1881 年)
广东机械局建成"靖安""横海""宣威""扬武""祥云"5 艘内河炮艇,排水量均为 150 吨。
新会人谭毓秀在广州设计、建造人力车渡船成功,第一艘取名为"福安车渡"。

清　光绪八年(1882 年)
正月(2 月),广东军火局建造的"肇安"号炮艇竣工。
六月(7 月),广东机械局建造的"南图"号炮艇竣工。
陈濂川在广州创办陈联泰机械厂,前身为陈联泰铺,从制造缫丝机发展为修造轮船。

清光绪九年(1883 年)
秋,两广总督张树声在黄埔开设水雷局。

清　光绪十年(1884 年)
闰五月(7 月),两广总督张之洞、广东巡抚倪文蔚奏设黄埔水雷局和黄埔鱼雷局。

清　光绪十一年(1885 年)
正月(2 月),两广总督张之洞将在黄埔船坞、厂房设备自广东机器局分开,成立黄埔船局,以署水师提督方耀为督办、臬司沈熔经、候补道施在钰为会办。
二月(3 月)兴工试制浅水兵轮,是年冬建成 4 艘,名"广元""广亨""广利""广贞",排水量约 200 吨,可行内河、近海。光绪十二年五月(1886 年 6 月)完工。这是广东建造的第一批双螺旋桨浅水兵轮,主机为自制卧式双机,其中两艘配冷凝器。

清　光绪十二年(1886 年)
十一月(12 月),张之洞任王葆辰为黄埔船局总办,于荫霖为督办,熊方柏为帮办,开工建造"广戊""广己"两艘近海浅水炮舰,排水量约 400 吨。两舰于光绪十三年九月、光绪十四年四月(1887 年 10 月、1888 年 5 月)先后完工。该厂工匠自行制造康邦双气鼓卧机,400 马力。
陈桃川在广州创办均和安机械厂。

清 光绪十三年(1887 年)
黄埔船局安装水雷艇 9 艘,材料设备购自德国。

清 光绪十五年(1889 年)
六月(7 月),黄埔船局开工建造钢甲炮舰"广金"号。该舰于光绪十六年五月初二(1890 年
6 月 18 日)下水。七月(8 月)完工,排水量 650 吨,可在大洋上航行。续造的同型舰"广玉"
号,于光绪十七年(1891 年)竣工,这是广东建造的第一批铁胁钢壳兵轮。

清 光绪十九年(1893 年)
十一月十一日(12 月 18 日),两广总督李瀚章奏:黄埔柯拜、录顺二船坞修理工竣,可供"广
甲""广乙""广丙"各舰轮流检修。又奏:黄埔船局无兴造之事,应行裁撤,船坞并归雷局
照料。

清 光绪二十二年(1896 年)
广州均和安机械厂建造一艘可航行浅水河道的平底浅水艇明轮船。

清 光绪二十七年(1901 年)
清廷复设广东黄埔船坞局,任林贺峒为总办,后邓正彪继任。

清 光绪三十年(1904 年)
两广总督岑春煊调魏瀚任黄埔总办,主管黄埔船局、雷局和广东水师学堂。魏瀚建有船坞
一座。

清 光绪三十四年(1908 年)
广州航商谭礼庭将旧式车渡船改装成花艇渡,这是广东第一艘花艇渡船。

清 宣统二年(1910 年)
卢维浦在广州创办维浦船厂,同年建造木壳蒸汽机拖轮"光武"号完工。

民国三年(1914 年)
航商谭毓秀、谭礼庭父子于广州西郊东塱创建广南船坞,有船坞两座。该坞于民国四年
(1915 年)冬装造第一艘千吨级木质轮船"南和"号下水,不久又装造 1 800 吨"北合"号和
两艘 1 200 吨"东段""西就"号。至民国六年共建造大小轮船 16 艘。
广东都督龙济光委派刘义宽任黄埔船坞局局长。

民国四年(1915 年)
黄埔船坞局为粤海军建造"东江""北江"两艘浅水炮舰。
广州协同和机器厂仿造英国船用双缸二冲程柴油机成功,30 马力,安装在"海马"号浅水客
轮上。这是广东建造的第一艘柴油机木壳内河客船。

民国五年(1916 年)

广东实业厅接管黄埔船坞局,改名为黄埔船厂。

何静波在广州创设静波船厂

民国七年(1918 年)

广州协同和机器厂试制 160 马力柴油机成功。

民国十二年(1923 年)

4 月 6 日,海军向广南船坞定制的运输舰 1 艘、船壳 4 艘完工。

民国十三年(1924 年)

秋,孙中山大元帅和苏联顾问鲍罗廷到广南船坞视察,并与坞主谭礼庭商定,由政府以毫银 45 万元收购该船坞。后改名为海军广南造船所,作海军修理舰艇之用。

民国十四年(1925 年)

广南造船所建造一艘鱼雷快艇完工。该艇为国民政府海军局总监伍景英设计、监造。"飞鹰"号驱逐舰(排水量 850 吨)进广南造船所大修。

民国十七年(1928 年)

广州协兴祥船厂建造沿海钢质客货轮"岳飞"号竣工。

民国十九年(1930 年)

国民革命政府海军司令部接收广南造船所,改名为国民革命军广南造船所。翌年,改名广南造船厂,并将黄埔船厂部分设备拆迁并入,隶属国民革命军第一集团军。

民国二十一年(1932 年)

陈济棠以 30 万元向法国购买一艘排水量 1 600 吨的扫雷舰,在广南造船厂改装为炮舰,命名"海周"号。

广南造船厂为两广盐运司建造的浅水炮舰"海维"号完工。该舰由杜衍庸设计、监造,排水量 200 吨。

民国二十三年(1934 年)

7 月 20 日,国民革命军第一集团军舰队将广南造船厂移交广东省建设厅管理。民国二十六年,政府将该厂租给商家作修船用。

陈济棠主持向英、意购买鱼雷快艇各两艘,成立雷舰队,并在黄埔鱼雷局原址建雷舰基地,设仓库及鱼雷工作厂。

民国二十七年(1938 年)

10 月,日本侵略军饭岛部队占据广州协同和机器厂。翌年,将该厂转归日商福大公司生产单缸柴油机。

民国二十八年(1939 年)

日军侵占广南造船厂和静波船厂归并福大公司;日军运输队在黄埔船厂设立第八野战船舶修理所,利用这些船厂为日军修造浅水轮船、机帆船和炮艇。

民国二十九年(1940 年)

年初,广东军政当局设立曲江造船所,是当时全国两大战时造船所之一,以制造木船为主,兼造浅水小轮船。

民国三十四年(1945 年)

11 月,国民政府海军派员接收黄埔船厂、榆林修理所,改为黄埔海军造船所和海军榆林修理所。

民国三十五年(1946 年)

关辰生、张炳洲在广州创设新中国机器厂,即新中国船厂的前身。

民国三十七年(1948 年)

10 月,广州协安祥船厂在澳门泰益船坞建造"新兴利"花艒渡,排水量 603.63 吨,设有 480 客卧位,可载货 120 吨,有"花艒渡王"及"水上官殿"之称。1949 年后改为"曙光 401"。

黄埔海军造船所工人因物价飞涨,要求增加工资而罢工,两天后复工。

民国三十八年(1949 年)

2 月,黄埔海军造船所从厦门造船厂接收排水量 8 500 吨水泥浮船坞 1 艘,可单独修理 4 000 吨级舰船,编为"三号船坞"。同年 6 月;该浮船坞拖往台湾。

春,黄埔海军造船所工人举行第二次罢工,要求增加工资。

7 月,湖口水中武器厂(水雷厂)南撤并入黄埔造船所。

当代篇

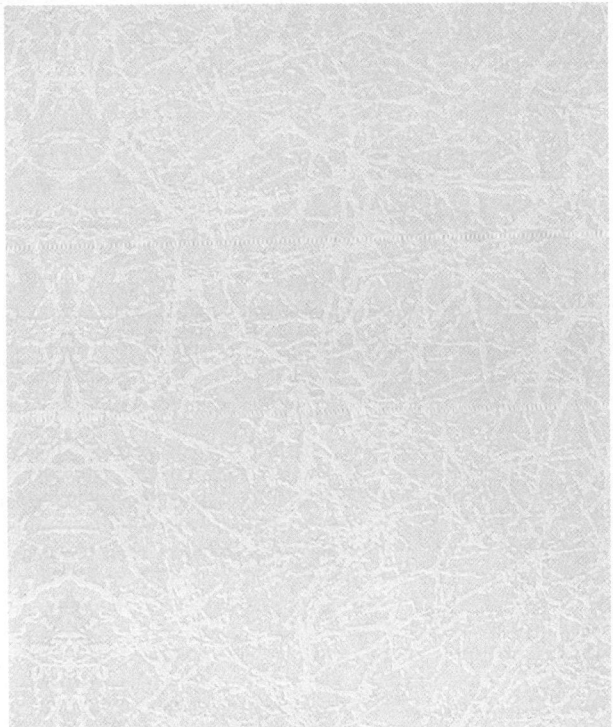

中华人民共和国成立后，鉴于广东地处南疆，濒临南海，发展船舶工业是保卫海疆、发展航宇和渔业的迫切需求，中央领导和有关部委以及地方各级政府都十分重视和支持，新建、扩建了一批大、中型船厂，小型船厂则是星罗棋布，遍设于沿海、沿江各地；建立了一批船用配套厂及造船科研、设计院（所）；为航运、渔业等部门建造了大批船舶，为人民海军建造多种类型的战斗舰艇和辅助船只，还为援外和外贸提供了相当数量的船舶；形成了以广州地区为主的我国六大造船基地之一。我国的广东造船业，同样也与中国人民共和国的命运一起经历了恢复、发展、停顿和新生等几个阶段。考虑到年代较近和广东船舶工业的快速发展等的关系，本篇只叙述到 20 世纪 90 年代中期。

第十章　船舶工业的恢复与发展

第一节　恢复阶段

1949 年 10 月至 1952 年，广东各地军管会陆续接管原国民党海军的修造船所和官僚资本的船厂，划归江防部队做修理厂、所；航运等部门作船舶维修厂。各地区为数较多的私营小船厂，则大部分是场地简陋、设备陈旧的手工业作坊式工厂，只能修造小木船，船用机器厂也寥寥无几。修造船业也比较集中的广州市，有船厂 46 家，船用机器厂 24 家，锅炉厂 19 家，油漆木模等厂 5 家，从业人员 1 000 多人。这些私营厂在各地人民政府成立以后分别归属省或当地工业、交通、水产等厅（局）管理。海军的修船厂、所，早期由广东军区江防司令部直接管辖，后由中南军区海军舰艇修造部领导，一些小型修理厂（所）直属基地（水警区、巡防区）管理，并接受军区舰船修造部的领导。

这段时期，解放军动员接管的原海军船所职工，修复机器设备，恢复生产，并动员一些私营船厂修造舰船，为支援解放军解放海南岛和沿海岛屿做出了贡献。各地区也迫切需要恢复航运和渔业生产，在各级人民政府的领导下，各地船厂在抢修、抢造货驳、拖轮、渔船和机帆船的过程中逐步恢复了生气。在此阶段，主要的船厂有海军黄埔修造船厂、省交通厅内河船舶修造厂等。

第二节　发展阶段

1953—1978 年，广东船舶工业是从修到造，从小到大，按照"建设和修造并举，以修为主""军民并举，以军为主，以军带民"的方针，逐步发展起来的。

20 世纪 50 年代初期，中南军区海军（1955 年 10 月更名为海军南海舰队）急需一定数量的舰艇执行巡逻、剿匪、护航、护渔和训练任务，而华南地区造船力量十分薄弱，只能组织维修力量将起义、俘获、打捞的旧舰艇和从香港等地购回的旧船抢修、改作为舰队的主要舰艇；同时，在海南和广东的广州、汕头、西营等地建造一批木质 25 吨交通船和 50 吨机帆船，供沿海和岛屿间运输使用。图 10 - 1 展示了 1950 年 1 月香港起义归来"民 302 轮"全体船员。

图 10 – 1　1950 年 1 月香港起义归来"民 302 轮"全体船员

　　为尽快提供中南海军装备,军委决定在广东制造苏联转让的 02 型木质鱼雷快艇,并于 1954 年 8 月在广州河南凤凰岗新建广州造船厂(1956 年 12 月,更名为广州第一造船厂)。同时,于 1954—1955 年组织江南造船厂、大连造船厂和武昌造船厂分别在广州黄埔设立"广州工地""四〇四工地"和在凤凰岗设立"广安工地",建造中国自行设计的沿海炮艇和苏联转让的 04 型猎潜艇、05 型基地扫雷舰等。

　　20 世纪 50 年代,海军在华南的主要修造船厂有黄埔、榆林、汕头 3 家。海口原有的修理所改为码头修理所。此外,还在太平、清澜、龙门、东营、黄埔、新湾、上川等地设立码头修理所,舰模都很小,只能从事简单的修理工作。

　　在第一个五年计划期间,广东省造船工业依据中央与地方造船分工的精神,将珠江水系所需的一部分中型船舶主要交由交通部所属船厂修建;水产部门所需的木质渔船,由水产部所属船厂自行修造,新建钢质渔船则由船舶工业局承建。至于船舶修理,除各用船部门自行承担一部分修理任务外,船舶工业管理局则承担舰艇及大、中型船舶的检修任务。

　　黄埔修造船厂于 1955 年建成为华南海军舰艇修理基地。此后,积极发展造船。试制 0110 型高速炮艇和 05 基地扫雷舰。1960 年 1 月,该厂划归一机部九局领导,定名黄埔造船厂,以生产中型潜艇和水面舰艇为目标,进行大规模扩建。同年,海军在黄埔长洲和湛江另组建两家修理厂,并扩建榆林、汕头两家修理厂。其中,湛江修理厂于 20 世纪 80 年代初建成 3 万吨级船坞,当时为华南最大的船坞。

　　1955 年,广东军区后勤部设立一家修船厂,即现在的七八一七工厂。

　　1955 年初,交通部将设在广州东塱的珠江航运管理局船舶修造厂(广南船坞旧址)和广州港务局修船所合并,设立广州海运局广州船舶修造厂。

　　1955 年 6 月,珠江航运管理局船舶保养厂并入 18 家私营厂,组成公私合营广州船舶修理厂,1958 年 9 月改为广东省航运厅广州船舶修理厂。该厂于 1959 年迁至黄埔文冲。1962 年 12 月,交通部将该厂收归部直接管理,更名为交通部黄埔船舶修造厂(后改成文冲船舶修造厂）。1963 年 3 月,该厂经国务院批准建造 1.5 万吨级和 2.5 万吨级船坞各 1 座,成为华南地区最大的修船基地,并且逐步发展造船。

1958 年初,广州第一造船厂下放归广州市领导,同年 4 月与交通部下放的广州船舶修造厂合并为广州造船厂。1961 年 7 月,该厂收归三机部九总局领导,并进行扩建和改造,至 1970 年,已具备造千吨级军舰和万吨级轮船的能力,成为华南地区最大的造船厂。

1963—1974 年,交通部第四航务工程局、广州海运局、广州航道局、广州救助打捞局、广州远洋运输公司,先后在广州黄埔、沥滘等处设立船舶修理厂或航修站。1977 年,广州海运军又在湛江兴建湛江霞海修船厂。此外,广州、汕头、湛江、海口的航务局都先后设立船舶修理厂、外轮航修站、船舶保养厂或船舶维修车间。

1963 年,省航运厅新中国船厂由新中国机械厂和广东省航运厅船舶保养厂合并组建而成。交通部将文冲船厂收归部属后,于 1964 年给广东省投资 2 278.8 万元,在广州造岗建设新厂。1976 年,六机部又规划该厂为千吨级军辅船定点生产厂,对该厂进行投资扩建,成为广东省省属最大的船厂。1959 年,省航运厅先后接管了江门船厂、粤中船厂,并对两厂进行改造和扩建,成为省属骨干船厂。1965 年,省航运厅又于肇庆创建西江船厂,当时是作为新中国船厂的战备后方厂而兴建的。

省航运厅和属下珠江、东江(惠阳)、西江(肇庆)、北江、广州、佛山、湛江、汕头、梅州、韶关等航运管理局也都先后设立了修造船厂或船舶保养厂。

省农业厅水产局和属下市、县水产部门,在五六十年代设立的渔船厂有 20 多家,如省渔轮厂。广州市渔船修理厂和香洲、阳江、港口、汕尾、湛江、广海、汕头蛇口、三亚、东方、海口等渔船厂。其中,广东省水产厅渔轮修造厂(今广州渔轮厂)原为南海水产公司于 1953 年收购 5 家小厂组成的渔轮修造工厂,1945 年秋迁至郊跃洲建厂,1958 年将 3 家私营厂并入。1958 年,该公司迁海南岛詹县白马并另设新厂,该厂由省水产厅直接管理。到 20 世纪 60 年代末,该厂已发展成为华南地区最大的渔轮修造基地,并成为中国三大渔轮厂之一。1959 年,省水产厅另在湛江设立渔轮修理厂。1962 年,省水产厅还接收了一批地方船厂为省属渔船厂,主要有:汕头配件厂(广东省渔船修造一厂)、汕尾渔船厂(二厂)、惠阳港口渔船厂(三厂)、珠江渔船厂(四厂)、台山广海渔船厂(五厂)、北海渔船厂(六厂)、阳江渔船厂(七厂)、海口渔船厂(八厂)。

为数众多的私营小船厂,在 1953—1958 年合作化和对资本主义工商业进行社会主义改造期间,先后合并、改造,成为地方国营船厂、公私合营船厂或集体所有制造船厂、社。如汕头船厂、揭阳船厂、东莞船厂、道滘船厂、江门船厂、新会船厂、香洲渔船厂、珠江船厂等,都是由数家至二三十家小厂所组成。广州船舶修理厂(文冲船厂前身)则是由 61 家合营和单独经营的小厂组成。

1963 年 8 月,国家计委提出,造船工业具有军民结合、修造结合这一特点,必须统筹规划,合理分工,全国一套,不能各搞各的;并提出成立造船工业部,对全国修造船实行统筹的建议。1963 年 9 月,国务院撤销第三机械工业部第九工业管理总局成立第六机械工业部。

1966 年 9 月,六机部为加强与地方的联系和船舶业统筹管理,在广州成立华南造船指挥部,1968 年 8 月改名为华南生产建设办公组,负责对华南(广东、广西、湖南三省)地区造船工业的调研、统筹、规划及统管上级交下的计划产品,反映船厂的需求。

1971 年 4 月 12 日,中共中央批准中央军委国防工业领导小组《关于国防工业管理体制的报告》,对国防工业实行中央和地方双重领导。1971 年 8 月,六机部撤销华南生产建设办事组,六机部在广东的直属厂广州造船厂、黄埔造船厂、华南机械厂、长征机械厂、万里机械厂和新成立的华南物资供应站同时接受部和省的双重领导,以部为主。同年,各渔船厂除省水产厅直接管理之外,其他各厂下放地方管理。

1973年2月,国务院成立全国船舶工业统筹规划办公室,负责研究全国造船统筹方案。六机部和交通部在造船统筹办公室的领导下,各自模拟造船、水运发展规划和确定重点建设项目,并采纳地方政府的意见,从产品生产统筹着手,与地方政府协商,将其主要企业的船舶生产纳入国家统计计划,而企业原有隶属关系不变。此后,六机部给地方下达部分造船计划,并给予部分钢材指标,统一分配,受到地方船厂的欢迎。

1973年11月,省军区将国防工办移交省革委会,在省革委会下设立军工局(即第二机械工业局),统一管理全省军工企业及六级部署下的船厂和配套厂。

1974年4月,广东省成立造船统筹领导小组,负责修造船的统筹工作。1975年,对全省主要船厂包括中央各部门在广东的船厂和配套厂的技术改造、扩建、新建进行全面规划,建立军舰、海洋船舶、内河船舶、渔轮、工程船舶5个修造网,制订造船配套规划和船舶标准化等工作。在此期间,新中国船厂、江门船厂、粤中船厂、广州柴油机厂、建设机器厂等进行扩建。另外,新建了水红阀门厂、佛山锚链厂等一批配套厂。

1974年7月,六机部将广州、黄埔等厂下放,由地方和部双重领导,以地方为主,由省军工局管理。1976年冬,省将中央和省属企业下放当地市、县管理,广州、黄埔、新中国等船厂下放广州市电工业局管理。1977年春,又交回省军工局和省航运厅管理。1978年7月,六机将原来下放的企业受惠。实行以部为主的领导,与省仍保持密切联系。

船舶配套网点的建立,早在20世纪50年代末就已经开始。20世纪60年代初,船舶工业部门贯彻执行"自力更生,奋发图强"的方针,逐步走上立足国内、自行研制和建造现代化军用与民用船舶的发展道路。20世纪60年代,六机部投资数千万元,积极扶植一批船舶配套专业厂和定点生产厂。1969年,全省已有55个工厂承担造船配套产品,其中有10多家机电工厂归六机部管理,较具规模的有:广州柴油机厂、永红阀门厂、广州航海仪器厂、广州建设机器厂、广州向东机械厂、佛山船机厂、德庆阀门厂、西江航仪厂、西江机械厂、顺德船舶机械厂、南海船用锅炉厂等。

在这一阶段,船舶工业以军品为重点。海军为加强对军工产品的控制、监督、检查和验收等工作,从1955年起,先后在广州造船厂、黄埔造船厂、广州柴油机厂等生产军用舰艇及舰用设备的工厂派出驻厂军代表,设立军代表室。1967年,成立海军装技部广州工作组,具体领导华南地区海军驻厂军代表工作。

各船厂,特别是军工厂,经过多年建设和自我武装,拥有较大型和先进的设备,技术工种比较齐全,技术人员比较充实,材料物资供应条件较好,有比较丰富的生产管理经验。1965年,广州6家大船厂(广州造船厂、黄埔造船厂、文冲船厂、新中国船厂、广州渔轮厂和珠江船厂)建立每月一次的技术交流会。后来,在陈郁省长的关怀下,由省经委牵头,将交流会扩大为"广东省主要船厂厂际协作会",各厂轮流主持,互相调剂劳力余缺,开展生产协作及技术交流,克服设备所限的加工困难和技术、管理方面存在的问题,确保船舶建造的质量和周期。至1984年,参加厂际协作的船厂达24家,配套厂3家,对促进广东船舶工业的发展起了有益的作用。

为了克服木材和钢材供应不足的困难,1959年,珠江船舶修造厂成功试制广东省首艘30吨钢丝网水泥船。此后,广州、南海、顺德、汕头、揭阳、汕尾、江门、湛江、台山等地的船厂和水泥制品厂相继大批建造水泥船,仅佛山、湛江两地就有水泥船厂24家,职工约1 200人。后经省统筹协调,实行布点分工、重点扶植,在广州的中山小榄、顺德勤流、东莞石龙、斗门、湛江、汕头、揭阳等地形成专业厂,批量生产。这些工厂分属当地航运、交通、二轻或水产部门管理。最大的水泥船厂是位于南海区黄岐镇的广东省水泥船制造厂,有职工约千人,可制造千吨级钢丝网水泥驳船。

1975年9月,据广东省造船工业会统计,全省共有大、中、小船厂497家,职工6.5万人,其中国营船厂81家,其余为集体所有制厂、社,另有配套厂73家。从造船能力看,能造500吨以上船舶的有10家,职工2.49万人;能造100～500吨船舶的有44家,职工1.3万人;能造100吨以下机动船的有122家,职工1.35万人。另外,修造小木船、小渔船的集体所有制厂、社近300家。

船厂和配套厂分属各部门。其中,船厂属六机部的2家(职工1.25万人),属交通部的8家,属海军的4家,属省军区的1家,属省航运系统的28家,属水产系统的21家。配套厂属省一机系统的38家,属省二机系统的16家,属省电子系统的4家,属轻工系统的9家,属建材系统的2家,属公安系统的1家。

1975—1976年,六机部和省国防工办将新中国船厂、江门船厂、揭阳船厂、粤中船厂、东莞船厂、道滘船厂和新塘船厂列为归口厂,由六机部或省投资进行技术改进,并作为定点生产厂。

到1978年,广东建造的军用舰艇有:木质炮艇、"55"型道速炮艇、木质和铝制鱼雷快艇、"0110"型和"0111"型高速护卫艇、"05"型和"10"型扫雷舰、登陆艇、"037"型反潜护卫艇、"65"型护卫舰、"33"型潜水艇、"051"型导弹驱逐舰等战斗舰艇,以及多种规格型号的军辅船,包括600～1 000吨油船、水船、布缆船、潜水打捞救生船和运输船等。民用船舶有:2 000吨级以下驳船、50～3 000吨沿海货轮、13 000吨运洋货轮、"红星"号内河和沿海客货船、"红卫""广亚""琼沙"等型沿海和近海客货船;40～1 000立方米挖泥船、100～1 960马力内河拖轮和沿海拖轮、5～120吨起重船等多种工程船;有多种型号的木质渔船和"96"型、"8003"型、"8004"型和"8104"型等钢质渔轮。1953—1978年,造船产量共60.005万吨。从1970年前的年均造船产量1.07万吨,到1978年增加到7.62万吨。随着造船产量增长,船舶产品趋向大型化,提高了技术档次,职工队伍的素质在实践中得到不断提高。

第三节　改革开放阶段

1978年12月,中共中央十一届三中全会提出全国工作重点转移到社会主义建设上,提出"调整、改革、整顿、提高"的方针。制定以经济建设为中心,坚持四项基本原则,坚持开放的基本路线。据此,对船舶工业的建设进行了重大的调整,从过去的"军民结合,以军为主""修造并举,以修为主",调整为"军民结合,军品优先"及"修造结合,以造为主"的方针,主要发展民用产品;在生产经营上提出"国内为主,积极出口,船舶为主,多种经营"的方针。

为适应改革开放的新形势,六机部于1979年初决定以广东地区为试点,进行管理经营一体化改革。3月19日,邓小平指示:六机部可建立上海、大连、广州三个造船专业公司。同年7月,省造船统筹领导小组办公室改称广东造船办公室,受省计委、省经委领导,负责全省修造船业,包括套工业的统筹工作。

1980年1月,成立广东船公司,受部和省双层领导,以部为主,管理六机部在广东的两家直属厂和华南捞管理处,并归口管理广东省属的 24 家船厂和配套。同年,广东造船公司与新加坡华昌国际有限公司,以合股形式,在香港成立华昌国际船舶有限公司,开拓出业务。

与此同时,省航运管局于 1980 年 2 月 1 日成立广东省航运船舶工业公司,主管原省航运局所新中国船厂、江门船厂、粤中船厂、西江船厂、广州船舶机械厂。该公司还管理汕头船厂、潮州造船厂、南海造船厂、惠州船厂、惠阳航运公司船舶保养厂、湛江造船厂、顺德造船厂、鹤山船厂、北江船厂、斗门船厂、道滘船厂、新塘船厂、松口船厂。

广东省水产局成立广东省渔船公司,主管香洲渔船厂、阳江渔船厂、港口渔轮修造厂、湛江渔船厂、广海渔船厂、蛇口渔船厂、海口渔船厂和汕头渔机厂。

广东省国防工业办公室成立岭南工业进出口公司,主管 17 家船舶配套专业厂和新会、揭阳、东莞 3 家船厂。1981 年 12 月,这 3 家船厂划归广东省航运船舶工业公司管理,17 家配套厂则另成立联合性质的广东省船舶配套工业公司。

1982 年 8 月,广东地区的海军修造船厂也组成华南修造船公司(该公司于 1989 年撤销,海军各船厂归属各基地装备修理部管理)。在此前后,各市、县主管船厂的局也改设为航运公司、机电工业公司、渔业公司等。

1982 年 5 月 4 日,国务院撤销六机部,成立中国船舶工业总公司。5 月 14 日,撤销广东造船公司,成立广州船舶工业公司,管理两广地区原六机部所属的船厂、船机厂及原属交通部的文冲船厂和原属省国防工办的广东船舶设计研究院(后改称广州船舶及海洋工程设计研究院)。

1983 年 6 月,广东省航运船舶工业公司扩大为广东省船舶工业联合公司。1988 年 2 月 8 日,又成立广东省船舶工业联合(集团)公司,其成员有船厂 22 家(新中国船厂、江门船厂、粤中船厂、西江船厂、珠江船厂、汕头船厂、惠阳航运公司船舶保养厂、新会船厂、揭阳船厂、潮州船厂、南海船厂、斗门船厂、东莞船厂、惠州船厂、湛江造船厂、顺德造船厂、鹤山船厂、北江船厂、道滘船厂、平洲船厂、礼乐船厂、顺德华兴船厂),船舶配套厂 7 家(广州船舶机械厂、中山小榄船舶装件厂、顺德船舶机械厂、广州建设机器厂、潮阳船舶配件厂、西江机械厂、佛山锚链厂),船教育科研设计单位 3 个(华南理工大学船舶与海洋工程系、广东省航运科学研究所、广东省船舶设计公司),并有 6 个经营、生产、销售的公司和经理部,共 38 个单位。1990 年,该集团公司船厂增至 27 家,包括广东省船舶工业联合公司所属船厂、香洲渔船厂、阳江渔船厂、顺风船厂、黄岐船厂和江门市郊区船厂。

随着经济体制改革不断深入,船舶工业的管理方式也出现了新的变化。其中,广东省省属的企业,1987 年后大部分都相继下放到所在地的公交系统管理,企业自主权增大。但仍坚持自愿、平等、互利的原则,实行联合经营和从凑协调,以适应市场经济和竞争的需要。船舶总公司系统,其企事业单位的隶属关系不变,有一些企事业单位,在系统内外展开了多种形式的横向联合,但主要船舶的生产计划、供销业务、出口贸易以及经营效益等均须上报船舶总公司。

1985 年,据全国工业普查统计,广东省船舶修造企业及船舶配套产品企业共 154 家。其中,船舶修造企业 110 家,包括船舶总公司属下船厂 3 家、交通部属下船厂 1 家(即航道局船舶修造厂,其余各厂未列入),海军船厂 4 家,广东军区后勤部船厂 1 家。原广东省直属船舶修造厂 24 家,其余分属市、镇、管理的小厂;船舶配套产品企业 44 家。职工总数 3.3 万人。

广东毗邻港澳,华侨众多,信息灵通,对外交往方便。广东船舶工业企业充分利用这些有利条件及当地的特殊政策和灵活措施,积极参加国际投标和工贸结合等形式,建造大量出口船舶。其中少数是西欧厂商订购的货船及玻璃钢游艇的产品,绝大部分是港商订货。

1979—1990 年,民用产品主要有:国际先进水平的 2.5 万吨级成品油轮、1.65 万吨多用途船、1.1 万吨集装箱船、自升式钻井平台、万吨级教育实习船、5 000 吨级货船,一大批中、小船舶,包括双体高速货轮、铝合金双体侧壁式气垫船,52 车双层车渡船,500 重船、60 米打桩船等工程船舶,"8152"型、"8106 型"、艉滑道施网渔船,综合节能双拖渔船,中国最大型的"8166"型双甲板艉滑远洋渔船以及玻璃钢竿钓渔船等。同时建造新一代的军用舰艇,包括改进型导驱逐舰、改装导弹护卫舰和建造新型导弹护卫舰、大型巡艇等。

1979—1990 年,广东省造船产量 136.5 万吨,为 1953—1978 年造铅产量的 226.9%。其中,27 家骨干企业造船 3058 艘、107.5 万吨。出口船舶 54 万吨,约占广东省船舶产量的40%,其中出口香港的船舶占出口总量的 94%。

修船也有较大发展,已修理 7 万级船舶、液化气体船和半潜式大型石油钻井平台。除此之外,各船厂还积极利用自身技术条件开发大量非船产品。

第十一章　现代广东民用运输船型

中华人民共和国成立后,处于停滞状态的民族工业亟待恢复和发展,国内造船工业不仅关系到国民经济的发展,同时也是我国海军建设的支柱产业。鉴于广东地处祖国南疆,濒临南海,发展船舶工业是国家保卫海疆、发展航运和渔业等方面的迫切需要,党和国家非常重视广东船舶工业的建设和发展。1949年以来,国内政治和经济的发展具有不同的时代特点,广东运输船舶也深深打上了时代的烙印。下面分三个阶段来讲述广东运输船舶的发展情况。

根据民用运输船舶的范畴,下面根据各个阶段的特点将运输船舶分为客船(客货船)、驳船、水泥船、干散货船、液货船、集装箱轮和渡轮七个类别进行论述。

第一节　"艰苦创业"和"初步发展"(1949—1978年)

一、客船(客货船)

1. 概况

20世纪五六十年代,珠江水系船是以"花艇渡"为代表。花艇渡产生于清末,是当时航行于珠江下游的一种较为理想的新式木质客货驳船。但花艇渡需由拖轮拖带,航速较慢。

1968年,粤中船厂首制钢制自航内河客货船,有22个卧位,平均吃水1.6米,单机、单螺旋桨,航速约19千米/小时,取名"红星123"。此后,又续造20多艘,主尺度及其载客量不尽相同,但皆取名"红星×××"。这是第一代"红星"型内河客货船,代表产品为"红星247"。第一代"红星"型货船因吃水较深,不能常年航行于东平水道,故经济效益欠佳。

为此,广东省船舶设计研究所经过调查研究,改进设计出浅吃水、双机、双桨、隧道线型。

1975年,广州造船厂设计、建造珠江水系第一艘双体船,两个片体的主尺度分别为33.05×10.8×2.9米,片体宽3.4米,满载排水量240吨,可载客1 200人(座位),主机2×240马力,航速19.5千米/小时,此后,黄埔造船厂、文冲船厂和省渔轮厂等也相继建造类似的交通船。

1967年初,汕头船厂设计建造90客位沿海短程客货船;1969年,文冲船厂建造1 800吨级沿海客货轮"红卫七号";1971年,汕头船厂设计建造115客位沿海客货船;1975—1979年,文冲船厂续造"红卫七号"改进型船"红卫九号""红卫十号""红卫十一号",排水量为2 235吨,载客位525人,载货量250吨;

2. 主要沿海客货船和航线简介

"红卫七号":本船由上海船舶设计院设计,1969年文冲船厂建造,是沿海航行的柴油机客货船,钢质,双螺旋桨,艏柱前倾,巡洋舰式船尾,具有双层连续甲板,机船近中部,船体结构为横骨架式,满足中国1968年钢质海船入级与建造规范中航行于二类航区的要求。船东广州海运局将本船用做航行于广州到海口之间的定期航班。其中,一等舱1人,客舱可分为

二、三、四等,二等舱 8 人、三等舱 204 人、四等舱 104 人,共载客 317 人,前后货舱可载杂货
200 吨,货舱口设有 1.5 吨起货机。主机为 GM12-278A 型二冲程柴油机,1 200 马力×2 台,
航速 14.6 节,续航力为 1 000 海里。这是广东建造的第一艘沿海钢质客货船。

　　"广亚"型客船:1976—1978 年由广州造船厂修改设计和建造,稳性满足 1974 年中国海
船稳性规范Ⅱ类航区的要求,抗沉性满足一舱制要求,选用民主德国造的柴油机8NVD48-2U
增压,1320 马力×2 台。配置 250 千瓦发电机组 2 套,6.5 吨一米液压舵机 1 台。客舱分
成:二等舱 4 间,每间 4 人,共 16 人;三等舱 22 间,每间 6~8 人,共 166 人;四等舱 14 间,每
间 10~36 人,共 206 人;五等舱 2 间,每间 60~72 人。客舱可载客共 510 人。客舱前后各
有一货舱,可载 250 吨,货舱口设有 1.5 吨起货机 1 台,航行于广州、海口、三亚之间,船东
为广州海运局。

　　3. 典型船型和船舶简介

　　20 世纪五六十年代,珠江水系客船(客货船)以"花艇渡"为代表(如图 8-2)。花艇渡
产生于清末,是当时航行于珠江下游的一种较为理想的新式木质客货驳船,但"花艇渡"需
要由拖轮拖带,航速较慢。

　　1968 年,粤中船厂首制自航内河客货船"红星 123"号(见图 11-1),有 220 个卧位,平
均吃水 1.6 米,单机单桨,航速约 16 千米/小时。此后,又建造了 20 多艘系列船,均以"红
星"系列命名。这是第一代"红星"型内河客货船,以"红星 247"为代表。

图 11-1　20 世纪 60 年代广东自行设计制造的内河"红星 123"号钢质客船

　　1949 年后,沿海客货船也得到了长足的发展。沿海客船主要有以下几个航线。

　　潮梅汕线:1967 年初,汕头船厂设计建造 90 客位和 115 客位沿海短程客货船。
见图 11-2。

　　穗海线("红卫"型):1969 年,文冲船厂建造的"红卫 7 号"轮,是航行于广州到海口之
间的班轮。该轮为沿海航行柴油机客货船,钢质,双桨,是广东建造的第一艘沿海钢质客货
船。1975—1979 年,文冲船厂又陆续建造了"红卫 7 号"的改进型"红卫 9 号""红卫 10 号"
和"红卫 11 号"等,排水量为 2 235 吨,载客 525 人,载货 250 吨,见图 11-3。

图 11 – 2　20 世纪 60 年代新型客轮在梅州—潮州航线

图 11 – 3　穗琼线客货轮(1964—1969 年),广州到海南的"红卫"系列客货船

　　广亚线("广亚"型):"广亚"型客货船为 1975—1978 年由广州造船厂设计制造,航行于广州、海口、三亚之间,船东为广州海运局。

　　琼沙线("琼沙"型):"琼沙"型客货船(见图 11 – 4)为 Ⅰ 类航区钢质柴油机运输船,兼作临时医疗船,由广州造船厂于 1978—1981 年间建造。该型船为三桨,双舵,可载客 219 人,载货 200 吨,载淡水 150 吨,续航力 3 000 海里,自持力 12 昼夜。航行于海南岛、西沙、中沙和南沙群岛之间。

图 11 –4　"琼沙"客货轮（1977 年）航行于西沙群岛

珠江夜游：见图 11 –5 和图 11 –6。

图 11 –5　20 世纪 70 年代珠江 250 客豪华客轮

二、驳船

1. 概况

广东省内河驳船数量众多，有拖轮拖带或用机动驳顶推。20 世纪 60 年代中后期，大批量发展机动驳船，多数为"一顶一"，少量艉"一顶二"形式的运输船组，因受航道的限制，驳船尺度小，吃水浅，长宽比小。据 1984 年统计，广东建造的驳船有甲板驳、半仓驳和仓口驳 3 大类，共 48 个品种。若按已载货种类分，可分为货驳、煤驳、囤驳、油驳、泥驳、石驳、集装箱驳等。

图 11-6　珠江夜游夜景

　　油驳按所载货油品质不同可分为重油驳、柴油驳、汽油驳、粮油驳。油驳除设置油舱外,还设置有动力舱、泵舱、输油管及阀箱、阀。有些装载原油的驳船,还设置有低压锅炉,便于给原油加热后泵输出驳外。

　　泥驳有开口、开底和开体三种类型。泥驳上设有发电机组,由发动机带动机械以开、关阀门,有 80,120,200,250,280,500,1 000 立方米等多种规格。20 世纪 80 年代后期开发的 500,1 000立方米开体泥驳用电液压机械使泥驳的两半体呈八字形分体,提高了卸泥效率。

　　煤驳和石驳多为甲板型驳船,其中有 65 吨变吃水煤驳、450 立方米自动抛石驳。自动抛石驳设置有特殊结构的水舱,抛石时只需打开阀门,让水自动进入舱内使石驳倾斜到 35°左右,甲板上的石块即可自动滑落水中,完成卸石任务。这种自动卸石驳于 1966 年由广州造船厂建造,设计师是吕宝璋。

　　海洋驳船按其用途可分为两种:一种是以港口装卸作业为主的港口驳,其船长受到一定限制;另一种是以运输货物为主的运输驳,它的尺度没有限制。其代表作品:港口驳有新中国船厂建造的 600 吨、1 200 吨舱口驳,黄埔造船厂建造的 2 000 吨舱口驳,珠江船厂建造的1 000吨囤驳;运输驳有 500,1 000 吨货驳、1 800 吨双壳驳、500 吨油驳等。这些驳船,在广州造船厂、黄埔造船厂、新会船厂、西江船厂、粤中船厂、揭阳船厂、汕头船厂等大、中型船厂都有建造。

　　1959 年,珠江船舶修造厂试制成 30 艘钢丝网水泥船后,广州、南海、顺德、汕头、揭阳、汕尾、江门、湛江、台山等地的船厂及水泥制品厂相继制成 5 吨、10 吨、20 吨水泥驳船和 200 吨沿海氨水驳船。广州地区还有 25,30,35,60,120,200,240 吨级水泥船货驳,都是定型批量生产。

2. 典型驳船

广东省处珠江水系中下游,河道纵横,航运发达,内河之中,驳船众多。驳船一般由拖轮拖带或用机动驳顶推。20 世纪 60 年代中后期,大批量发展机动驳船,多数为"一顶一",少量为"一顶二"形式的运输船组。因受航道的限制,驳船尺度小,吃水浅,长宽比小。据统计,1949 后,广东建造的驳船有甲板驳、半仓驳和舱口驳 3 大类,共 48 个品种。以载货种类分,有货驳、煤驳、闽驳、油驳、泥驳、石驳、集装箱驳等。

20 世纪 50 年代至 70 年代初,珠江水系的货运船舶以拖驳船队为代表。这个时期,广东内河基本上仍使用 1949 年以前遗留下来的蒸汽机拖轮,以木质居多,钢质甚少,比较著名的钢质蒸汽机拖轮以大"东风"为代表,其蒸汽机和锅炉的体积重量较大,拖带力强,可以拖带 1 000 吨级货驳逆水上行西江,也是拖带广州 5 大客运航线(广州至梧州、肇庆、江门、三埠、石岐)花艇渡的主力。图 11 - 7 为 20 世纪 60 年代江西运煤顶推驳船组。

图 11 - 7　20 世纪 60 年代江西运煤顶推驳船组

三、水泥船

从建国初期到 20 世纪 70 年代末,内河仍在使用之前遗留下来的蒸汽机拖轮(见图 11 -9)。三年自然灾害时期,国家资源紧缺,为了减少木材的使用,国家大力推广钢丝网水泥船的发展。二十世纪六七十年代,水泥船在广东得到了很好的发展和应用,70 年代的水泥船如图 11 - 8 所示。

1969 年,南海船厂建造出广东省第一艘 250 客位的水泥客货船"红星 228 号";1970 年揭阳船厂建造出广东省第一艘沿海水泥货船,载重量为 600 吨的"奋进"号(1980 年改称为"粤海 501"号);1972 年,南海船厂建造出广东省第一艘 108 马力的水泥拖轮。图 11 - 10 展示了 20 世纪 70 年代在珠江范围的拖驳作业。

四、干散货船

中华人民共和国成立后,随着广东造船造机业的发展,内河机动驳的出现,极大地推动了珠江水系内河货船的发展,进而带动了沿海货轮和远洋货轮的进步。

1. 内河机动货船

内河机动货船分为甲板、半舱、舱口、顶推四种类型,据 1984 年统计,共有 65 种型号。

20 世纪 70 年代设计的"一顶一"顶推船组有五种类型:

(1)团结 - 胜利船组(50 吨货船顶推 65 吨甲板驳作业);

图 11 - 8　20 世纪 70 年代水泥船

图 11 - 9　中华人民共和国成立初到 20 世纪 70 年代初期,内河仍在使用遗留下来的蒸汽机拖轮

图 11 - 10　20 世纪 70 年代珠江拖驳作业

（2）大团结 - 胜利船组（80 吨变吃水货船顶推 100 吨变吃水甲板驳作业）；

（3）前进 - 粤江船组（110 吨货船顶推 625 吨甲板驳作业）；

（4）大前进 - 粤江船组（200 吨货船顶推 400 吨甲板驳作业）；

（5）西江上游干支流顶推船组（40 吨货船顶推 50 吨甲板驳作业）。以上船组适航于浅水航道，实用面广，经济效益高，深受用户欢迎，已成为珠江水系货运的主要船型。由于广东航道复杂，水位各异，流急弯多，曲率半径小，对分节驳顶推船组的使用和操纵都存在困难，码头、泊位的条件又不具备，因此"一顶一"顶推船组是具有关东特色的优良船型。

随着船舶科学技术的进步，广州地区出现了造型别致的专业货船，例如，番禺造船厂建造的 50 吨散装水泥卧式贮罐气动输送专用船；珠江船厂制造的全国第一艘螺旋输送自航自卸 300 吨散装水泥运输船和 500 吨散装水泥运输船、200，300 吨 A 级航区自航自卸运砂船等。江门船厂也建造了 550 立方米的散装水泥货船。

干货船的品种较多。1955 年汕头船厂建造 1 艘 100 吨级木质沿海货轮。20 世纪 60 年代，广州造船厂、新中国造船厂、江门船厂、西江船厂、省渔轮厂和文冲船厂批量建造 50，100，150 和 200 吨级沿海、近海货船；1968—1970 年，广州造船厂建造 800 吨沿海船工 9 艘。20 世纪 70 年代，新中国船厂、文冲船厂、黄埔造船厂、广州造船厂批量建造 400 吨、600 吨、1 000 吨、3 000 吨、5 000 吨及 13 000 吨的近海或远洋货船。

2. 主要远洋货船简介

"阳"字号 13 000 吨远洋货船：1972 年 3 月，广州造船厂开工建造"阳"字号万吨级远洋货船，标志着广州船舶工业跨上了一个新台阶。该船以上海江南造船厂建造的"岳阳"号图纸为基础，按船东广州远洋运输公司的要求，由广州造船厂做了修改设计，主要是增加纵向强度及机舱结构强度；将主机功率从 8 800 马力增加到 12 000 马力，航速亦从原来的 17.4 节增加到 18.6 节；船上装有国产的 751 型雷达 2 台，航海 I 型电罗经、测向仪、计程仪、测深仪、定位仪等多种导航设备；采用上海 704 研究所设计、广州造船厂自行制造的 65 吨一米转叶式液压舵机等。该船机舱设备共 13 项 25 台，甲板机械 8 项 28 台，通风导航设备 13 项 16 台，合计 36 项 69 台。除主机、发电机组进口外，其余皆由国内配套供应。本型船共建造 7 艘，其中第三艘"揭阳"号的主机是广州市柴油机厂 1975 年试制的 6ESD75/160B 型低速柴油机，12 000 马力。另外，第七艘船的通讯导航设备改用了进口设备。

3. 典型船型

内河机动货船主要有甲板、半舱、舱口和顶推四种类型。20世纪60年代中后期,针对东江和北江浅水河道的特点,建造出50吨级水焗型机动甲板驳货轮;针对西江干流和珠江三角洲河道较深的特点,建造出120吨级水焗型机动甲板驳货轮。内河顶推货船,20世纪70年代设计出优良的"一顶一"顶推船组,主要有五种类型:"团结——胜利"船组(50吨货船顶65吨甲板驳);"大团结——胜利"船组(80吨变吃水货船顶100吨变吃水甲板驳);"前进——粤江"船组(110吨货船顶625吨甲板驳);"大前进——粤江"船组(200吨货船顶400甲板驳);西江上游干支流顶推船组(40吨货船顶50吨甲板驳)(如图11-11所示)。"一对一"顶推船组是具有广东特色的优良船型。

图11-11　20世纪60年代西江顶推船队

建国初期,沿海运输货轮主要是原招商局和民营轮船公司船舶,其中招商局"登禹"轮,3200吨载重量,是当时广东最大吨位的货轮。随着国内造船业的发展,广东沿海干散货船也得到了长足的发展。1955年,汕头船厂建造1艘100吨级木质沿海货船。20世纪60年代,广州造船厂、文冲船厂、江门船厂等船厂批量建造了50,100,150和200吨级沿海、近海货船。1968—1970年,广州造船厂建造800吨级沿海货船,批量共9艘(见图11-12和图11-13)。20世纪70年代,新中国船厂、文冲船厂等船厂批量建造了400吨、600吨、1000吨等沿海货船(见图11-14)。1975年,从香港益丰接受的"红旗101,103,104,105,106"5艘三岛式柴油机货轮,是广州沿海运输中最早出现的万吨级货轮。

远洋运输货轮,在中华人民共和国成立后也开始由无到有、由进口到自己制造。20世纪70年代,广东沿海及远洋货轮主要是"红旗"系列,其中"红旗163"轮为大连船厂制造,是广东最早的远洋国产货轮。1971年,广州造船厂开工建造"阳"字号万吨级远洋货轮,标志着广州船舶工业跃上新的台阶。该型船共建造7艘,为13000吨级。其中,有华南地区第一艘万吨级远洋货轮——"辽阳"号。此外,还有广州远洋公司成立后建造的第一艘船——"光华"轮(见图11-15)。

图 11-12　沿海 800 吨货轮（1968 年）中华人民共和国成立后广东早期批量生产定型船舶

图 11-13　广远"黎明轮"1968 年 4 月首次绕行台湾海峡

五、液货船（油船）

中华人民共和国成立前，广东沿海基本没有油轮运输。中华人民共和国成立后到 1967 年，上海沪东船厂为广州海运局建造了"大庆 202,203,204,205"4 艘 300 吨级油轮，是广东最早拥有的油轮。"大庆"系列油轮是广东油轮的主力船型。1971 年，广州远洋运输公司接受退役 2.05 万吨油船，"大庆 230"轮是广东最早的万吨级油轮。1976 年，中国远洋移交广州远洋的"大庆 250,251"油轮，是广东最早的 4 万吨级以上的沿海油轮。1977 年，天津远洋移交广州远洋的 7.1 万吨级"大庆 252"号油轮是当时国内载重吨数最大的沿海运输油轮。广东本土建造的液货船（油轮）主要有油船、供水船、成品油船、化学品液货船等几类。

图 11 – 14　华南地区第一艘万吨远洋货轮"辽阳"号

图 11 – 15　广州远洋公司成立的第一艘"光华"轮

1957 年,广州造船厂首次开工建造 300 吨沿海油轮。1957—1965 年,黄埔造船厂建造了 600 吨油船、水船各一艘。1966—1968 年,粤中船厂、广东省渔轮厂建造援越的 50 吨级油船 共 80 多艘。1967 年,广州造船厂建造 600 吨供水船,1970 年建造 600 吨油船,1974 年建造 1 000 吨油船。同期,新中国船厂建造 600 吨油船和 600 吨水船。1976 年,六机部指定新中 国船厂为 1 000 吨级油船的顶点批量制造厂,1976—1982 年,共建造 1 000 吨级油船 24 艘, 1 000 吨级水船 8 艘。汕头、江门、新塘、西江、粤中等船厂也分别生产 500,600 或 1 000 吨 油轮。

　　1988 年,广州造船厂按英国劳氏规范设计、承造香港万邦海运公司的 25 500 吨成品油 轮——"红旗 121"号邮轮(见图 11 – 16),该船满足 16 种有关国际公约、规则及条例要求。 主机采用国产 HD-MAN,B&W5L60MCE,MCR8400,服务航速 14 节,节装载石油产品及 14 种闪点在 60 ℃ 以下的货油。该船最大的特点是对货油舱及其管系选用英国公司的 CAMREX 公司的 CAMKOTEA2 油漆为特种涂料,以保护钢材免遭成品油腐蚀,同时使货油

不受污染。该船大部分采用进口机、电、通讯、导航设备,占总量的81%。该船型跨至
1991—1992年各完工1艘。

图 11 – 16　"红旗 121"号油轮

六、渡轮

作为接驳渡口的小型机动渡轮在中华人民共和国成立后亦迅猛发展。这些小型渡轮
在各地的地方船厂都有生产。代表性的有1967年,广州造船厂建造了2艘42米火车渡轮。
其后,湛江、江门、汕头、揭阳、新会等船厂,分别建造了4车、8车、12车渡轮,其中,江门船厂
建造出21车轮渡,排水量1 006吨,882匹马力。1967年,广州造船厂建造42米火车渡轮2
艘。1976年建造的汽车滚装船"康安口"轮见图11 – 17。

图 11 – 17　1976 年建造的汽车滚装船"康安口"轮

　　湛江、江门、汕头、揭阳、新会船厂分别建造4车、8车、12车渡轮,江门船厂建造21车渡轮,排水量1 006吨,882马力。

第二节　"扬帆起航"——1978年后至20世纪90年代

　　党的十一届三中全会以后,我国进入了新的发展时期,坚持以经济建设为中心,坚持改革开放,国家经济实力迅速增强。广东船舶逐步从封闭走向开放,立足国内,面向世界,不断扩大与世界航运和造船界的交往,面貌发生了巨大变化,取得了显著成就。

一、客货船

1. 概况

　　改革开放后,随着内河客运的兴起,尤其在珠三角经济高速发展的地区,客源逐年增加,广东内河客运船舶发展迅猛。

　　由于第一代"红星"型客货船吃水较深,不能常年航行于东平水道,1980年,江门船厂建造了第二代"红星"型客货船代表船"红星389"。该船主机功率2×180马力,首次采用广东省航运科研所研制的气动遥控双主机装置,改善了操纵主机的条件。该船有卧位350个,仍沿用"花艇渡"的大统舱,但载主甲板下的四等舱内首次采用机械通风,改善了旅客的生活条件。该船型经过较长时间的营运,经济效益较好。成为广州—梧州航线的优秀船型,获1983年国家经委金龙奖、交通部优秀船型二等奖。

　　1985年,广东省船舶设计研究所设计出新一代珠江水系客货船,与第二代"红星"轮相比。其主要不同点是设有空调房间,大大改善了旅客的生活条件,同时也适应了不同层次旅客的需要。该型首制船由江门船厂建造,定名为"粤华"号,航运部门称这种船型为珠江水系第三代客货船。

　　1987年,广东省船舶设计所又研制出单头双艉、双机、双桨的第四代珠江水系客货船,设2人、4人空调房间共52个卧位,大统舱300个卧位,配有空调装置的餐厅可兼作文娱室。由江门船厂建造的该型首制船取名为"荣华"号。该型船不仅使旅客的生活条件大为改善,而且由于采用单头双艉线型,大大提高了推进效率。

　　除珠江水系外,粤东地区韩江水系的内河客货船也有不断改进,潮州船厂和汕头船厂建造的50卧位、200客位客船,也受到旅客的欢迎。

　　1980年,广州造船厂为广州旅游局设计建造一艘双体旅游船,主尺度为38.81×10.8×5.88米,满载排水量258吨,设4层甲板,可载客250人,主机2×240马力,航速22.2千米/小时。

　　1985年,广州造船厂设计建造2艘穗澳线双体客船,主尺度为42.2×14.0×10.7米,载客194人,主机2×400马力,航速11节,是航行于广州至澳门的定期班轮,可航行于广州至深圳蛇口、珠海九州。

　　20世纪80年代,随着内河客运的兴起,尤其在珠江三角洲经济高速发展的地区,客源逐年增加,促使玻璃钢高速船的进一步发展。现有的玻璃钢高速船客位多在40~60客位之间,航速20~30节左右。此类高速船多在深圳江辉船厂、东莞船厂、蛇口船厂、广州造船厂、新中国船厂和粤中船厂建造,投入营运的已超过50艘。其中,大型玻璃钢游艇主尺度为16.4×5.08×2.4米,排水量25.2吨,主机970马力,航速22节,香洲渔船厂于1988年9月设计建成新型玻璃钢双体气垫船,双体水翼船也在建造中,广州造船厂于1990年建成一艘40客位内河侧壁式气垫船。

随着玻璃钢船建造技术水平的提高,建造质量得到保证,为玻璃钢小艇出口提供了条件,如江辉船厂、东莞船厂、蛇口船业玻璃钢厂已批量出口不同类型的游艇。

1975—1983年,广州造船厂先后建造"广亚"型、"琼沙"型记华南线客货船共13艘;1983年,新中国船厂与上海船舶设计院联合设计,由该厂建造一艘双体海峡客船,主尺度为49×13.6×9.6米,满载排水量550吨,主机2×600马力,航速12.5节,载客400人,航行于海安至海口间的琼州海峡;1986年,新中国船厂设计建造200客位"上川旅游01"号客船;1986年,文冲船厂建造万吨级远洋教学实习船"育龙号"。

2. 主要沿海客货船和航线简介

"琼沙"型客货船:本船为I类航区钢质柴油机运输船,兼作临时医疗船。1978—1981年由广州造船厂设计建造。该型船为三桨,双舵,艏柱前倾,巡洋舰式船舰,双层连续甲板,航行于海南岛、西沙、中沙及南沙群岛。稳性满足1974年中国海船稳性规范对一类航区客船的要求,抗沉性满足一舱制要求。船上设首长室1间,1人;二等舱5间,每间2~3人,共16人;三等舱16间,每间10~14人,共202人。可载客总共219人。该船设前后货舱及淡水舱,载货200吨,载淡水150吨,货舱口共装有1.5吨起货机4台。采用民主德国生产的8NVD48－2U柴油机做主机,1320马力×3台,航速16节,续航力3000海里,自持力12昼夜。主要设计师:潘惠泉、黄钟福。

华南线客货轮:本船由上海七〇八所设计,1983年由广州造船厂建造,船名为"马兰""山茶",船东是广州海运局。航行于广州、三亚、汕头、厦门等国内各航线。本船艏柱前倾,方艉,二层连续纵通甲板,机舱位于中部稍后,采用民主德国造12VESDZ50/55柴油机做主机,2250马力×2台,航速15.7节,续航力1500海里,自持力6昼夜。本船在游步甲板前设一等舱4人,二等舱32人,在游步甲板后及上甲板前部设三等舱218人,在主甲板前部设四等舱154人,在平台甲板前部设五等舱192人,合计载客600人。设前后货舱,可载客260吨,舱口各设2吨旋转起货机1台,主发电机6NVD36A/1,450马力×3台。

"育龙"号远洋教学实习船:1986年11月,文冲船厂承建国内首制远洋教学实习船"育龙"号,船东是大连海运学院。该船可兼作航海科研、装运杂货及集装箱。本仓单桨、单舵、倾斜式船首、方艉,配有实习驾驶室、实习海图室、实习控制室各一间,可供104名学员实习。全船设4个货舱,三层纵通甲板,具有艏楼,艉楼和五层甲板室。主机配有遥控系统,自动化电站。按我国ZC规范建造入级,可装载集装箱140TEU。

3. 典型船型和航线

1985年,广东省船舶设计院设计出新一代珠江水系客货船,称为珠江水系第三代客货船。与第二代"红星"轮相比,第三代客货船设有空调房间,大大改善了旅客的生活条件。该型船首制船由江门船厂建造,名为"粤华"号。

1987年,江门船厂建造第四代客货船首制船"荣华"轮(如图11－18所示)。该轮为单头双艉、双机、双桨,设有2人和4人空调房间共52个卧位,大统舱300个卧位,配有空调餐厅。

除了内河客货运的迅猛发展外,广东沿海客货运输更是得到了空前的发展。主要体现在粤港澳航线、广东沿海以及广东与海南的航线运力提升和船型的更新换代。

华南线客货船:1982年,广州海运局购进日本全通船楼型客货船"紫罗兰"轮(见

图 11 - 19),4 000 吨级载货量,772 客位,续航力 17 700 海里。这是广东航行沿海南北线的第一艘客货船,也是广东沿海运输历来吨位最大,载客最多的客货船。1983—1984 年,华南南北航线新增"华南"型客货船"马兰"号和"山茶"号,由广州造船厂建造,260 吨载货,600客位,续航力1 500海里。1984 年,沿海南北航线又新增"长征"型客货船"万年红"号和"珍珠梅"号,由当年沪东船厂建造,1 900 载货吨,720 客位,续航力 3 500 海里,航速 17 节,是广东沿海客货船中航速最快的船舶。

图 11 - 18　1987 年广东自行建造的第一艘双艉客轮"荣华号"

图 11 - 19　1983 年首艘穿越台湾海峡的国内客轮"紫罗兰"号

　　1985 年,广州海运局从希腊造"红棉"号和"红菊"号滚装客货轮 2 艘。其中"红棉"轮(见图 11 - 20)为 1 500 载货吨,476 客位,可载 60 辆小汽车。主要航行于广州至海南航线。
　　港澳线:1978 年改革开放后,沉寂多年的港澳客运又重新活跃起来。1978 年,首先恢复了中断达 30 年之久的黄埔—香港航线,之后广州—香港、汕头—香港、肇庆—香港陆续恢复通航。1980 年,"星湖"(如图 11 - 21)和"鼎湖"客轮投入运营。1981 年,"明珠湖"和"银洲

湖"双体快速客轮使用。1983 年,"南湖"客轮开通湛江—香港、海口—香港航线。以后,
"潭江"客轮、"西江"客轮、"流花湖"客轮、"逸仙湖"客轮陆续开通广东各地至香港航线。
1985 年广州造船厂建造 2 艘穗澳双体客轮,载客 194 人,航速 11 节。

　　1975—1983 年,广州造船厂先后建造"广亚"型、"琼沙"型共 11 艘。1983 年,新中国船
厂建造 250 客位沿海客轮"西江"号。1984 年,江门船厂建造 240 客位客轮"潭江"号。1985
年,新中国船厂建造一艘双体海峡客轮,载客 400 人,航行于海安与海口之间的琼州海峡。
1986 年,新中国船厂建造 200 客位"上川旅游 01"号客船。20 世纪 90 年代,建造了港澳客
船(如图 11 -22)。1986 年,文冲船厂建造万吨级远洋教学实习船"育龙"号(如图11 -23)。

图 11 -20　20 世纪 80 年代航行海南岛的广海"红棉"客轮

图 11 -21　1979 年首航广州—香港的豪华邮轮"星湖"号

图 11 - 22　20 世纪 90 年代港澳客船

图 11 - 23　1986 年文冲船厂建造的万吨级远洋教学实习船"育龙"号

珠江夜游船见图 11 - 24。

二、驳船

1983—1986 年,广州市各航运单位成批建造钢质半舱型货驳,计有 80 吨级的 45 艘、120 吨级的 75 艘、200 吨级的 13 艘、300 吨级的 15 艘、500 吨级的 2 艘,共计 150 艘,20 700 吨,其他地区还有 25,30,40,50,60,65,100,120,150,200 吨级等产品。

囤驳与集装箱驳是 20 世纪 80 年代开辟广州至香港集装箱运输航线后发展起来的,计有 300,650,950,1 000,1 200,1 400 吨等多种规格,其中 950 吨以上的都配有 30 ~ 45 吨长臂起重机。

油驳依所载货油品质不同可分为重油驳、柴油驳、汽油驳和粮油驳。油驳除设置油舱外,还设置动力舱、泵舱、输油管及阀箱、阀。有些装载原油的驳船,还设置有低压锅炉,便于给原油加热后泵输出驳外。

泥驳有开口、开底和开体三种类型。泥驳上设有发电机组,由电动机带动机械以开、闭泥门,有 80,120,200,250,280,500,1 000 立方米等多种规格。20 世纪 70 年代建造了广远子母船——"沙河口"(见图 11 - 26)。80 年代后期开发的 500,1 000 立方米开体泥驳用电液压机械使泥驳的两半体呈八字形分体,提高了卸泥效率(见图 11 - 25)。

图 11 - 24　珠江夜游仿古船

　　1983—1986 年,广州各航运单位成批建造钢质半舱型货驳,共计 80 吨级的 45 艘、120 吨级的 75 艘、200 吨级的 13 艘、300 吨级的 15 艘、500 吨级的 2 艘。其他地区也建造出 25, 30,40,50,60,65,100,120,150,200 吨级驳船。

　　随着 20 世纪 80 年代广州至香港集装箱运输航线的开辟,囤驳和集装箱驳陆续发展起来,主要有 300,650,950,1 000,1 200,1 400 吨级,其中 950 吨级以上一般都配有 30 ~ 45 吨长臂起重机。

　　20 世纪 80 年代,泥驳也得到了很大的发展,主要在泥驳上设有发电机组,由电动机带动机械来开关泥门。20 世纪 80 年代后期出现了 500,1 000 立方米开体泥驳用电液压机械使泥驳的两半体呈人字形分体,提高了卸泥效率。

　　由于沿海航运的运力大大提高,沿海驳船也取得了很大的进步。其中,由黄埔造船厂制造的大吨位的运输驳建造吨位达到 2 000 吨级。

三、水泥船

　　随着国家社会经济的日益发展,钢材的逐步市场化,船舶建造的吨位越来越大,水泥船的劣势逐步显现,慢慢被淘汰,到 20 世纪 80 年代后期,基本上不再有船厂生产水泥船了,水泥船逐步退出历史舞台。

四、干散货船

1. 概况

　　干货船的品种较多。20 世纪 80 年代,广州造船厂建造多型万吨级以上的干货船,计有出口美国的 11 100 吨全集装箱船,出口香港的 18 000 吨散货船,为国内建造的 15 000, 20 000吨散货船、15 000 吨多用途船,以及出口孟加拉国的 16 500 吨多用途船等;黄埔造船

图 11 - 25　粤中船厂 1982 年建造的 500 立方米对开式泥驳

图 11 - 26　1978 年建造的广远子母船"沙河口"

厂建造 1 000,2 200 吨多用途集装箱货船出口巴布亚新几内亚;文冲船厂建造出口匈牙利的 3 600 吨多用途货船。

11 100 吨集装箱船:该船为经济型全集装箱专用船,航行于西北欧、地中海一带或北美近海港口,是为中、小港口集装箱向大型集散服务的"补给船",属于第三代集装箱货船,船东是美国普利茅斯航运有限公司及纳尔逊航运公司。该船是广东省第一次按国际标准设计、建造的万吨级远洋货船,满足 12 种公约、规则、条例的要求。船上电站、机舱自动化程度高,在全速航行时,机舱可 16 小时无人值班。该船各项机电导航设备全选用进口先进产品,艏部装有侧推器,转向、靠泊码头方便,可装载集装箱 672TEU,其中,冷藏集装箱 68TEU。广州造船厂 1982 年至 1984 年共建造 2 艘。

18 000 吨散货船:本船船东为香港汇德丰轮船代理公司,技术设计由香港海洋顾问公司承担,施工设计和建造由广州造船厂承担。本船为单螺旋桨,内燃机推进的散装货船,前倾式船首,方形船尾,有一层连续甲,设艏楼、艉楼及居住甲板舱。住舱、驾驶室、机舱均设于艉部。设有5个货舱,所有货舱均设有顶边舱及底边舱,货舱口间设15吨单臂四钢索液压甲板克令吊共4台,该船为无限航区远洋货船,该船技术设计图纸的资料由英国劳氏船级社审查,并满足24种规范、规则的要求。1984—1985年,共建造3艘。本船采用沪东造船厂引进专利生产的HD、B&W5L55GA型主机,额定持续功率6 700马力,转速150转/分。柴油发电机组3台,发电机376千瓦、60赫兹、450伏,配有废气锅炉、辅锅炉、燃油混合器、分离机、各种泵、造水机等45台,电动液压舵机每台43吨,电动液压锚机2台。

16 500吨多用途货船:本船为广州造船厂建造,是航行于世界各大港口,装运散装货、包装货、冷藏货、木材及集装箱的远洋货船,能装集装箱408TEU(含冷藏集装箱12TEU),货舱容积为23 062.8立方米,冷藏货舱容积805立方米,续航力12 500海里。由英国劳氏船级社检验,船东是孟加拉国航运公司。本船为偏尾机型船,机舱前配置4个货舱,机舱后为冷藏货舱。货舱间配置有2×12.5吨吊机4台、2×25吨吊机2台,冷藏货舱上设置1台3吨吊机。住舱、消防、救生符合英国DOC要求,噪音和振动符合ISO标准。在技术经济指标上,即载重量系数、载重量航速与主机功率比、舱容利用系数、吨海里油耗量、总吨位与载重量比值五个方面,达到或超过日本、德国、西班牙同型船水平。机、电、观通导航设备国产率约为30%。1987—1989年共建造2艘。

2.典型船型和船舶

20世纪70年代末,由于珠三角内部经济互联互动开始频繁,广东珠江内河航道运输繁忙。在"团结"和"前进"号机动货驳的基础上,广东内河顶推货驳得到空前发展。自载110吨的"前进"号机动货驳与300吨(或400吨)"粤江"号货驳、自载50吨的"团结"号机动货驳与65吨"胜利"号货驳、80吨变吃水的"大团结"与100吨变吃水小"粤江"、"40吨机动驳"与"50吨驳"干支直达船型先后组成顶推船组投入运营。20世纪80年代后期,又研制出"200吨货船"顶推"625吨驳"船组。顶推货船组成为广东内河高效运输形式。

改革开放的直接后果和表现就是区域经济的联系度增加,同时,内部经济与外部经济的交换活跃。这样,对广东沿海运输能力有了进一步的要求。

1978年开始,江南船厂为广州海运局建造了14艘1.6万吨级单甲板艉机艉驾、柴油机散货轮,是广东沿海及国内新造万吨级货轮。1980—1981年,广州海运局在南斯拉夫新建造5艘4 300吨级同型杂货船。1981年,由文冲船厂建造了第二代海洋运输船舶——"红旗088号"(见图11-27),为5 000吨级沿海货轮。1980—1985年,黄埔船厂建造的8艘3 000吨级同型杂货船包括"红旗167-169"轮和"红旗193-197"轮陆续投入使用。在整个20世纪80年代前期和中期,新增沿海船型主要以千吨级为主。"罗浮山"轮为从瑞典购入的万吨级散货轮,满载排水量为65 798吨。

从20世纪80年代中后期,开始大量建造万吨级散货轮。1985—1989年,江南船厂为广州海运局建造了6艘1.85万吨级散货轮,该型船为我国20世纪80年代新造的主力船型。1989—1990年,大连船厂新建的"华蓥山""碧华山(见图11-28)""万寿山""东平山"和"沂蒙山"以及渤海船厂建造的"大明山"和"大别山"共7艘3.8万吨级散货轮投入到广东海运局运营,被称为当时的主力经济型船型。1990年从丹麦购入6万吨级散货轮"大罗山",是当时广东最大吨级的沿海运输货轮。

图 11 - 27　5 000 吨沿海货轮"红旗 088"
（注：1981 年文冲船厂建造的第二代海洋运输船舶）

图 11 - 28　1990 年建造的广海杂货轮"碧华山"轮

　　20 世纪 90 年代以后，广州海运局在广州造船厂、上海船厂建造了"岭"系列散货轮"威虎岭""梅花岭""仙霞岭""凤翔岭""青云岭（见图 11 - 29）"5 艘，为 1.9 万吨级。1991—1992 年间，由罗马尼亚建造的"堡"字系列（"英堡""星堡"等）共 6 艘 4 300 吨级多用途杂货船投入使用。以后又有"山"字系列散货船陆续投入广东海运。

　　而广东远洋运输主要由广州远洋公司管理。20 世纪 70 年代后期，随着中国外贸运量的增加，特别是广东作为中国改革开放后商品进出口重要口岸，提高运输能力势在必行。从 20 世纪 80 年代前后开始，广州远洋公司主要从国外订造大量远洋货轮，在此期间，广州造船厂也为广州远洋公司建造了"阳"字系列 13 000 吨级散货轮共 7 艘，这是广东首次建造万吨级货轮。20 世纪 80 年代中期，广州造船厂还建造了多型万吨级干散货轮，有出口香港的 18 000 吨散货轮（1981 年）（见图 11 - 30），为国内建造的 15 000，20 000 吨散货轮、

15 000吨多用途船,以及出口孟加拉的 16 500 吨多用途船(1987 年)。1981 年,文冲船厂建造了 5 000 吨级的远洋货轮(见图 11 – 31)。20 世纪 90 年代后,广州远洋散货轮主要是"江"字系列和"城"字系列。

图 11 – 29　1978 年建造的广州远洋公司的散装木材船"云岭"号

图 11 – 30　第一艘出口散货船(1982 年,18 000 吨),华南第一艘万吨级出口散货船

图 11 – 31　文冲船厂 1981 年建造的 5 000 吨级远洋货轮

五、液货船（油船）

改革开放后,广东沿海油运发展迅速。1978 年和 1981 年,"大庆 216""大庆 218"轮 5 200吨级加盟广东沿海油运。

1985—1988 年,"大庆 257""柳河""锦河"等国产油轮投入使用,该油轮为 6.1 万吨级。其中,"大庆 257"是大连船厂于 1985 年建造,是广州第一艘国产 6 万吨级沿海油轮。"柳河""锦河"轮为江南船厂建造(见图 11 – 32)。到 20 世纪 80 年代末 90 年代初,广东沿海油轮基本形成"河"字系列和"池"字系列船型。1991 年,保加利亚建造的成品油轮"金泉"轮投入广东沿海运营。成品油轮为"泉"字系列(见图 11 – 33)。

图 11 – 32　20 世纪 80 年代江南船厂建造的油轮"柳河"轮

图 11-33 1984 年建造的广远"汤泉"轮

在广东建造的油轮方面,1988 年,广州造船厂为香港万邦航运公司建造 25 500 吨级成品油轮 2 艘,这是广东首次出口万吨级油轮。

六、集装箱轮

集装箱轮的兴起主要是由于改革开放经济外联,特别是港澳贸易所致。1979 年,广州造船厂开始涉足集装箱的生产。广东珠江内河集装箱轮主要是由多用途货船和驳船演变而来。1984 年,粤中船厂建造出广东第一艘 320 吨内河集装箱船。20 世纪 80 年代中期后,由粤中船厂、江门船厂等建造的载重为 300 吨至 1 600 吨,装箱数为 24 标准箱至 80 标准箱的集装箱多用途货船与驳船陆续投入使用。其中,300 吨、600 吨级货船,750 吨、1 600 吨级驳船入选 1991—1995 年全国内河运输优秀船型,这些集装箱运输船称为航行于珠江水系与港澳航线的重要船型。

远洋集装箱货轮在改革开放之前几乎为零。1973 年,中远广州公司购进 428 标准箱"广河"半集装箱轮,是广东首艘集装箱货轮。20 世纪 80 年代后,广州远洋公司重点发展集装箱船型,主要有"河"字系列船型(见图 11-34 和图 11-35)。20 世纪 90 年代后,加大发展集装箱轮,主要建造了 8 艘第四代大型集装箱船。1992—1995 年,文冲船厂为广州远洋公司建造了 4 艘 700 标准箱集装箱船("盛河""琼河""磐河"和"艳河")。

20 世纪 80 年代和 90 年代,广东地区制造的出口型集装箱货轮也取得了长足的进步。1981—1984 年,广州造船厂建造出口美国公司的 11 100 吨集装箱船(如图 11-36),属于第三代集装箱货轮,是广东省第一次按照国际标准设计、建造的万吨级远洋货船。1995 年,文冲船厂陆续为德国制造 1 200 标准箱集装箱轮(见图 11-37)。

图 11 - 34　广远"银河"号集装箱船(1984)

图 11 - 35　725TEU 集装箱轮"隆河"(1992 年)

七、渡轮

改革开放后,随着社会经济的高速发展,广东珠江水系的桥梁建设加快,许多河道渡口逐步停止营运。1990 年,新中国船厂建造由广州造船厂设计的"虎门渡轮 52 - 01"号,是中国第一艘双体双层汽车渡轮,总长 51.46 米,型宽 15 米,型深 4 米,吃水 2.5 米,片体宽 5 米,排水量 781 吨,载重 250 吨,主甲板可容纳 5 吨解放牌汽车 20 辆,上甲板可载小汽车 32 辆,共载汽车 52 辆。主机功率 2×400 马力,航速 9～9.5 节。

图 11 - 36　第一艘出口集装箱船(1981 年,11 100 吨)

图 11 - 37　1 200TEU 集装箱轮"汉莎"系列(1995 年)华南地区首次建造和出口

第三节　"驶向大海"——20 世纪 90 年代末至新千年后

20 世纪 90 年代中后期,中国改革开发的步伐明显加快。特别是进入新世纪以来,全球经济一体化进程加快,国际贸易日益广泛,这些都要求船舶运输业能够跟上经济发展的步伐。随着中国科技水平的提高,中国制造业水平也得到了长足的进步,其中,中国的船舶工业也获得了空前的发展。2010 年,中国世界造船份额位列世界第一位,已能够自主设计建造 30 万吨级超大型原油船和 8 000 箱级超大型集装箱船,并已成功进入液化天然气船建造市场,打破了少数国家的垄断。目前,除豪华游船等少数船型外,中国已经能够建造符合各种国际规范,航行于任何海域的船舶。以中国三大造船基地之一的广州造船为代表的广东船舶工业也呈现出良好的发展势头。作为改革开放的排头兵,广东陆地交通公路、铁路网日趋完善,往日喧闹非凡、交通繁忙的珠江水系水运系统逐渐退出 20 世纪 80 年代前交通运输的主导地位,同时,由于外贸进出口业务的扩大,远洋业务得到很大的提升。所以,下面重点阐述客货船、内河货船、散货船、集装箱船和油轮五种船型的情况。

一、客货船

（1）内河客船

20 世纪 80 年代后,广东省铁路、公路发展迅速,改为汽车运输(含汽车过桥运输)的条件逐渐成熟。进入 20 世纪 90 年代,广东等级公路和高速公路飞速发展,全省水路客源骤降,原称为"黄金水道"的西江各航线先后停航。在此期间,珠航公司开发高速内河客运,先后建造了"贵华"和"兴华"2 艘空调豪华客轮,航行于广州至广西贵县,这是广东省航行西江定期客运航班最长也是最后的航线。内河高速船的代表船型有 1990 年的"飞鱼号",1992 年的"风行一号",航行于肇庆至梧州之间。由于成本高且和陆地客源相竞争,到 20 世纪 90 年代末,内河高速船也基本退出了历史舞台。

（2）沿海客船

20 世纪 90 年代以后,沿海客船除了发展旅游客轮外,其他都逐渐停航。旅游客船的代表船型为从穗澳线和穗港线退下的"东山湖""香山湖"和"星湖"轮的改装船。

（3）港澳客运

1993 年以后,由于广珠、广深高速的开通,穗港澳水路客源逐年下降。1996 年,"东山湖"和"香山湖"停航。1998 年,"星湖"轮停航,宣告粤港线的终止。

（4）高速客船

在改革开放日益深化,运输市场激烈竞争的情况下,粤港澳三地双体高速客轮迅速崛起。以"明珠湖""银洲湖"和"流花湖"为代表的客轮,为粤港澳三地提供了快捷、舒适的交通。20 世纪 90 年代中后期,在这些高速船中,载客量最大、航速最快的为南沙至香港的"南沙 28"号轮,航速达到 42.5 节。1992 年,黄埔船厂建造的 162 客位铝合金气垫船投入运营,这是我国自行设计建造的第一艘全铝合金高速客船,见图 11 – 38。

图 11 - 38　黄埔船厂建造的 162 客位全铝合金高速客船

珠江夜游船见图 11 - 39。

图 11 - 39　珠江夜游客船

二、内河货船

据统计,到目前为止,珠江水系广东省拥有各类船舶 23 774 艘,平均 151.5 总吨/艘。主要运输的船舶类型有普通货船、集装箱船、砂船、油船、化学品船、客船(含客渡船)。

珠江水系三角洲地区、西江干线和各支流航道条件各不相同,因此,适合各航道条件的船型各具特点。西江干线船舶多以运输煤炭、水泥、砂石料等大货物为主,运输时效性要求不高。运输船舶以干散货船为主,航速不高,主要满足载货量大的特点。货船多为圆形船首(当地称为"西瓜头"),无艏柱。珠江三角洲地区航道条件好,多为千吨级海轮航道和内河三级航道,船型特点是吃水较深,船型相对肥大。典型船型情况如下:

（1）集装箱船

集装箱船船长基本在 50 米以内,吨位小于 1 000 总吨,船型主要是平底、方形。因从珠江三角洲到香港运距较短,所以航速不是主要追求目标。

（2）油船

油船呈大型化发展趋势,船型主要有 700,1 200,1 300,1 800 载重吨级。船东追求的是经济效益,要求船舶装载量大、能耗低,而航速不是主要追求目标。

（3）砂船

自卸砂船是一种兼有自航货船和自航工程船特点的新型船舶,随着近年来珠江三角洲航道以及西江、北江、东江航道条件的改善,自卸砂船呈大型化发展趋势。目前,西江的运砂船从 1 000 吨级发展到 2 000 吨级并逐渐向 3 000 吨级发展。普通砂船多为 200～500吨,主要到珠江三角洲地区,千吨级以上则从事港澳线或到深圳港的运输。

三、散货船

作为三大主力海运船型的散货船,主要运输矿石和煤炭,船型的发展朝大型化方向发展。目前,广东沿海航运的主力广州海运集团,拥有 2 万吨级以下、2 万吨级、3 万吨级、4 万吨级、4.8 万吨级、5.7 万吨级、7 万吨级等散货轮。从事远洋运输的主要有广州远洋公司和广州海运集团,拥有完整的灵便型、巴拿马型、好望角型、VLOC 等散货轮。目前最大的散货轮"中海兴旺"如图 11－40 所示。

图 11－40　目前最大的散货轮"中海兴旺"（2009 年,230 000 万吨）
注:华南地区目前制造的最大型散货船。本船是一艘远洋航行、单桨、单柴油机驱动的矿砂船,它适合载运矿砂并可以同时载运煤。

四、集装箱轮

目前,广东地区所从事的内贸线、内支线和沿海航线多采用载箱量 2 000 标准箱以下的第一、第二代集装箱船舶。从事远洋干线主力运输的集装箱船型多为 3 000～6 000 标准箱的第三、四、五代集装箱船。1 700TEU 集装箱轮系列船如图 11－41 所示。

图 11 − 41　1 700TEU 集装箱轮系列船（2002 年）

注：是华南地区在国内乃至世界同型集装箱船中最为成熟、最为先进、具有代表性
的作品。该型船已经制造出批量达近 40 艘，出口德国、英国等国家

五、油船（液货船）

随着国内原油需求的增加和造船技术的进步，油轮也在朝着大型化的方向发展。目前，在广东地区从事油轮业务的公司主要有中外运等，主要从事原油、成品油、LPG 以及 LNG 等货物的运输，主力船型有 VLCC（如图 11 − 42）、30 万吨级、11 万吨级、7 万吨级和 5 万吨级油轮、成品油轮以及 LNG 和 LPG 等。

图 11 − 42　VLCC"新浦洋"轮（2009 年，308 000 吨）

注：华南地区目前制造的最大型巨型油轮。本船是一艘远洋航行、单桨、单柴油机驱动的
原油船，它适合载运闪点低于 60℃ 的原油

第十二章　其他民用船舶主要船型

广东其他民用船舶产品,按用途划分主要有:渔业船舶、工程作业船舶和特种船舶、海洋工程等。

第一节　渔业船舶

广东省建造的渔船有木帆船、机帆船、木质渔轮、钢质渔轮、水泥渔轮、玻璃钢渔船等。据 1984 年统计,广东省有机动渔船 34 275 艘,340 593 吨,938 287 马力,共 45 种船型,96 种机型,其中,400 马力以上 212 艘,200～400 马力 772 艘,120～200 马力 1 153 艘,80～120 马力 930 艘,其余机动渔船为 80 马力以下。

一、木帆渔船

20 世纪 50 年代,广东沿海各地建造的渔船以木帆船为主。1956 年,据广东水产厅调查,木帆船有 5 万艘,其中 5 吨以下占 79%,5～10 吨占 8%,10～20 吨占 6%,20 吨以上占 7%。广东木帆船共分为 6 大类 124 种:

(1)拖网渔船 35 种,著名的有粤东的包帆、横拖、开艋、粤中的七艕、虾罟,粤西的三角艇、外罗和北海大拖,海南的临高拖风等。这些渔船大部分为近代船型。20 世纪 50 年代,汕头、汕尾发展有七帆七一式拖网船。

(2)围网渔船 11 种,著名的有湛江、佛山地区的索罟。

(3)刺网渔船 32 种,如宝安的三黎、江门的罟仔、海南的飞渔船等。

(4)钓鱼船 18 种,著名的有海南的母子式红鱼钓船和红骨钓船。母子式红鱼钓船等有小艇 22～24 艘。

(5)定置网渔船 14 种,如:海南的张网船。

(6)其他渔船 14 种,如:西沙特产船、罟母等各型木帆渔船。

二、机帆渔船

20 世纪 50 年代开始,广东各地发展了一批木质机帆渔船,主要船型有:

(1)大罟仔型机帆船(刺网渔船):江门造,2 桅,排水量 44.7 吨,载重 10～20 吨。

(2)五四式机帆船(拖网渔船):北海、澄迈造,3 桅,排水量 94.5 吨,载重 50～60 吨,主机有的达到 90 马力,航速 6 节。

(3)五八式机帆船(拖网渔船):北海造,3 桅,排水量 137.5 吨,载重 60 吨,航速 6 节。

(4)鲜拖型机帆船(拖网渔船):珠海造,3 桅,排水量 36.3 吨,载重 10～25 吨。

(5)挖罚艇型机帆船(其他渔船):台山、新会、珠海等地造,3 桅,排水量 94.2 吨,载重 10～30 吨,一般安装有 90 马力主机,航速 6 节。

此外,广州造船厂于 1957—1962 年建造 90 马力拖网机帆船 4 艘;惠东港口渔船厂建造 135 马力、载重 40 吨渔船 20 艘,80 马力;载重 25 吨渔船 30 艘,60 马力;载重 20 吨渔船 45

艘,另建造大批机动小渔船。雷州市企水造船厂也建造 91 吨和 145 吨机帆渔船。

机帆渔船和机动小渔船在 20 世纪 80 年代仍大量建造,仅 1980—1981 年,南澳县就建造 12 ~ 20 马力小机帆渔船 900 多艘。据有关部门统计,1981—1982 年,广东省共增加 20 马力以下机动小帆渔船近万艘。

三、木质渔轮

南海水产公司渔轮修造厂批量建造木质机动渔轮。1954 年,建造 250 马力对拖网渔轮 2 艘,排水量各 223.6 吨,载重 65 吨,航速 9.7 节;1954—1957 年,建造 104 型拖网混合式(单拖)渔轮 6 艘,排水量 246.7 吨,载重 80 吨,主机功率 250 马力,航速 9.75 节;1955—1957 年,建造 200 马力对拖网渔轮 22 艘,排水量 188.2 吨,载重 55 吨,航速 9 节。

1960—1962 年,黄埔造船厂建造木质机动渔轮 4 艘,其中 600 马力,排水量 210 吨,航速 10 节渔轮 2 艘;120 马力,排水量 80 吨,航速 7.81 节渔轮 2 艘。

惠东港口渔轮厂建造 250 马力,载重 100 吨木质渔轮。

珠海香洲船厂建造 890 马力,载重 180 吨木质渔轮。

汕尾渔船厂主要产品为 185 ~ 250 马力,载重 100 ~ 300 吨木质渔轮。

海口渔船厂主要产品为 200 ~ 300 马力,载重 20 ~ 90 吨木质渔轮。

阳西县沙扒渔船厂建造 600 马力木质渔轮。

四、钢质渔轮

1955 年,武昌造船厂在广州广安工地为南海水产公司设计建造钢质拖网渔轮"南海 102"号,主功率 250 马力,排水量 238 吨,这是广东省建造的第一艘钢质渔船。

1957—1961 年,广州造船厂建造 250 马力钢质拖网渔船 13 艘,300 马力 2 艘;1961—1964 年建造 400 马力钢质武装渔船 6 艘。

自 1959 年起,广州渔轮厂设计建造钢质渔轮并开发多种型号,计有:1959—1963 年建造 96 型拖网渔轮 15 艘,排水量 272 吨,主机功率 400 马力,航速 10.5 节;1965 年与华中科技大学共同设计远海冷藏混合式(拖钓混合)渔船 1 艘,排水量 372 吨,主机功率 600 马力,航速 11 节;1970 年建造 8003 型艉拖网渔轮,1974 年改进为 8004 型,共建造 48 艘,排水量 403 吨,主机功率 600 马力,航速 12.1 节;1976 建造 8104 型冷冻艉滑道拖网渔轮,排水量 487 吨,主机功率 600 马力,航速 12 节,以后不断改进为 A,B,C,D,E,F,G,H 共 8 个品种,全 1982 年共建造 1 123 艘;1982 年建造 8152 型艉滑道拖网渔轮 1 艘,主机功率 1 320 马力,排水量 681 吨,航速 12.5 节;1986—1987 年建造 8106 型艉滑道拖网渔船 2 艘,主机功率 650 马力,排水量 361 吨,航速 12.3 节;1986—1990 年建造 8166 型双甲板艉滑拖网冷冻渔轮 8 艘,主机功率 1 300 马力,排水量 751 吨,航速 12 节。该型船为中国首艘采用球艏渔轮按发过 BV 规范建造,获该船级社最高级(13/3E)入级证书。该船布置合理,自动化程度高,鱼舱容积 278 立方米,可载鱼货 240 吨,自持力 50 天。1990 年出口摩洛哥,在非洲西部渔场作业,其技术性能及经济效益受到用户欢迎。

广州市海洋渔业公司船舶修造厂于 1989 年建造 500 马力综合节能拖网渔船 2 艘。此种船由华南理工大学船舶与海洋工程系、广东省渔船工业公司共同研制,采用球艉船型及其他综合节能措施,节能效果达 25% 左右,在国内居领先地位。

1988—1990 年,新中国船厂建造 30 米渔船 4 艘。主机 1 050 马力,排水量 340 吨。

1988 年,珠海香洲渔轮厂建造出口双拖网渔轮 2 艘,满载 890 马力,排水量 336 吨,载重 180 吨;1990 年建造 8159 型钢质双拖网渔船 2 艘,满载排水量 260 吨。

阳江渔船厂主要产品为 250~600 马力,排水量 150~300 吨渔轮。

五、水泥质渔轮

水泥质渔轮为湛江渔船厂主要产品,自 20 世纪 70 年代开始,生产 350 马力,载重 80 吨渔轮。1982 年,该厂开始建造 801 型拖网渔船,排水量 193 吨,载重量 50 吨,主功率 200 马力,航速 9.4 节;1988 年建造 802 型拖网渔船,排水量 213 吨,载重量 57 吨,主机功率 350 马力,航速 10.5 节;1990 年,该厂建造 805 型渔政船,排水量 127.9 吨,主机功率 2×350 马力,航速13.7节;同年,该厂建造的远洋金枪鱼廷绳钓渔船排水量 212.6 吨,载重量 15 吨,主机功率 412 马力,航速 11.4 节,该厂开赴帕劳共和国开展国际渔业经济合作。

六、玻璃钢渔船

1985 年,湛江、香洲、汕尾、阳江、蛇口等渔船厂开始制造玻璃钢渔船。此外,蛇口渔船厂还建造渔政快艇。

1985 年,湛江渔船厂建造 18 米玻璃钢拖虾渔船;1986—1987 年,建造 18.5 米玻璃钢渔船。

1988 年,汕尾渔船厂建造竿钓渔船 2 艘,240 马力,排水量 75 吨,载重 25 吨。

由于远洋捕捞的需要,由中国水产科学院、广东省渔船工业公司、香洲渔船厂联合设计,在湛江渔船厂、阳江渔船厂、香洲渔船厂、汕尾渔船厂和蛇口渔船厂建造了一批 25 艘主尺度为19.5×5.6×2.7 米,排水量 67.4 吨的延绳钓和竿钓渔船。首艘船由香洲渔船厂制造,1987 年 8 月下水,主机功率 195 马力,航速 9 节,I 类航区。

七、水产调查船

1985 年,广州造船厂建造南海水产调查船一艘,主机 640 马力,排水量 545 吨,航速 13.4节。

1985 年,广州渔轮厂建造“南丰 703”水产调查船 1 艘,主机 2×900 马力,排水量 926 吨,航速 13.4 节。

八、渔业辅助船

广州渔轮厂为舟山、烟台等渔业公司建造 1 000 立方米冷藏运输船,为广州水产供应公司建造 350 吨冷藏运输船 5 艘。

新中国船厂和广州渔轮厂建造 80 吨活鲜鱼运输船各 2 艘;番禺潭洲造船厂建造 185 马力,140 吨活鲜渔船 1 艘;1979 年,广州造船厂建造活鲜渔运输船 2 艘;1984 年,粤中船厂建造 140 吨活鲜渔船 1 艘。

第二节　工程作业船舶和特种船舶

工程作业船舶种类甚多且设备复杂,专业性强。按用途划分,工程船舶可分为拖轮、挖泥船、起重船、布缆船、航标船、浮船坞、海洋调查船、打桩船、救助打捞船以及特种用途工作船等。

一、拖轮

拖轮有内河拖轮、港口拖轮、沿海拖轮、近海拖轮多种规格。

1952 年,广州船舶修造厂建造 200 马力钢质铆钉结构拖轮"建运 222",其蒸汽机从武昌一木质拖轮上拆下,锅炉由上海张华浜船厂来广州建造。此后,直至 1963 年 1 月,广州造船厂建造电焊钢质蒸汽机拖轮 10 多艘,其功率为 100,180,280,560 马力,以后就不再建造蒸汽机拖轮了。1959 年,江门船厂建造 2 艘 60 马力钢质拖轮。1964 年初,汕头船厂建成 90 马力煤气机钢质拖轮"韩江 15 号"。

1966 年,广东省建造 240 马力柴油机浅水拖轮 12 艘,双机、双桨、双轴、配导管螺旋桨,广东建造拖轮装设自 1965 年建造的 520 马力沿海拖轮导流管。装设导流管后,可节约功率 10% 左右,是一种比较先进的节能装置。

1979—1980 年,为支援农业生产,建造一批 150 马力,排水量 40 吨的小农拖。在此前,汕头、揭阳等船厂亦建造 120 马力、135 马力和 240 马力内河拖轮。

1983—1984 年,江门船厂建造 425 马力沿海拖轮,排水量 112 吨,可航行二类航区,续航力 7 昼夜,系柱拖力 7.7 吨,该产品荣获国家金龙奖。功率较大的拖轮有:广州渔船厂建造的 1 200 马力海港拖轮,黄埔造船厂建造的 1 960 马力近海拖轮,珠海船厂和文冲船厂建造的 2 640 马力拖轮等。据 1984 年统计,广东建造的拖轮共 32 种。

二、挖泥船

(1)抓斗式挖泥船

黄埔修造船厂于 1957 年建造 1 艘,排水量 180 吨;广州造船厂于 1961 年至 1966 年共建造 120 立方米、60 立方米两种 10 艘;汕头、揭阳、江门、新中国、四航局等船厂,先后建造不同规格抓斗式挖泥船。其中,汕头船厂于 1986 年建造 250 立方米自航抓斗式 1 艘,四航局船厂于 1988 年建造 8 立方米抓扬式 1 艘,新中国船厂于 1990 年建造 500 立方米双抓式1 艘。

(2)绞吸式挖泥船

新中国船厂、广州造船厂、文冲船厂、珠江船厂、广州航道局船厂、斗门船厂、道滘船厂、汕头和揭阳等船厂,先后建造 10 多种型号绞吸式挖泥船。其中,珠江船厂建造 200 立方米绞吸式 1 艘,最大挖深 10 米,排送 1 000 米,排高 10 米,排量 100 立方米/时;新中国船厂建造"新广东三号"350 立方米绞吸式,最大挖深 15 米,排送 1 500 米,排高 10 米;1974—1977 年,东莞道滘船厂建造挖泥船 49 艘,1975 年起为广东省定点生产厂。

(3)耙吸式挖泥船

1978 年,广州造船厂建成 1 000 立方米耙吸式挖泥船,为双机、双桨、双舵、双边耙吸,采用 8350EC 型柴油机做主机及可变螺距螺旋桨,自由航速 11.5 吨/立方米。该船设有储泥舱,容积为 1 000 立方米,采用可调节的溢流门,泥舱内泥浆比重为 1.68 吨/立方米时,相应载泥量为 800~1 000 立方米,吃水能在 4~5 米之间进行调节,从而满足华南地区各港水深不一导致的针对不同需求能统一适用的需求。

三、起重船

广州造船厂、黄埔造船厂、文冲船厂、四航局船厂、斗门船厂和汕头船厂建造有 5 吨、30 吨、50 吨、100 吨、250 吨、500 吨起重船。50 吨、100 吨起重船上的起重机为四联杆式高架起重机,可旋转、变幅;250 吨、500 吨起重船的起重机是把杆式钩 10 吨,双机,双桨,90 千瓦,自由航速 4.6 节;500 吨起重船,主钩 2×250 吨,副钩 2×25 吨;100 吨以上起重船均为非自航式,须依靠拖轮拖航。

四、布缆船

1969 年,广州造船厂建造一艘布缆,可装载 70 千米电缆,适用于江河、港湾内和沿海岛屿间敷设、打捞和修理海底电缆。1974 年,黄埔造船厂将 3 760 吨旧舰改装成布缆船。可敷设海南岛至西沙群岛海底电缆。

五、航标船

广州造船厂、新中国船厂、江门船厂、西江船厂、鹤山船厂均有建造航标船。广州造船厂建造的航标船,设有 12 吨液压起重机 1 台,6 吨拉力绞盘机 2 台,用于沿海港口布设航标及维护,并可承担沿海各岛屿灯塔的补给工作。

六、浮船坞

1969 年,黄埔造船厂建造举力 180 吨浮船坞;1970 年,广州造船厂建造举力 1 700 吨浮船坞 1 艘。1978 年,文冲船厂建造举力 3 000 吨"越秀山"号。此外,台山公益交通船厂也建造举力 300 吨浮船坞 1 艘。马房船厂于 1987 年、1988 年先后设计、建造举力 250 吨、350 吨水泥质浮船坞各 1 艘。

上述 1 700 吨举力浮船坞主要用于舰船下水,也可用于舰船运载及水线下部分修理。该浮船坞设 18 个压载水舱,6 台立式排水离心泵,排水能力为 800~1 800 米/小时,下沉时间 1.5 小时,上浮时间 1 小时,可用于 5 000 吨级船下水。3 000 吨举力浮船坞主要用于修船。7 000 吨以下船舶可进坞修理。

七、海洋调查船

海洋调查船主要建造厂为广州造船厂、黄埔造船厂,此种船可航行于一类航区,用于航道测量、气象观察、水文观察、石油勘探、发布水文天气预报。各船按任务不同,配有专用机及专业技术人员。此外,珠江船厂建有 400 马力水文调查船 1 艘、广州造船厂建有"635"型测量船 1 艘,西江船厂建有浅海测量船 1 艘。

八、打捞救助船

1960 年,广东省渔轮厂建造打捞船一艘;1969 年,又建成 400 马力、400 吨浅海打捞船 1 艘。该船可打捞 700 吨以下沉船。其后,新中国船厂建造 590 马力打捞船一艘。船上有 25

吨及 75 起重机两台。1973 年,广州造船厂建成 922 型南海打捞船一艘,该船主要打捞 100
米水深内的沉船,以浮筒式打捞为主。可根据沉船破损情况,采用封舱打捞。该船配有潜
水救生钟,可救援沉没潜艇艇员。1981 年,黄埔造船厂建成 633 型打捞救助船 1 艘,可用于
二类航区从事打捞救助工作。

九、打桩船

1982 年,汕头船厂建成 36 米打桩船,是广东省首创大型打桩船,总长 40.5 米,型高
15.6 米,型深 3.2 米,吃水 2 米,排水量 920 吨,能在前俯后仰 18.5°范围内锤击重量 25 吨、
长度 36 米的直桩斜桩,并可兼作起重船用。

1989 年,江门船厂建造 60 米打桩船,功能比较齐全,除垂直打桩外,可以俯仰 18.5 度,
即斜度为 3∶1 进行斜桩施工,可以在距船头 13.1 米处打直径为 1.6 米,在水线上 52 米的圆
桩及超长桩,也可以用桩架起重,单钩吊 60 吨,双钩联吊 100 吨,桩架放倒高度不超过水面
20 米。

十、其他特种工作船

包括各种救生艇、中型救生船、潜水工作船、引水船、抛(起)锚船、带缆船、油水分离船、
炸礁船、电焊船、航修工作船和采金船、医疗船、消防船。其中,建造各种型号的玻璃钢救生
艇和小型快艇的有:广州造船厂、文冲船厂、珠江船厂、新中国船厂、东莞船厂,东莞救生艇
厂、广州木材综合厂和江辉船厂。

第三节 海 洋 工 程

1981—1982 年,文冲船厂为香港欧亚船厂制作了一批钻井平台的悬臂梁、导管架及腿
桩。这是广东船舶工业承接的首次海洋工程。

1981 年,新加坡华昌国际有限公司向广东造船公司(广州船舶工业公司前身)订造 1 艘
石油钻井平台,采用美国伯利恒钢铁公司设计的 JU-200MC 型专利图纸。由华昌公司提供
材料、设备,平台的建设要求符合美国船级社(ABS)的有关规范。广东渔船公司将建造这
一平台的任务交给了黄埔造船厂。JU-200MC 自升式钻井平台由沉垫、3 根柱、平台和滑架
装置(包括滑架上的钻塔)四部分组成,平台长 47.86 米、宽 40.25 米、高 5.4 米,"A"型沉垫
长 67.07 米、宽 56.4 米、高 3.05 米,立柱外径 3.35 米、长 82.01 米,钻塔高 44.8 米,排水量
5 300 吨,最大可变负载 2 250 吨,钻深 6 100 米,可抗最大风速 100 节,适合近海露天作业。
该平台于 1982 年初开工,1983 年 11 月完工,被命名为"华海一号",是中国当时所建造的最
大的自升式钻井平台,也是广东省建造的第一座平台。该产品荣获国家石油部优秀科技成
果一等奖。黄埔造船厂为 JU-200MC 平台下水,创造了"浮驳半潜纵向滚动卜水法",获得
中国船舶工业总公司 1982 年重大科技成果二等奖。

1982 年 2 月,黄埔造船厂开工修理 AK-H3 型半潜式钻井平台"南海二号"。该平台长
108 米、宽 67 米、高 104 米,最大排水量近 20 000 吨,可在水深 300 米海域作业,最大钻深
7 600 米。这次修理工程包括船体、轮机、管系、空调、电气、仪表、导航等共 380 项,涉及 30
多个单位共同承修,由黄埔造船厂总承包,该厂在修理过程中,在节点软化、横梁封孔、高压
防疏管焊接、高压大面子烤锈油漆、倾斜试验等方面,都取得了重大成果,取得挪威船级

社(DNV)及中国船级社(ZC)的入级证书,于1983年8月20日完工交船。

1985年4月,黄埔造船厂与法国EMH-GSC公司联合中标,由黄埔造船厂承造中国南海第一个商业性油田采油系统的"涠10-3油田"单点系泊工程,简称SPM工程,其主体总高43米,总重700余吨。该工程对焊接质量要求甚严,70名焊工取得法国船级社的上岗合格证书,进行21项工艺认可试验,25项焊接生产实验,全部合格,满足了该工程的焊接质量要求。1985年4月,SPM工程开始设计,1985年9月17日开工,1986年2月20日完工。

1989年8月,黄埔造船厂承造美国和意大利A. C. T石油集团公司的单点系泊装置1座。重165吨,于1990年3月完工。

由中国海洋石油公司赤湾海洋工程公司和美国麦默德公司合作建造的惠州21-1深水导管架,1989年2月在深圳赤湾导管制造厂开工,1990年2月建成,并于3月底在惠州21-1油田现场安装完毕。该工程是中国第一座深水海上油田的平台基础工程,顶部18.86×18.86平方米,底部60.207×60.207平方米,高125.333米,腿桩总重量5 491吨,共使用22种标准规范。

第十三章 军用舰船的发展概况

1949年后,广东军区江防部队和中南军区海军早期的船舰,主要是有黄埔造船所和广州20多家民营小船厂、船用机械厂抢修缴获、打捞和购买的旧舰船,以及国民党海军起义的炮艇。1952—1990年,新造的军用舰船有10多种战斗舰艇和多种军舰船。

第一节 水面舰艇

一、炮艇

1. 木质炮艇

1951年7月,中南军区海军在广州广安满记船厂建造150吨木质炮艇1艘,并于1952年完工,命名"先锋二号"。该艇主机由协同和机械厂安装,黄埔造船所安装37毫米炮1门,12.7毫米机枪两艇,这是当代广东建造的第一艘炮艇。

1954年8月至1955年3月,海军黄埔修造船厂在广州凤凰岗设分厂,建造木质炮艇3艘。该艇由中南军区海军舰船修造部总工程师伍景英设计。主要尺度为28.28 × 4.57 × 2.7米,空载排水量80吨,主机为GM8 – 268A1台,500马力,航速13节。主要设备:37毫米炮1门,12.7毫米机枪四艇,深水炸弹架1个,装弹4枚。

1.50 炮艇

2.50 吨炮艇

1954年4月至1954年11月,上海江南造船厂在黄埔修造厂设工地,建造53甲型炮艇12艘,54甲型炮艇4艘,主尺度为24 × 4.25 × 2.44米,排水量50.19吨,钢质、全电焊。设计师为江南造船厂徐振琪。

3.55 甲型高速炮艇

1956年11月,广州造船厂建造钢质、全电焊55高速炮艇。该艇由上海设计院二室设计,主尺度为25.4 × 6 × 3.4米,满载排水量80吨,配主机2 × 300(部分2 × 150)× 1 200马力,4个螺旋桨,航速23节。配双管37毫米炮2门,双管12.7毫米机枪2艇。至1959年,共建造34艘。

4.0110 型高速炮艇

1958年8月,该型艇由海军南海舰队修理部与黄埔修造船厂联合设计,由黄埔修造船厂建造。该艇满载排水量120吨,主要武器装备为双管37毫米炮和12.7毫米高射机枪,并配有小型深水炸弹、沉底水雷。至1963年,共建造3艘。设计人员:郑冬苗、李升、李宗培、黄海华、袁乃昌、邓明宪。

5.0111 型高速护卫艇

该型艇是由船舶设计院八所一室参照原有四型高速炮艇(0105,0108,0109,0110)重新设计,1963 年 8 月由黄埔造船厂建造,并发展为甲型、D 型和丙型艇。该艇排水量 120 吨,至 1977 年共建造 53 艘。

二、鱼雷快艇

1.02 型鱼雷快艇

1955 年 8 月,广州造船厂新建造苏联转让的 02 型木质鱼雷快艇。该艇主尺度为 25.3 × 6.4 × 1.7 米,主机是 4 × 1 200 马力柴油机,航速 43 节,装备 2 座鱼雷发射管和双管 25 毫米火炮 2 门,至 1977 年共建造 12 艘。

2.123M 鱼雷快艇

1956 年 6 月,海军二〇一工厂是"一号工地",负责苏式 1236MC 型铝质快艇改装工程。至 1958 年 5 月,共改装 6 艘。该工程船体大修,更换全部设备、管路,工作量比建造还大。改装后代号 123M 型,正常排水量 20.64 吨,航速不低于 48 节,配有鱼雷发射管 2 座和双管 12.7 毫米机舱。

三、猎潜艇

1.04 型猎潜艇

该潜艇也属苏联转让中国制造的五型舰艇之一。1955 年 7 月,由大连造船厂在黄埔造船厂设四〇四工程处建造,1956 年 9 月完工,共建造 6 艘。该型潜艇排水量 319.6 吨,主要装备有舰炮、机枪、深水炸弹发射装置和布雷装置。

2.037 型反潜护卫艇

该型艇为中国自行研制的大型反潜护卫艇,由船舶设计院一室设计。首艘由大连造船厂于 1962 年 2 月派员到黄埔造船厂建造,并由黄埔造船厂派员参加试制的反潜护卫艇。主要材料设备向苏联订货。第二艘由黄埔造船厂建造,除主机从苏联进口外,其余设备都是由国内制造。从建造第三艘开始,由黄埔造船厂批量生产,材料设备全部与国内配套。1985 年,开始进行现代化改装,该型潜艇排水量 375 吨,配有 4 座 5 管火箭式深水炸弹发射装置及布雷装置、双管 57 毫米和双管 25 毫米火炮,航速 30 节。

四、05 型、10 型基地扫雷舰

05 型舰属于苏联转让中国制造的五型舰艇之一,由武昌造船厂广安工地、广州造船厂、黄埔造船厂于 1958—1960 年建造。该舰排水量 575 吨,主机 2 × 600 马力,航速 15 节,装备有舰炮、多种机械及电力扫雷和布雷装置。

1967—1970 年,广州造船厂用国产材料建造一批基地扫雷舰,代号"10"。

五、护卫舰

1."海防七"护卫舰

该舰是利用第二次世界大战中被炸剩后半段的日本残舰重新设计建造的。将该残舰进坞测绘线型,再设计前半段的线型与之相配形成完整线型,上层建造、舱室布置及武备全部重新设计。该舰由江南造船厂在黄埔修造船厂设工地施工,1955 年交船。该船主尺度为

78.3×9.06×5.2 米,排水量 1 050 吨,主机为日式 10 缸柴油机 2 台,4 200 马力,航速 19 节,配有 100 毫米、37 毫米火炮各 3 门,是 20 世纪五六十年代,南海海舰队的旗舰。设计师是徐振琪。

2.65 型护卫舰

该型舰为中国自行研制配套的护卫舰,主尺度为 90×10.2×6.8 米,满载排水量 1 198 吨,主机 2×3 300 马力,航速 21 节。广州造船厂于 1965 年 8 月建造,各项设备及大部分舾装件由江南造船厂成套转让。至 1969 年,共建造 4 艘。

六、051 型导弹驱逐舰

051 型导弹驱逐舰是中国自行设计制造的第一代中型水面舰艇,材料和设备全部立足国内,排水量 3 000 吨。主要装备有舰炮、舰对舰导弹发射架、大型深水炸弹发射装置和其他武器。设有电子控制系统,广州造船厂于 1970 年开始建造。其中"164"舰于 1990 年荣获国家银质奖。

七、登陆艇

1962—1966 年,广州造船厂建造 55 型小型登陆艇 67 艘,主尺度 17.10×4.47×4.77 米,排水量 68.6 吨,航速 8.5 节;1970—1974 年,建造 068 型小型登陆艇 23 艘;1974—1981 年建造 079 型中型登陆艇 27 艘,排水量 730 吨;1990 年,黄埔造船厂建造中型登陆艇 1 艘,排水量 600 吨。

八、巡逻艇

1957 年,黄埔造船厂建造由该厂自行设计的 18 吨公安巡逻艇 3 艘,主尺度为 16.03×3.3×1.8 米,主机为 GM6 – 71 柴油机,2×225 马力,航速 16.5 节;1985 年,建造 900 马力巡逻艇;1986 年,建造 206 型海上巡逻艇,主尺度 42.8×6.4×3.6 米,排水量 165 吨,该艇荣获广东省船舶总公司优质产品奖和国家银质奖。1988—1989 年,建造 410 吨海关艇;1988—1990 年,建造 216 型海上巡逻艇,排水量 400 吨。1989 年,文冲船厂建造一批公安巡逻艇。

此外,广州造船厂、汕头、揭阳、新塘等船厂都曾建造港口或内河巡逻艇。

第二节　其他舰船

一、水下舰艇

33 型潜水艇是中国自行设计的中型常规动力潜水艇,设备在国内配套。1969 年,由武昌造船厂、江南造船厂和黄埔造船厂联合组成"八二八"工地进行建造。1970 年,黄埔造船厂完成首制艇,后继续批量建造。

二、军辅船

自 1953 年起,中南军区海军在广州、海南、西营等地建造 25 吨木质交通艇、50 吨木质机帆船;1953—1954年,汕头0951部队造船厂建造一批机帆船。此后,广州造船厂、黄埔造船厂、七八七厂和地方部分船厂(新中国船厂、汕头船厂、江门船厂等)建造多种型号的军辅船有:拖轮、油轮、水船、海洋水文断面调查船、水声工作船、布缆船、打捞救生船、潜水工作船、潜水救生船、消磁船、吊杆船、起重船、沿海货驳、医疗船、运输船、打桩船、泥驳等。

第十四章　援外、外贸及对外交流合作

1949年后，早期广东船舶工业对外贸易和交往，主要是在香港等地购买旧船、船用机械和配件。1950年10月抗美援朝战争后，我国和苏联等社会主义国家有产品和技术交往活动。1950—1957年，先后有24名苏联专家到广州参加修造舰船的指导工作。船舶产品出口始于1956年，至1978年以援外为主，共出口各种船舶514艘、74 338吨。并派出技术人员为出口产品做售后服务和为受援国培训操作人员。1979年改革开放以后，船舶产品出口均为贸易出口，至1990年，共出口各种船舶476艘、541 028吨。与此同时，陆续派出人员出国进行商务谈判，对外技术交流活动日益扩大。

第一节　援外出口船舶

1956—1978年，援外出口船舶（包括军援和带援外性质的外贸出口）均由国家下达计划，交由船厂建造，其中以援越产品占首位。1956年8月，一机部派出援越造船小组赴越南商谈舰船订货规格，包括巡逻艇、引水船、拖船等62艘，大部分安排在广州建造。20世纪60年代，大量增加援越造船。至1975年，广东建造的援越船舶包括有：55甲型高速炮艇、运输船、渔轮、火车渡轮、打捞船、引水船、消磁船、巡逻艇、登陆艇等600多艘。其中，最小的排水量为10吨、40马力内河巡逻艇，最大的为800吨沿海货驳，批量最多的是50～100吨货轮、油轮，共328艘。这些援越产品，大部分由广州造船厂、黄埔造船厂、新中国船厂、广东省渔轮厂、文冲船厂、江门船厂、粤中船厂和西江船厂等8家船厂建造，共计486艘，65 916吨。新中国船厂建造81艘、4 050吨，其他4厂共81艘、4 050吨。这些产品多数是国内设计、国内配套的产品，有的是按受援国的特殊要求作专门设计或按国内产品改装设计。

为加强华南地区备战和援越造船，1965年5月，大连造船厂根据六机部的决定，在广东省湛江市建立造船工地。至1968年，该工地共建造援越100吨油驳、100吨内河货驳，100吨和200吨机动驳合计92艘。1966年，沪东造船厂将中国援越的1艘1 000吨货轮拖至广州续造，完工后在广州交船。同年，江南造船厂梧州工地建造的援越149型货船39艘在广州造船厂东部码头交船。

在援越造船的同时，根据国务院关于接受培训越南技术干部和工人任务的通知，广东省委员会于1966年12月组成培训越南实习生办公室，广东省航运厅内河运输局在接受了培训200马力左右轮船驾驶员和柴油机管理员（相当于轮机长水平）的任务后，成立越南实习生培训队，开办了轮机和驾驶两个专业班，于1967年1月上旬开课至1968年6月上旬结束，为期一年半。

轮机班实习生100名，经过钳工、船舶结构画图及基本训练，对船用柴油机工作原理及主机拆装、技术管理、随生产船值班及顶班劳动等课程及训练以后，具备了独立工作的能力。驾驶班实习生99名，通过有关驾驶知识理论讲解及基本训练后，分别到各种类型船舶的不同航线跟班操作，具备了驾驶员水平。以上共199名实习生，均达到了交通部规定的培训大纲要求，全部按期毕业。

根据交通部及省人大代越培训办公室的安排,新中国船厂以本厂为主,与广州造船厂、文冲船厂、广东省水产厅渔轮厂联合组成代越培训队,于1966年1月至1968年9月分两批对越南学员进行造船铆工的技术培训。第一批198人(1966.2—1967.2),学习期限1年;第二批60人(1967.3—1968.9),学习期限1年半。经过学习期满考核,均可达到三级工技术水平。

除援越产品外,从1970年起,广州造船厂、黄埔造船厂和广东省渔轮厂等还建造军援和外贸出口坦桑尼亚、柬埔寨、扎伊尔、喀麦隆、巴基斯坦等国和相关的舰艇、民用船舰、汽车轮渡和渔船。

第二节　外贸出口船舶

1979年改革开放后,广东省以毗邻港、澳和国家给予特殊政策的有利条件,积极开拓国际市场,率先组织大型设备出口,较快地从计划经济逐步过渡到市场经济,增加了对市场经济的竞争和应变能力。广州船舶工业公司、广东省船舶工业联合公司充分利用自主对外经营的条件,主动在香港及国际市场招揽或参加投标争取订货。

1980—1990年,广东省船舶工业联合公司共计出口船舶270艘,228 000吨,创外汇6 592万美元,其他非船产品进出总额共计11 422万美元。出口船舶的设计图纸资料有的是由船东提供建造厂做施工设计;有的由船东提供母型船和要求,由建造厂做修改;有的由国内和国外单位承担合同设计,承造厂负责生产设计;也有的由承造厂负责全部设计工作。除军品及小型船外,大型船舶特别是万吨船和海洋工程的材料、设备以进口为主,产品大都在外国船级社入级,建造过程由外国船级社验船师检验认可,试验合格后颁发合格证书。出口间香港的小型船则多数由中国船级社检验颁发合格证书。

为承担出口任务,对部分船厂进行了改建、扩建及技术改造;经国家批准,广州造船厂集装箱分厂定为出口基地;广州造船厂、文冲船厂定为外贸扩权企业;黄埔造船厂也对外商开放。

1979年起,广州地区、粤中、粤西和粤东地区的骨干船厂陆续向香港出口各类驳船、货船、渔货船、拖船、客船、交通船、游艇、工程船、渔船和车渡船等。1981年开始,承接万吨级船舶、海洋工程和远洋渔船,产品出口至美、法、匈牙利、新加坡、孟加拉、巴基斯坦、巴布亚新几内压、摩洛哥、中国香港等国家和地区。1979—1990年,共建造出口船舶476艘、541 028吨,其中,以出口香港为最多,共449艘、457 373吨,分别占出口总数量的94.33%,84.5%。其中,技术难度较大、附加值较高的有:广州造船厂建造的11 100吨集装箱船、16 500吨多用途船和25 500吨成品油轮;黄埔造船厂建造的自升式海上石油钻井平台、单点系泊工程和反潜护卫舰、216型海上巡逻艇;广州渔轮厂建造的8104G,8166型远洋渔轮和1 800吨冷藏集装箱船;广州渔轮修理厂建造的3 800吨集装箱驳运船;文冲船厂建造的3 600吨多用途船和新中国船厂建造的双体双层车渡船等。

建造出口船舶较多的船厂有:广州造船厂、黄埔造船厂、文冲造船厂、广州渔轮厂、新中国船厂、江门船厂、粤中船厂、西江船厂、珠江船厂、新会船厂、揭阳船厂、香洲渔船厂和四航局船厂。此外,湛江海滨船厂、汕头船厂、汕尾船厂、民众船厂、下激船厂、广州渔轮修造厂、东莞船厂等也有船舶产品出口香港。

第三节　援外建设工程

广东援外船舶建设工程主要有：援助刚果人民共和国兴建国家造船厂工程；援助朝鲜民主主义人民共和国建造浮船坞和改装救生船工程。

一、援建刚果国家造船厂工程

该工程是交通部第一个成套援外建设船厂项目，于1966年立项，1967年进行考察，1968年中、刚双方签定会谈纪要。该工程由广东省航运厅援外办公室承办，于1970年3月动工，1971年9月竣工并投入试产。1972年3月9日，我方将该船厂连同试产的100客位、载货量20吨的木质客货船移交刚果，刚方将该船厂命名为"国家造船厂"，该船舶命名为"国庆"号。此后，中、刚双方转为技术合作。

刚果国家造船厂位于布拉柴维尔市姆比拉区刚果河畔洛拜兹角，占地面积27 200平方米，建筑面积4 596平方米。厂内建有办公楼、船台车间、轮机车间（含电工车间）、钳工车间、铸工车间、锯木车间、木工车间，并有控制台、放样间、仓库、干木库及露天和室内船台各1座，横向高低轨滑道1座，可生产600吨以下驳船、2×240马力顶推船、客货运输船、渡船等。该厂原以建造木质船为主，后经我国政府再次援助，于1982—1983年进行改造工程，称为驾照钢质船的船厂。

中国援建刚果国家造船厂工程，从1966派员考察到1987年结束，历时20年，共派出建设和技术合作人员304人。1972年转入技术合作后，该厂造船25艘，修理军用、民用舰船一批。锻造、机械加工和锯木车间等，除满足本厂需要外，还对外经营，使该国造船业开创了新的历程。

二、援建朝鲜浮船坞、救生艇改装工程

1972年4月，六机部在北京召开广东省国防工办、广州造船厂和七〇八所参加的会议，研究援助朝鲜建造浮船坞事项，决定由广州造船厂和七〇八所提供设计图纸，并配套设备清单，报请国家作为援外重点项目予以解决。

在朝方建造浮船坞时，由广州造船厂派出工程技术人员李昆峰等9人进行技术指导。此项工程经广州造船厂和兄弟企业的努力，以及赴朝人员的辛勤劳动，按时、按质、按量顺利完成任务。

援朝改装救生艇工程，是中、朝两国代表于1974年8月在平壤签定议定书确定的，由广州造船厂援朝改装救生艇一艘，经过广州造船厂和有关单位的通力合作，该项工程按期顺利完成，并移交朝方。

第四节　对外交流合作

20世纪50年代,广东船舶工业对外技术交流,主要是向苏联专家学习。根据中苏签定的协定,先后有四批苏联专家来广东指导海军建厂和修造船工作。首批4人由苏联专家组长巴甫洛夫少校率领,于1950年10月抵达黄埔,1951年增加专家2名。第二批于1952年到达,由米尔尼克海军上校和西行罗夫中校率领,共9人。第三批于1953—1954年先后到穗,由克维特洛海军上校率领,共9人。这些专家主要是作为中南海军的顾问,直接参加修造舰船的设计,提供图纸和现场施工指导,同时还参加了对黄埔两个石坞的勘察。1953年3月,船舶工业局局长程望偕同苏联专家组到广州勘察和选定建造02型鱼雷艇工厂的厂址。1955—1957年,广州造船厂建造02木质鱼雷快艇期间,苏联派出以阿夫杰耶夫为组长的专家组9人驻厂指导生产。1954年6月至1955年3月,海军黄埔修造船厂派出6名干部到大连中苏造船公司学习企业管理。1955年,海军二〇一、二〇二、二〇三工厂派出10名干部到旅顺,向苏联专家学习生产计划管理和财务管理。通过向苏联专家学习,并借鉴苏联工厂管理和修造舰船的先进经验,各船厂的技术管理工作水平有了显著提高。

与此同时,广东的船厂也为其他社会主义国家培训技术人员。除本章第二节所述外,1959年和1966年,越南民主共和国两次派出共26人到黄埔船厂学习铸造、消磁技术和船厂企业管理经验。

1979年后,中国实行改革开放政策。美国、英国、日本、挪威、芬兰等造船发达国家纷纷组团前来中国考察,了解中国的造船实力及技术水平。其中不少代表团到广州参加访问或做专题报告,他们的来访带来了世界上最新的船舶科学技术的信息、资料,对广东省船舶技术追赶世界先进水平起了有益的推动作用。在对外交流中,广东造船工程学会发挥了桥梁作用。据不完全统计,1979—1990年,该会共接待来访代表团23个,约200位代表,他们分别来自美国、英国、日本、挪威、芬兰、新加坡。1981年、1983年和1985年,广州船舶工业公司及下属华昌国际船舶有限公司、南海西部石油公司等联合举办三届近海工程展览会,有中、英、法、日、荷、挪、澳等国家和中国香港等地区的60多家厂商参展,并同时举办研讨会,这是三次大规模的对外交流活动。1981年第一届展览会期间,广东造船工程学会与英国皇家造船师学会及轮机工程师学会香港联合分会建立了友好合作关系,商定互相访问,参加对方组织的学术会议,交换出版刊物。1982年、1987年,广东造船工程学会应邀访问香港联合分会,并与该会签订了友好合作协议,增进了省、港两地同行间的交流。

1984年7月,广州造船厂与日本IHI公司签订了"关于15 000吨多用途船生产设计及其实施技术合同书",日方派出专家到厂指导实施。此后,又签订了"广州造船厂和IHI相生船厂建立友好企业的协定"。自此,广州造船厂每年都派出领导干部和技术人员去日本学习,同时邀请日本IHI造船专家到厂指导工作,使广州造船厂在生产设计、建造、效益上都获得巨大进步。

国外有关政府官员、公司、厂商还通过多种渠道直接到厂参加访问,其中到广州造船厂参加的次数较多,比如1978年8月,日本日立造船技术交流访华团;1978年10月,英国造船代表团;1979年2月,英国工业大城等官员;1987年3月,英中友协访华团;1987年5月,英国工程管理代表团;1987年8月,美国国防部长助理M拉索中将等;1988年,法国地铁代表团;1988年3月,伊朗驻华大使、航空部部长等。到文冲船厂参观访问交流的代表团或厂商也达 30 多,他们分别来自美国、日本、泰国、比利时、匈牙利、挪威等国家,其中大多数与业务商谈有关。此外,也有部分代表团、厂商到黄埔造船厂、新中国造船厂、广州渔轮厂参观访问。

应日本日立造船株式会社的邀请,广东省船舶工业联合公司经理钟志军率该公司直属5 厂厂长等 10 人,于 1984 年 10 月 21 日至 11 月 9 日到日本进行为期 20 天的考察活动,参观访问了东京、大阪、名古屋等地的 23 个日本造船、修造和船舶配套的商社和企业。在日期间,双方还签订了"广东省船舶工业联合公司和日立造船株式会社结成友好企业的协议书",双方在造船、修船、主要机器制造、企业管理技术生产技术、技术和生产设计、技术工艺发展等方面进行协作,此后,日本每年派遣内屋正幸和正村一夫到广东省船舶工业联合公司及其直属5 厂进行关于企业管理、生产管理和全面质量管理等方面的讲座及交流,还为新中国船厂提出详细的改造建议方案。广东省船舶工业联合公司派遣过 3 人到日方进行为期半年的业务学习培训,1988 年,又派遣新中国船厂等 5 个直属厂厂长到日本进行为期 3 个月的培训学习。

广东造船行业各企、事业单位出国交流、考察学习的活动也很多。

大 事 记

1949 年

10 月 14 日,广州解放。中国人民解放军接管国民党海军黄埔造船所。11 月中旬,广州市军管会海军处派张钰为造船所军代表。12 月中旬,黄埔造船所归广东军区江防司部统辖,更名为广东军区江防司令部黄埔造船所,张钰为所长。1951 年,改为中南军区海军后方勤务部修船所。

1950 年

5 月至 8 月,在解放万山群岛战役前夕,黄埔造船所突击修理各种舰艇 22 艘,在战斗过程中抢修舰船 109 艘次。

8 月 10 日,政务院总理周恩来指示海军:现在要集中力量搞好青岛、上海、黄埔 3 个修船厂。

10 月,海军司令员肖劲光在广东军区和江防部队领导陪同下视察黄埔造船所。

1951 年

5 月 11 日,中南军区海军决定在黄埔建厂。经勘察,一号船坞(原柯拜船坞)漏水严重,无修复价值,确定修复二号船坞(原录顺船坞),兴建厂房、码头、电厂、宿舍。

8 月,组建湛江造船厂。

1952 年

年初,广东省内河局征收广南船坞旧址并收购附近合利隆等 7 家小厂,创办广东省交通厅内河船舶修造厂。同年,制成钢质铆钉结构蒸汽机拖轮"建运 222 号"。1954 年,该厂合并一批小厂成立珠江航运管理局船舶修造厂。

5 月,黄埔修船所更名为中南军区海军修船厂。

1953 年

3 月,广东省农林厅水产局属下南海水产公司收购 4 家小厂,在广州市海傍街设南海水产公司渔轮修造工场,开始建造木质渔轮。

4 月,中山市水产站接管中山湾仔金合泗德船厂,改作湾仔地方国营船厂,此为香洲渔船厂的前身。

6 月,中南军区海军修船厂改名为中国人民解放军海军黄埔修造船厂。同年,该厂将一艘排水量为 3 776 吨的坦克登陆舰改装为快艇母舰。

10 月,中国人民解放军接管汕头市造船工程处,命名为地方国营汕头船只修造厂,并建造一批机帆船。

广东省工业厅和石岐市筹建粤中船厂,1954 年 7 月 1 日建成投产。

1954 年

3 月 26 日,江门市政府接收广协祥船厂,开办地方国营江门船厂。

4 月,上海江南造船厂在黄埔修造船厂设立"广州工地",装造钢质全电焊"53 甲""54 甲"炮艇,共 16 艘,并恢复性大修"海防七"(舷号 3－172)、"白鹤"(舷号 3－161)两艘护卫舰。

同期,武昌造船厂在广州广安满记船厂设"广安工地",为广州地区装配建造一批驳船、拖船、挖泥船。

4 月 12 日,汕头船只修造厂由部队移交广东省工业厅管理,改名地方国营汕头造船厂。同年,该厂建成木质内河客轮"连元"号。

7 月,海军黄埔修造船厂在广州广安满记船厂设广州分厂,建造 80 吨木质炮艇 3 艘,1955 年 3 月完工。

南海水产公司渔轮修造工厂首批 4 艘木质渔船建成出海试捕。出发前,中共中央华南分局代理书记陶铸亲临现场视察,并指出:"开发南海渔业就从这几艘舰船开始"。同月,该工厂迁至广州南郊新洲建厂,改名南海水产公司渔轮修造厂。

8 月 1 日,第一机械工业部在广州创建广州造船厂。

1955 年

1 月,珠江航运管理局船舶修造厂与广州港务局修船所合并,成立广州船舶修造厂,隶属交通部广州海运局。

武昌造船厂第二次在广州设"广安工地",为海军建造 3 艘军辅船,为交通部建造 2 艘拖船,又为南海水产公司设计建造钢质艉拖渔轮"南海 102"。这是广东省建造的第一艘钢质尾拖渔轮,250 马力,排水量 238.2 吨。

4 月,珠江航运管理局将广东省交通厅内河局船舶修理厂设于广州河南洲的分工厂(原中华船排厂)与广和兴机器厂合并,组成珠江航运管理局船舶保养厂。此后,将 18 家私营船厂、机器厂、锅炉厂并入,于同年 6 月 1 日组成公私合营广州船舶修理厂,归属交通部广州海运局管理。

5 月,海军黄埔修造船厂、榆林修船厂、汕头修船厂使用代号:中国人民解放军海军二〇一工厂、二〇二工厂、二〇三工厂。

7 月 10 日,大连造船厂在黄埔海军二〇一工厂设"广州四〇四工程处",开工建造苏联转让的 04 型猎潜艇 6 艘,至 1956 年 10 月全部完工。

8 月 20 日,广州造船厂建成,并开工制造苏联转让的"02"大型木质鱼雷快艇一批,至 1957 年 3 月,全部完工。

冬,朱德总司令在南海舰队司令员赵启民的陪同下视察广州造船厂。

1956 年

1 月,一机部将武昌造船厂广安工地移交广州造船厂。

4 月中旬,苏联 6674 吨的商船"巴的斯克"号进海军二〇一工二号船坞抢修,这是广东修理外轮的开端。

6 月,海军二〇一工厂成立"一号工地",改装苏制 123buc 型铝质鱼雷快艇一批,至 1958 年 5

月,共完成 6 艘。

11 月 16 日,广州造船厂开工建造"55 甲"型钢质高速炮艇两批共 34 艘,于 1959 年全部完工。

12 月,广州造船厂更名为广州第一造船厂。

1957 年

7 月 23 日,中国渔船工程学会广州分会成立(后改称广东造船工程学会),有会员 100 名,选举广州船舶修造厂总工程师陈创声为首届理事会理事长。

1958 年

2 月,广州第一造船厂和广州船舶修造厂分别由一机部和交通部下放给广州市领导。4 月 18 日,广州第一造船厂和广州船舶修造厂合并,定名为广州造船厂,王茂前任厂长,汤国良任党委书记。7 月,将广州义和祥锅炉厂并入该厂。

7 月 9 日,国务院总理周恩来在广东省委第一书记陶铸、广州市长朱光陪同下到广州造船厂视察,指示:"要迅速建成华南造船工业基地,为社会主义造好船,多造船,造大船"。

8 月,南海水产公司迁往海南岛,在儋州市白马井另建南海水产公司船舶修造厂,将新洲的渔轮厂划归广东省水产厅管理,改称广东省水产厅渔轮修造厂。

9 月,公私合营广州船舶修理厂改称广东省航运厅广州船舶修理厂。

11 月,海军二〇二工厂建造由武昌造船厂转让的"05"型基地扫雷舰开工,并按海军需要改作水声工作船,1959 年 6 月完工。

1959 年

1 月 6 日,海军二〇一工厂建造的"0110"型高速护卫艇开工,至 1963 年,共建成 3 艘。

3 月,华南工学院建立造船系,设置船舶设计与制造、船舶内燃机动力装置、船舶蒸汽机动力装置 3 个专业。1960 年,增设船舶涡轮机、船舶锅炉专业。

7 月,广州造船厂开工建造由武昌造船厂转让的"05"型基地扫雷舰。到 1963 年 4 月,共建成 2 艘。

9 月,位于广州河南的广州船舶修理厂迁址到黄埔文冲,更名为广东省航运厅黄埔船舶修造厂。11 月,湛江港湾机械厂并入该厂。1962 年 6 月,更名为广东省航运厅文冲船舶修造厂。1963 年 1 月,交通部将该厂收归为直属厂,更名为交通部黄埔船舶修造厂。1963 年 3 月,更名为交通部文冲船舶修造厂。

11 月,中央军委国防工业委员会决定原属海军南海舰队管理的海军二〇一工厂移交给第一机械工业部管理。

同年,广东省航运厅接管粤中船厂和江门船厂。

广东省渔轮厂首制"801"型和"96"型钢质渔轮。

1960 年

1 月 1 日,海军二〇一工厂移交一机部,定名黄埔造船厂,并开始扩建工程。

2月12日,朱德委员长在广州市委书记曾志的陪同下到广州造船厂视察,并为该厂厂报题书"船厂工人"。

3月,海军在湛江兴建二〇四工厂,1962年建成投产。

广东省航务管理局创建广东省航运科学研究所。

9月14日,一机部分为一机部和三机部,原船舶工业管理局划归三机部领导。

9月,南海舰队修理部在黄埔长洲组建海军二〇五工厂,1962年5月,更名为海军二〇一工厂。

9月,广东省航运学校成立。

10月下旬,黄埔造船厂建成木质消磁船1艘。

广东省水运规划设计院成立船舶设计室。后改称广东省航运规划设计室。

1961年

7月15日,广州造船厂由广州市交回三机部领导。是年,该厂第一次扩建工程竣工,将原有的船台、船坞接长,建成万吨级、5 000吨级船台和万吨级船坞各1座。

同年,广东省渔轮厂试制6 300型马力柴油机成功,这是广东省自制的第一台400马力船用中速柴油机。1964年,该机配增压器,将功率提高到600马力。

1962年

2月13日,大连造船厂在黄埔造船厂设立"黄埔工程处"。8月5日,开工建造中国自行设计的首艘037型反潜护卫艇,该艇于1964年11月16日完工交船。黄埔造船厂派人参加建造,为后续批量生产做准备。

9月8日,广州造船厂开工建造"55"型登陆艇,至1966年10月共建成67艘。

1963年

3月18日,国务院批准文冲船舶修造厂建造1.5万吨级和2.5万吨级船坞各1座。

4月1日,广东省航运厅船舶保养厂与新中国机器厂等合并,组建新中国船舶修造厂,1965年改称新中国船厂。

8月1日,黄埔造船厂开工建造"0111甲"型高速护卫艇首艇,至1966年共建造13艘。

9月17日,国务院成立第六机械工业部,广州造船厂、黄埔造船厂隶属该部领导。

9月,广东省渔轮厂建造4艘300吨沿海货轮下水,广东省省长陈郁亲临剪彩。

1964年

年初,汕头船厂建成钢质90马力煤气机拖轮"韩江15号"。

3月20日,黄埔造船厂建造的"037"型反潜护卫舰开工。

4月14日,广州造船厂设计建造援越"6223"运输船。至1965年3月,共交付15艘。

9月3日,广州航运管理局将广州市渔轮修理厂、珠江船社和郊区船厂等厂社合并,在广州沥滘大沙围建立珠江船舶修造厂。

交通部拨款在广州赤岗建设新中国船舶修造厂新厂,该厂开工建造援越50吨沿海货轮。至

1968 年,共建造 81 艘。

开始筹建广州海运学院。至 1965 年开始招收第一届学生。

广东省渔轮厂设计建造的 96 型渔船在全国渔船定型会上被定为南海区渔船型。

1965 年

5 月,大连造船厂在湛江成立湛江工地,组装援越 100～200 吨油驳、机动驳,至 1968 年 11 月共完成 127 艘。

7 月,海军二〇一、二〇二、二〇三、二〇四工厂分别改名为中国人民解放军四八零一、四八零二、四八零三、四八零四工厂。广州军区九〇一船厂改名为中国人民解放军第七八一七工厂,该厂于 1965 年 5 月自中山石岐迁至顺德大良。

8 月 1 日,广州造船厂开工建造中国自行研制配套的"65"型护卫舰,首制舰于 1966 年 6 月 25 日下水,中共广东省委第一书记赵紫阳为该舰下水剪彩,同年 12 月 23 日交船。至 1969 年,共建造 4 艘。

10 月,中国人民解放军总参谋长罗瑞卿视察广州造船厂和黄埔造船厂。

11 月 1 日,广东省航运厅在高要兴建广东省西江船舶修造厂,后改称为广东省西江船厂,该厂于 1967 年建成投产。

11 月 26 日,黄埔造船厂新建 360 米纵向弧形滑道投入使用。

12 月,文冲船厂一号船坞(1.5 万吨级)竣工,坞长 180 米,宽 24 米,深 9 米,是当时全国最大的干船坞。26 日,万吨级货船"星火"号进该坞修理,这是广东船舶工业首次坞修万吨级轮船。

1966 年

2 月,黄埔造船厂开工建造"0111D"型高速护卫艇首艇,至 1969 年共建造 17 艘。

3 月,六机部在广州成立中南造船中心筹备处,9 月改名为华南造船指挥部,1968 年 8 月,改名为华南生产建设办事组。

8 月 22 日,广州公私合营协同和机器厂改名为国营广州柴油机厂。

华南工学院与新中国船厂合作研制的广东省第一艘长 10 米,90 马力玻璃钢喷水推进拖轮建造成功。

1967 年

1 月,汕头船厂自行设计建造 90 客位沿海客货轮"红星 222 号",满载排水量 167 吨。

六机部在封开县建设专业配套厂——长征机械厂。1969 年 9 月 30 日建成投产。

1968 年

3 月,广东省国防工业办公室向广东省渔轮厂、西江、粤中、江门和新中国等船厂下达"332"工程指令。该项工程为援越小型油轮、货轮,全国建造 300 多艘,其中广东省占 200 多艘。

4 月,湛江市水产局在赤坎建湛江渔船厂。

10 月 8 日,广州海运局在黄埔菠萝庙建立菠萝庙航修站。1985 年 2 月,改称菠萝庙船厂。

1969 年

3 月,文冲船舶修造厂建造的 1 800 吨级穗琼线客货轮"红卫七号"完工。这是华南地区建造的第一艘千吨级以上的沿海客货轮,可载客 317 人,载货 200 吨。

8 月 6 日,黄埔造船厂承接建造武昌造船厂转让的"33"型潜艇开工,于 1970 年 12 月 25 日完工。

8 月 28 日。国务院、中央军委批准海军在华南地区建造一批潜艇的报告,由江南造船厂、武昌造船厂和黄埔造船厂在广州批量建造"33"型潜艇。9 月 29 日,中共海军委员会和广州军区批准以南海舰队为主,三家造船厂和有关部门领导组成"八二八工程"指挥部负责这一工程,南海舰队副参谋长田松任指挥部主任。

10 月,黄埔造船厂开工建造"0111 丙"型高速护卫艇,至 1975 年 12 月共建造 23 艘。

是年,广州造船厂开工建造 800 吨布缆船和"595"中型水声船,分别于 1971 年 1 月、1973 年 3 月完工交船。

1970 年

3 月 1 日,广州造船厂开工建造我国自行设计、配套的"051"型导弹驱逐舰,首舰于 1974 年 6 月 30 日完工。这是当时中国建造的最大型的水面军舰。

同月,广州造船厂将一艘千吨级货船改装为科学调查船,由中国科学院院长郭沫若书赠船名"实验"号。

广州造船厂配置 DJS21 型电子计算机,这是广东省最早的一台电子计算机。

5 月,揭阳船厂和华南理工大学联合研制 600 吨钢丝网水泥沿海货轮"奋进"号开工,12 月 1 日完工,是当时全国最大的水泥船。

是年,广东省革命委员会设广东省第二机械工业局,以管理军工动员线和船舶配套企业。

1971 年

1 月,六机部在广州成立华南物资供应站,这是船舶总公司华南物资管理处的前称。1990 年改称中国船舶工业物资华南公司。

2 月 26 日,广州造船厂开工建造援助坦桑尼亚的 300 马力拖轮和丙型交通艇各 1 艘,于当年交船。

3 月 18 日,广州造船厂开工建造 13 000 吨级远洋散货船"辽阳"号,这是华南地区建造的第一艘万吨级轮船,于 1974 年 12 月 17 日完工。

广州造船厂将万吨级远洋货船"长宁"号改装成远洋科学考察船"向阳红五号"。

广州市航运局水泥船厂与华南工学院协作,成功研制 500 吨钢丝网水泥沿海货轮。

1972 年

3 月,交通部广州航道局在广州沥滘建立广州航道局船舶修造厂。

10 月 10 日,广州造船厂开工建造 1 000 立方米挖泥船,至 1978 年完工。

1973 年

4 月 14 日,广东省省长陈郁到广州造船厂视察。

8 月 26 日,"八二八工程"结束,建成"33"型潜艇一批。

11 月 21 日,中共广东省委、省革委员会决定:广东省国防工业从广东军区领导转归广东省革委会领导,广东省革委会设立军工局,六机部在广东的所属船厂归其管理。

12 月 8 日,六机部在广州召开船舶工业会议明确当前军工产品的重点是鱼雷潜艇。

12 月 28 日,黄埔造船厂建造援越"918"型消磁船完工。

1974 年

4 月,广东省成立造船统筹领导小组,负责中央和地方船舶工业及配套厂的统筹协调工作。

5 月 25 日,广州造船厂建造"079"中型登陆艇开工。到 1981 年共建造 27 艘。

10 月 15 日,广东省军工局组建广东省船舶设计研究院。

10 月 18 日,广州海运管理局在广州沥滘建城安围航修站,后改称城安围船厂。

12 月,中山大学建成船模试验池。

1975 年

1 月 1 日,交通部在沥浯建第四航务工程局船舶修理厂。

9 月,广东省造船工业工作会议在广州召开。据统计,广东省全省造船厂点共 497 家,职工 6.5 万人。其中国营厂 81 家,职工 4.2 万人。

文冲船厂建造穗琼线客货轮"红卫 9"号竣工,载客 540 人,载货 250 吨,排水量2 236吨。

12 月 25 日,文冲船厂 2.5 万吨级船坞竣工,该坞长 202 米,宽 28 米,深 11 米。

广州柴油机厂试制 6ESD76/160B 型 12 000 马力低速船用柴油机一台,安装于广州造船厂建造的万吨级货轮"揭阳"号上。这是广东省建造的第一台万匹马力船用低速柴油机。

1976 年

6 月,湛江四八零四厂开工建造 3.5 万吨级船坞,该坞长 210 米,宽 32 米,深 13 米,是当时华南地区最大的船坞,于 1980 年 6 月完工,1983 年 4 月正式使用。

11 月,文冲船厂首次建造 6ESD48/82 型 3 000 马力柴油机成功。

六机部对新中国船厂投资进行技术改造,使其发展成为千吨级船舶定点生产厂。

广东省渔轮厂自行设计建造 8104 型冷冻艉拖渔船。

1977 年

7 月 24 日,黄埔造船厂建造的"33"型潜艇"305"艇在南海进行深潜试验成功。29 日,又进行中国首次潜艇大深度深潜试验,取得圆满成功。

广州市海洋渔业公司在广州官洲建立广州市海洋渔业公司渔轮修理厂。

1978 年

4 月 28 日,王震副总理视察广州造船厂。

广东造船工程学会复会,会员 215 名。会员大会选举产生第四届理事会,广东省二机局局长张忠任理事长。

文冲船厂建造举力 3000 吨浮船坞"越秀山"号开工,1979 年 12 月 20 日完工,交付菠萝庙船厂使用。这是广东建造的最大浮船坞。

1979 年

1 月 4 日,广东省造船统筹领导小组办公室改称广东省造船办公室。

1 月,成立广东省渔船工业公司。

6 月 12 日,广州造船厂与美国 CT1 公司和西域(香港)投资有限公司签订建立集装箱生产厂的补偿贸易合同,设计生产能力为年产 20 英尺标准集装箱 1 万个。

7 月,中共广东省委、广东省政府决定撤销广东省军工局和计委军工处,另组建广东省国防工业办公室,以原军工局局长魏曾任主任。

广东省渔轮厂建造渔业资源调查船"南锋 703",同时设计建造"8106"型艇滑道渔船。

9 月,湛江水产学院成立。

10 月 24 日,广东省革命委员会批准组建"广东省航运船舶工业公司"。1980 年 2 月 1 日,广东省航运船舶工业公司成立,主管广东省航运系统所属修造船企业、造船造机配套企业。

1980 年

1 月 1 日,广东造船公司成立,魏曾任总经理,统一管理六机部在广东省的所属企业并管理广东省属船舶工业。

9 月,广东造船公司与新加坡华昌国际有限公司合资,在香港成立"华昌国际船舶有限公司"广东省水产厅渔轮厂改隶中国水产总局,定名广州渔轮厂。

1981 年

1 月 6 日,广东省航运船舶工业公司与香港东港船务行合资在香港成立新粤有限公司。1989 年 2 月,该公司收购香港东港船务行的股份,独资经营新粤有限公司。

1 月 20 日,广州造船厂集装箱分厂投产。

2 月,广州造船厂承建向美国出口的 11 000 吨集装箱船。

2 月 10 日,广东省人民政府批准广东省航运船舶工业公司直接承担造船进出口任务,实行工贸结合。

4 月 18 日,广东省航运厅党委任命钟志军为广东省航运船舶工业公司副经理,负责主持公司工作。

6 月 16 日,广东造船公司与香港中华工业贸易顾问公司联合在广东省展览馆举办"国际船舶工业技术交流会"。

9 月 21 日,广东造船公司与新加坡华昌公司签订由黄埔造船厂承建一座 JU－20OMC 自升式钻井平台。该平台于 1983 年 11 月 21 日完工。

10 月,广州造船厂与香港汇德丰轮船公司签订设计建造 1.8 万吨散货船胶合同。

10 月 28 日,国务院副总理薄一波视察广州造船厂,稍后又视察文冲船厂。

11月,香港华昌国际船舶有限公司、广东造船公司在广州展览馆联合举办"第一届广州近海工程展览会"。

12月,四航局船舶修理厂开工建造500吨起重船1艘,1982年10月完工。这是广东省建造的最大的起重船。

文冲船厂开工建造小批量5 000吨级远洋货轮。

1982年

2月11日,中国人民解放军副总参谋长刘华清视察广州造船厂。

2月27日,黄埔造船厂总承包2万吨级AK－H3型半潜式钻井平台"南海2号"恢复性大修理,1983年8月20日完工。

3月,广东省船舶配套工业公司成立。

5月14日,中国船舶工业总公司宣布成立广州船舶工业公司,原广东造船公司撤销。

6月15日,广东省船舶设计研究院改称广州船舶设计研究院。

7月1日,文冲船厂由交通部划归中国船舶工业总公司领导。

汕头船厂建成36米打桩船。

1983年

1月,成立东莞玻璃钢船厂。

3月7日,新中国船厂建造沿海客轮"西江"号开工,1984年5月28日完工。该船排水量1 448吨。

5月,中国船舶工业总公司任命赵廷宪为广州船舶工业公司总经理。

6月21日,广东省航运船舶工业公司更名为广东省船舶工业联合公司。

8月26日,江门船厂开工建造大型内河客轮"潭江"号,排水量1 195吨。1984年3月完工。

11月22日,"第二届广州近海工程展览会"在广州举行。

12月24日,江门市造船工程学会成立。

同年,广州造船厂建造的11 100吨集装箱船、江门船厂建造的350客位"红星789"号客轮和425马力沿海拖轮,荣获国家经委金龙奖。

1984年

1月19日,中共广东省交通厅党组任命钟志军为广东省船舶工业联合公司经理。

2月14日,文冲船厂2号船坞兼修3.8万吨级外轮"安达曼海"号成功。

5月10日,黄埔造船厂为广州海运局建造5 000吨货轮3艘同时开工。

8月29日,广东省船舶工业联合公司与日本国日立造船株式会社结成友好企业。

12月,粤中船厂建成广东省第一艘320吨内河集装箱船。

同年,广州船舶设计研究院改称为广州船舶及海洋工程设计公司。

1985年

4月12日,黄埔造船厂与法国EMH设计公司联合参加涠10－3油田单点系泊项目。

5月28日,汕头造船工程学会成立。

8月29日,广东省船舶工业联合公司与广东航运驻港机构粤兴船舶用品公司合资在香港成立大协发展有限公司。1990年9月,该公司接受"粤兴"公司转让全部股权,独资经营大协发展有限公司。

10月28日,深圳船舶工业贸易公司成立,严明任总经理。

11月25日,广东造船工程学会与广东省博物馆合作举办的"广东省船舶发展史展览会"在广州光孝寺开幕。展览会至1986年3月31日闭幕。

11月26日,"第三届广州近海工程展览会"在广州举行。

新中国船厂与上海船舶设计院联合设计建造新型双体客轮。

汕头船厂建成500客位海峡客货轮。

湛江渔船厂建造18.5米玻璃钢拖虾船。

1986年

4月30日,中共广东省交通厅党委任命钟志军为广东省船舶工业联合公司党委书记、代经理。

8月,中国船舶工业公司免去赵尪宪的广州船舶工业公司总经理职务,由经理麦继训主持工作。

11月23日,文冲船厂为大连海运学院建造的万吨级远洋教学实习船"育龙"号开工。

文冲船厂将7 000吨级船台改建为1万吨级和5万吨级,并配备100吨高架吊机。

1987年

4月,黄埔造船厂和七○八声所组成的联合体中标研制"037 – Ⅱ"型导弹护卫艇。首艇于1989年7月26日开工。

5月5日,广州渔轮厂为香港建造的2艘8106型拖网渔船"成迅一号""成迅二号"在港交付使用。

7月20日,湛江市造船工程学会成立。

8月3日,黄埔造船厂为巴布亚新几内亚建造的77.3米,2 200吨级集装箱货船开工。9月,又为该国建造53.3米货船。两船于1988年8,9月先后完工。

8月27日,香洲渔船厂建造长19.5米,型宽5.6米,型深2.1米,吃水1.55米,满载排水量67.4吨的玻璃钢金枪钓刺渔船下水,这是当时全国最大的玻璃钢渔船。

9月7日,广州船舶检验所成立。

文冲船厂承修7万吨级油轮。

1988年

1月9日,黄埔造船厂建造的"206"型海上巡逻艇荣获国家银质奖。

1月,广东省蛇口渔船厂更名为蛇口船业(集团)股份有限公司。

2月8日,广东省船舶工业联合(集团)公司在广州成立,钟志军任集团公司管理委员会主任。

2 月,江门船厂建成新一代单头双艉型客船"荣华"号。

5 月,广州造船厂与香港万邦航运有限公司签订合同设计建造 25 500 吨成品油船 2 艘。12 月 20 日开工,1991 年 6 月、1992 年 1 月先后完工交船。

5 月 28 日,广州造船厂为孟加拉国建造的 1.65 万吨级的多用途货轮"孟加拉使者"号下水,同年 12 月 12 日建成交付孟加拉国。这是中国首次进入东南亚船舶市场的民用船舶产品。

5 月,江门市成立江门市船舶工业集团公司。

6 月 2 日,广州远洋运输公司高级工程师戎嘉隆设计新型船用锚——尾翼式中远(ZY)锚,获国家专利权。

6 月 8 日,《广州日报》载,参加 6 月 7 日在穗开幕的中国造船工程学会第四次会员代表大会的专家们认为广州已发展成为继上海、大连之后的我国第三个大型造船基地。

6 月 13 日,文冲船厂为匈牙利玛哈特船务有限公司建造的 3 600 吨多用途船展开工作,这是华南地区首次为东欧国家建造的货船。至 1991 年 4 月,第 3 艘完工交船。

7 月,中国船舶工业总公司任命管学仲为广州船舶工业公司总经理。

8 月 3 日,四航局船舶修理厂开工建造 500 吨起重船"粤工起九号",1991 年 2 月完工。

8 月 20 日,广州造船厂与海军某部签订改装"053"型护卫舰合同。

9 月 17 日,香洲渔船厂建造出口 16.6 米,960 马力玻璃钢游艇下水。

10 月 24 日,黄埔造船厂为巴基斯坦伊斯兰共和国建造的"216"型海上巡逻艇开工。至 1990 年 5 月,共建造 4 艘。

11 月 1 日,广州造船厂采用美国波音公司专利技术承造香港远东水翼船航务公司的 929 – 115 水翼船水翼完工。

12 月 8 日,广州造船厂为海军改装 053HI 型导弹护卫舰开工。至 1989 年 12 月,共完工 2 艘。

12 月 18 日,由广州市渔轮修理厂和新建强金属结构厂合作建造向香港出口的 3 800 吨集装箱驳运船完工交船。

广州渔轮厂设计建造 8105GI 型延绳钓渔船 4 艘,出口太平洋岛国帕劳。

1989 年

1 月 1 日,广东省香洲渔船厂更名为珠海市香洲渔船厂。

1 月 14 日,文冲船厂建造的我国第一艘万吨级远洋教学实习船"育龙"号举行交船典礼,交通部部长钱永昌、副省长张高丽参加庆典。

4 月 29 日,黄埔造船厂为海关总署广东分署建造的"海关 901"缉私艇完工交船。

7 月 31 日,中共广东省交通厅党组任命钟东初为广东省船舶工业联合公司总经理,兼任集团公司管理委员会主任。

9 月 8 日,广州造船厂设计建造的华南地区第一艘玻璃钢内河侧壁式气垫船(40 客位)完工交船。

10 月 23 日,广州海洋渔业公司船舶修造厂建成 500 马力综合节能双拖网渔船"飞洋 7 号""飞洋 8 号"。

12 月中旬,江门船厂建成 60 米非自航打桩船。

12月20日,广东省航运科学研究所建造的水动力试验循环水槽通过省级鉴定。

12月,广州南海机器厂研制成功 NG－370 型船用雷达,投入批量生产。

1990年

1月,广州造船厂生产的20～40英尺系列国际标准集装箱荣获国家金质奖;"051"导弹驱逐舰"164"号荣获国家银质奖。

2月,香洲渔船厂为香港建造的钢质渔轮"海涛壹号""海涛贰号"交付使用。

4月,湛江渔船厂设计建造广东省第一艘钢丝网水泥渔政船"中国渔政 908"号。该船于1991年4月18日完工。

5月3日,由广州造船厂设计、新中国船厂建造的中国第一艘双层双体汽车渡轮"虎门渡轮52－01"号下水。

5月18日,广州造船厂与上海远洋公司签订合同承造2.1万吨多用途杂货船3艘,11月8日工。1991年10月19日,广东省代省长朱森林、中国船舶工业总公司副总经理王荣生及广东省、广州市有关领导参加了第一艘"永安城"号下水典礼。至1992年3艘全部完工交船。

7月18日,广州渔轮厂为摩洛哥王国建造的第一艘8166型双甲板艉滑道远洋渔船下水。该船是当时我国建造的最大渔船,排水量751吨,于10月25日完工。

8月1日,菠萝庙船厂承修4万吨级"阳明山"轮。

8月30日,海军舰艇部与黄埔造船厂签订建造"053HIC"型号导弹护卫舰合同。12月18日开工,国防科工委副主任谢光中将、海军副司令张序三中将、海军舰队司令员高振家中将、船舶总公司副总经理黄平涛及中共广东省委常委、广州市书记朱森林等出席开工典礼。

10月22日,深圳造船工程学会成立。

10月25日,广州造船厂与上海海运局签订建造6艘3.5万吨级肥大型货轮合同。

11月8日,广州造船厂开工将一号5千吨级船台改建扩大为3.5万吨级。船台两侧配有120吨门座式高架吊机各1台。1991年10月建成。

11月28日,海军司令员张连忠中将视察黄埔造船厂。

12月20日,黄埔造船厂建造的3 000吨客货船"琼沙二号"开工,于1991年12月27日完工交船。

12月,黄埔造船厂开工建造中国第一艘采用铝合金建造的162客位双体侧壁式气垫船"迎宾号"开工,于1992年12月23日完工交船。获香港海事处"高速船速度豁免证书"。

4月25日,广州文冲船厂与香港海通公司、广州经济技术开发区合办的"广州经济技术开发区广通增压器工程有限公司"开业。

8月7日,中国船舶工业总公司批准广州文冲船厂晋升为国家二级企业。

8月27日,由中国自行设计、广州文冲船厂为上海海运学院建造的万吨级远洋教学实验船"育锋"号正式开工,于1992年3月31日完工交付使用。

12月16日,广州文冲船厂为沙角电厂A厂建造的当时华南地区最大型的第一台25吨卸船机在厂内吊装完成,并于1991年1月25日发运。

1991 年

4 月 8 日,广州造船厂为上海海运局建造的首艘 3.8 万吨散装货轮正式开工,并于 1992 年年底完工交船。

5 月 24 日,海军政委魏金山中将到黄埔造船厂视察 037 Ⅱ 型导弹护卫舰建造情况。

6 月 1 日,广州文船舶修造厂更名为"广州文船船厂"。

7 月 28 日,黄埔造船厂为海军建造的中国新型第一艘 500 吨级 037 Ⅱ 型导弹护卫舰完工交船。

8 月 5 日,广州文冲船厂为菠萝庙船厂建造 3060 门座式吊机开工,1993 年 7 月 30 日完工验收,是当时华南地区跨度最大的码头起重设备。

8 月 26 日,广东省船舶工业联合公司由广州海关命名为海关信得过企业。1994 年 11 月 2日,广州海关授予海关信得过公司 A 级企业证书。

8 月 30 日,广州文冲船厂成功制造出第一台 800 吨铝型材挤压机。

9 月 8 日,中央军委副主席刘华清在青岛视察黄埔建船厂建造的 037 Ⅱ 型导弹护卫艇,并听取该艇建造情况及技术性能的汇报,对该艇装备和建造质量给予高度评价。

10 月 26 日,黄埔造船厂与中国南海西部石油公司签订建造围 11 – 4 油田井口平台上部及中心模块工程合同,该工程于 1992 年 4 月 15 日开工,1996 年 3 月 18 日完工交付使用。

12 月 30 日,黄埔造船厂与海军签订合同建造 037I 型猎潜艇,并于 1992 年 9 月 18 日开工建造。

1992 年

2 月 25 日,广州造船厂新开发的港口机械,首台 1 000 吨/小时卸船机吊装完毕运往黄埔码头安装。

4 月 25 日,广州文冲船厂为广州远洋运输公司建造 4 艘 700 箱集装箱船签约。建造的"盛河"号于同年 10 月 28 日开工,1994 年 5 月 5 日完工交船;"琼河"号于 1994 年 10 月 27 日完工交船;"磐河"号于 1995 年 9 月 27 日完工交船;"艳河"号于 1996 年 6 月 27 日完工交船。

4 月 30 日,广州造船厂为上海远洋公司建造 21 000 吨多用途货船下水,广东省省长朱森林等领导参加下水典礼。

6 月 28 日,国务院批准建造的广州文冲船厂 15 万吨级修船坞举行奠基仪式,1995 年 3 月 8日全部完工举行投产典礼。船坞全长 300 米,宽 62 米,深 11.9 米,总投资 3.1 亿元。

9 月,黄埔造船厂经中国船舶工业总公司批准,投资 1 000 万元,兴建高速艇生产线。

广东省船舶工业联合公司供销经理部更名为广东省船舶工业物资公司。

1993 年

3 月 28 日,广东省船舶工业联合公司搬迁到广州市广大路 60 号办公。

5 月 28 日,经国家体改委批准,广州广船国际股份有限公司正式成立(简称"广船国际")。这是中国造船企业中的第一家股份公司。任福炜任董事长兼总经理,梁谦为监事长。广船国际获国务院证券委员会和国家体改委批复,在上海及香港发行股票。在全国船舶行业中是第一家发行股票的上市公司。

6月,国务院研究中心"管理世界"、中国企业评价中心、国家统计局公布广州造船厂在中国500家最大工业企业的排位由1991年的216位跃升到173位,创利连续6年居全国同行业之冠。

11月,广州渔轮厂隶属广州市水产总公司,由广州市水产局直接领导。

同月,由广州渔轮厂建造的渔轮为主组建的西非捕捞船队在广州渔轮厂出发,农业部副部长张延喜参加启航仪式。

11月25日,黄埔造船厂为厦门海关建造的当时国内最先进的海关903缉私艇完工交船。

12月29日,黄埔造船厂为海军建造的053HIG导弹护卫舰首制舰完工在湛江交船。同日,该厂与海军签订合同将037Ⅰ型艇改为导弹护卫艇。

12月,广东省船舶工业联合公司全年进出口额创汇3000多万美元。

1994年

3月,黄埔造船厂承接珠海海通运输公司、珠海恒通船务公司、深圳中信服务公司等单位7艘铝质高速船修理业务,于8月初全部完工。

3月29日,广船国际新建6 000平方米管子加工车间投产,由美国引进的全套管子加工自动流水线,年可加工10万条管子以满足年产10条万吨级船的需要。

4月13日,广船国际董事长兼总经理任福炜荣获第五届全国优秀企业家(金球奖)奖。

7月,广船国际承建虎门大桥钢箱梁工程1994年7月开工。1996年7月,吊装合拢完工。

7月8日,广州文冲船厂与新加坡泛达石油公司签订了5 800吨成品油轮合同,1995年2月8日开工,1995年9月29日下水。

12月19日,广船国际为海军建造的930Ⅱ型打捞救生船正式开工。

广州渔轮厂为印度尼西亚建立海洋渔业捕捞船队,共建造31艘渔船。

1995年

1月23日,华南理工大学成立交通学院,并建成船舶与海洋工程模型试验池。

1月,黄埔造船厂修理完成德庆船务公司"广之旅二号"铝质船。这是该厂首次修理俄罗斯制造的水翼艇水翼,并一次试航成功。

同月,广州渔轮厂改造500吨船台为3 000吨级,可以室内建造船舶。

3月8日,广州文冲船厂15万吨船坞投产,广州远洋运输公司13.5万吨"金刚海"轮成为该坞第一艘船,于4月27日坞修完毕,顺利出坞。

5月,广州渔轮厂与印度尼西亚客商签订出口合同设计建造二十五艘33.7米钢质渔船,这是当时国内最大批量的渔船出口合同。

6月14日,中共中央政治局委员、中共广东省委书记谢非到广船国际视察。

6月24日,黄埔造船厂承接希腊15 000吨散装货轮"耶娃"(EUA)号修理。这是该厂首次承接万吨船修理工程。

7月18日,黄埔造船厂和巴布亚新几内亚签订建造79.9米集装箱货轮合同,于11月15日开工,1996年11月18日完工交船。

8 月 29 日,广船国际为香港太平洋航运公司建造的国内最大的 26 300 吨运木散货船完工。

10 月 27 日,广州文冲船厂举行劳动合同签字仪式,全厂 4 888 名职工,有 4 810 名出席并签约,签约率 98.5%。

11 月 14 日,黄埔造船厂与德国阿姆登市 3 家公司签订建造 3 艘 510TEU 多用途集装箱船合同。这种船载重 5 450 吨,操控自动化程度高,将于 1997 年交船。

12 月 18 日,文冲船厂为印尼制造的首台 800 吨铝型材挤压机运往印尼。

12 月 26 日,黄埔造船厂建造的"976"工程一批导弹护卫舰全部完工交船。

参 考 文 献

[1] 金行德. 广东船研究[M]. 广州:广东旅游出版社,2012.

[2] 广东省地方史志编纂委员会. 广东省志·船舶工业志[M]. 广州:广东人民出版社,2000.

[3] 金行德. 南越王船研究[J]. 广东造船,2009(2):74-75.

[4] 罗香林. 百越源流与文化[M]. 台北:中华丛书,1955.

[5] 何国卫. 读三则广东古船信息有感[J]. 广东造船,2015(1):86-88.

[6] 陈希育. 古代印度帆船对东南亚的航海与贸易[J]. 南洋问题研究,1990(2):31-38.

[7] 广东博物馆. 高栏岛宝镜湾石刻岩画与古遗址的发现与研究[M]. 广州:广东人民出版社,1991.

[8] 麦英豪,黄淼章,谭芝庆. 广州南越王墓[M]. 北京:生活·读书·新知三联书店出版社,2005.

[9] 席龙飞. 中国造船史[M]. 武汉:湖北教育出版社,2000.

[10] 福建省地方志编撰委员会. 福建省船舶工业志·货船[M]. 北京:方志出版社,2002.

[11] 辛元欧. 中国古代船舶人力和操纵机具的发展[J]. 船史研究,1985(1):36-46.

[12] 叶显恩. 广东航运史·古代部分[M]. 北京:人民交通出版社,1989.

[13] 吴尚时,曾昭璇. 广东南路[J]. 岭南学报,1947(7):12-16.

[14] 造船史化编写组. 造船史化[M]. 上海:上海科技出版社,1979.

[15] 吴在平. 牵风古船为什么没有留在福建[N]. 福建日报,2004-11-12.

[16] 何国卫. 论中国古"海上丝绸之路"的技术基础[J]. 南海学刊,2015(3):8-13.

[17] 蒋祖缘. 广东通史[M]. 广州:广东高等教育出版社,1996.

[18] 黎显衡. 岭南古代造船史的探讨[J]. 广州文博论丛,2000(6):79-82.

[19] 包遵彭. 中国海军史[M]. 北京:商务印书馆,1970.

[20] 金行德. 从刘熙《释名·释船》看汉代之"广船"[J]. 广东造船,2015(1):57-59.

[21] 唐志拔. 中国船舰史[M]. 北京:海军出版社,1989.

[22] 龙泽峰. "耆英号"与"卡蒂萨克号"古帆船[J]. 广东造船,2015(1):76-79.

[23] 商务印书馆编辑部. 辞源·艅艎条[M]. 北京:商务印书馆,1986.

[24] 方志钦,蒋祖缘. 广东通史·古代:上册[M]. 广州:广东高等教育出版社,1996.

[25] 许路. 福船:领航中国风帆时代[J]. 中国国家地理,2009(4):98-100.

[26] 郑明,谢柏毅,土芳. "阔阔真公主"传承中华海洋文化[J]. 中国远洋航务,2008(1):100-101.

[27] 张晞海,王翔. 中国海军之谜[M]. 北京:海洋出版社,1990.

[28] 许路. "福船"称谓考源[N]. 厦门晚报,2006-3-28.

[29] 林庆元. 第一次鸦片战争前后我国仿造西式舰船的活动[J]. 船史研究,1989(4):32-39.

[30] 姜宸英. 海防辑要·海防总论[M]. 台北:广文书局,1969.

[31] 杨豪. 岭南民族源流考·岭南青铜器冶炼与相关问题探讨[M]. 珠海:珠海出版

社,1999.

[32] 徐丽麟.岭南第一简码西汉南越国[N].香港文汇报,2005 – 08 – 11.

[33] 甘叔.岭南汉代文化宝库:广州象岗南越王墓[J].岭南文史,1987(2):14 – 22.

[34] 麦英豪.象岗南越王墓反映的诸问题[J].岭南文史,1987(2):23 – 39.

[35] 李国荣,林伟森.清代十三行纪[M].广州:广东人民出版社,2006.

[36] 杨连成.一艘古船复原"大帆船时代"[N].光明日报,2008 – 09 – 03.

[37] 西汉南越王墓博物馆.广州西汉南越王墓[M].广州:广东旅游出版社,1987.

[38] 金行德.从造船的条件要求质疑"船台说"[J].热带地理,2009,29(2):194 – 196.

[39] 戴开元.中国古代的独木舟和古船的起源[J].船史研究,1985(1):6.

[40] 斯波义信.宋元时代的船舶[J].船史研究,1985(1):12.

[41] 中国社会科学院考古研究所.广州汉墓[M].广州:文物出版社,1981.

[42] 何光岳.百越源流史[M].南昌:江西教育出版社,1989.

[43] 广东省地方史志编撰委员会.广东省志·船舶工业志[M].广州:广东人民出版社,2000.

[44] 邓拓.燕山夜话[M].北京:北京十月文艺出版社,2010.

[45] 广东省博物馆.珠海考古与研究·高栏岛宝镜湾石刻岩画与古遗址的发现与研究[M].广州:广东人民出版社,1991.

[46] 藤田丰八.中国古代南海交通丛考[M].北京:商务印书馆,1936.

[47] 许慎.说文解字[M].北京:中华书局,1963.

[48] 段玉裁.说文解字注[M].3 版.上海:上海古籍出版社,1988.

[49] 王延林.常用古文字字典[D].上海:上海书画出版社,1987.

[50] 饶楠,陈佳荣,丘进.七海扬帆[M].香港:中华书局(香港)有限公司,1990.

[51] 周连宽,张荣芳.文史第九辑.汉代我国与东南亚国家的海上交通和贸易关系[M].广州:中山大学出版社,1995.

[52] 金行德.清代广州港、海外贸易与典型海船[J].广东造船,2015(1):53 – 56.

[53] 张晞海.鸦片战争时期的中国兵船[J].船史研究,1987(3):72 – 77.

[54] 广州文物考古研究所.广州文物考古集·广州秦造船遗址论稿专辑[M].广州:广州出版社,2001.

[55] 麦英豪.汉代番禺水上交通的考古发现[J].广州文博,1989(1):131 – 137.

[56] 中国社会科学院考古研究所.广州汉墓[M].北京:文物出版社,1981.

[57] 杜石然.中国科学技术史稿[M].北京:科学出版社,1985.

[58] 于城.宋代广东经济概况[J].岭南文史,1987(1):43 – 52.

[59] 王杰.宋元时代外贸船舶航行管理制度试探[J].中国航海,1998(1):90 – 94.